Jürgen Engel

MIT DEM WOHNMOBIL AN DIE FRANZÖSISCHE ATLANTIKKÜSTE

Teil 1: Der Norden

Die Anleitung für einen Erlebnisurlaub

Mit einem Dank an meine geduldige Familie und Manfred Steinhauer für viele tausend Kilometer hinter dem Lenkrad.

---

womo®
DER WOHNMOBIL-VERLAG
D-98634 Mittelsdorf/Rhön

Bibliografische Information der Deutschen Bibliothek

Die Deutsche Bibliothek verzeichnet diese Publikation in der Deutschen Nationalbibliografie.
Detaillierte bibliografische Daten sind im Internet über <http://dnb.ddb.de> abrufbar.

Titelbild:
An der Ostküste der Île d'Oléron

Fotos:
S. 24, 25 Margit Engel,
alle übrigen Fotos, Grafiken und Landkarten vom Autor

Neu bearbeitete 4. Auflage 2010

Druck:
Fuldaer Verlagsanstalt, 36037 Fulda

Vertrieb:
GeoCenter, 70565 Stuttgart

Herausgeber:
WOMO-Verlag, 98634 Mittelsdorf/Rhön
Position: N 50° 36' 37.3" E 10° 07' 56.3"

Fon: 0049 (0) 36946-20691
Fax: 0049 (0) 36946-20692
eMail: verlag@womo.de
Internet: www.womo.de

Autoren-eMail: Engel@womo.de

ISBN 978-3-86903-264-1

EINLADUNG

Französische Atlantikküste – man muss sich die Worte auf der Zunge zergehen lassen, denn sie schmecken nach Meer, Austern – und Cognac!

Mit viel Gespür führt Sie Jürgen Engel zunächst zu den Hauptsehenswürdigkeiten an der Küste, vorbei an herrlichen Sandbadestränden. La Rochelle und Rochefort, Saintes und Saintogne, Cognac und Marenne, das Zentrum der Austernzucht, werden besucht, aber auch die Inseln vor der Küste!

Dann geht's ins Landesinnere, wo die Städte Angoulême, Périgueux, Limoges und Poitiers mit tollen Attraktionen aufwarten.
Streifen Sie durch eine idyllische Landschaft mit Windmühlen und malerischen Dörfchen, eine Gegend, in der man sich schon in der Steinzeit wohl fühlte. Aber auch die Römer aalten sich lustvoll in heißen Thermen.

Und wenn wieder ein erlebnisreicher Tag zu Ende geht, findet Jürgen Engel stets ein schönes Übernachtungsplätzchen für Sie.

Einen erlebnisreichen Urlaub im Südwesten Frankreichs wünscht Ihnen

Ihre

Waltraud Roth-Schulz

Sehr geehrter Leser, lieber WOMO-Freund!

Reiseführer sind für einen gelungenen Urlaub unverzichtbar – das beweisen Sie mit dem Kauf dieses Buches. Aber aktuelle Informationen altern schnell, und ein veralteter Reiseführer macht wenig Freude.
Sie können helfen, Aktualität und Qualität dieses Buches zu verbessern, indem Sie uns nach Ihrer Reise mitteilen, welchen unserer Empfehlungen Sie gefolgt sind (freie Stellplätze, Campingplätze, Wanderungen, Gaststätten usw.) und uns darüber berichten (auch wenn sich gegenüber unseren Beschreibungen nichts geändert hat).
Bitte füllen Sie schon während Ihrer Reise das Info-Blatt am Buchende aus und schreiben Sie evtl. Korrekturen auch in unser Forum unter: www.forum.womoverlag.de
Dafür gewähren wir Ihnen bei Buchbestellungen direkt beim Verlag (mit beigefügtem, vollständig ausgefülltem Info-Blatt oder entsprechender eMail) ein Info-Honorar von 10%.
Aktuelle Korrekturen finden Sie unter: www.forum.womoverlag.de

Um die freien Übernachtungs- und Campingplätze auf einen Blick erfassen zu können, haben wir diese im Text in einem Kasten nochmals farbig hervorgehoben und, wie auf den Karten, fortlaufend durchnummeriert. Wir nennen dabei wichtige Ausstattungsmerkmale und geben Ihnen eine kurze Zufahrtsbeschreibung. "Max. WOMOs" soll dabei andeuten, wie viele WOMOs dieser Platz maximal verträgt und nicht, wie viele auf ihn passen würden (schließlich gibt es auch Einwohner und andere Urlauber)!
Übernachtungsplätze mit **B**ademöglichkeit sind mit hellblauer Farbe unterlegt. **W**anderparkplätze sind grün gekennzeichnet. **P**icknickplätze erkennen sie an der violetten Farbe. Auf Schlafplätzchen, denen die gerade genannten Merkmale fehlen – also auf einfache **S**tellplätze – weist die Farbe gelb hin. Empfehlenswerte **C**ampingplätze haben olivgrüne Kästchen. Wanderungen, die wir Ihnen besonders ans Herz legen möchten, haben wir ebenfalls grün unterlegt.

Und hier kommt das Kleingedruckte:
Jede Tour und jeder Stellplatz sind von uns meist mehrfach überprüft worden, wir können jedoch inhaltliche Fehler nie ganz ausschließen. Bitte achten Sie selbst auf Hochwasser, Brandgefahr, Steinschlag und Erdrutsch!
Verlag und Autoren übernehmen keine Verantwortung für die Legalität der veröffentlichten Stellplätze und aller anderen Angaben. Unsere Haftung ist, soweit ein Schaden nicht an Leben, Körper oder Gesundheit eingetreten ist, ausgeschlossen, es sei denn unsere Verantwortung beruht auf Vorsatz oder grober Fahrlässigkeit.

INHALT

Anleitung für den Erlebnisurlaub 7

An- und Rückreisereiserouten 11

TOUR 1: Schöne Aussichten und ein Weg durchs Meer
St-Brévin — Pointe de St-Gildas — Pornic — Île de Noirmoutier 16

TOUR 2: Strände satt
St-Gilles — Les Sables d'Olonne — Avrillé — Pointe de l'Aiguillon 30

TOUR 3: Durch malerische Sümpfe
Luçon — Fontenay-le-Comte — Coulon — Marais Poitevin — Île de Ré 47

TOUR 4: Zwei Städte
La Rochelle — Rochefort 61

TOUR 5: Vom Mittelalter und Hochprozentigem
Rochefort — St-Jean-d'Angély — Aulnay — Cognac — Saintes 77

TOUR 6: Römer und Austern
Saintes — Port-des-Barques — Marennes 91

TOUR 7: Auf der Île d'Oléron
Château d'Oléron — Phare de Chassiron — St-Pierre — St-Trojan-les-Bains 105

TOUR 8: Abschied vom Meer
Marennes — La Palmyre — Meschers — Pons — Barbezieux-St-Hilaire 117

TOUR 9: Von alten Städten
Barbezieux — Angoulême — Brantôme — Périgueux — Châlus — Limoges 131

TOUR 10: Durch die Berge nach Norden
Limoges — Monts Blond — Lussac-les-Châteaux — Chauvigny 152

TOUR 11: Im Poitou
St-Savin — Angles-sur-l'Anglin — Châtellerault — Poitiers 171

TOUR 12: Von der Steinzeit bis zu den Römern
Poitiers —Lusignan — Bougon — Sanxay — Parthenay — Bressuire 182

TOUR 13: Mühlen in der Bocage
Bressuire — Pouzauges — Mont des Alouettes — Cholet — Saumur 195

Allgemeine Tipps

Adressen 207
Ärztliche Hilfe 208
Autohilfsdienste 208
Cognac 209
Freies Camping 211
Fremdenverkehrsbüros 212
Geschichte 213
Haustiere 217
Kühlschrank 217
Literatur 219
Reisezeit / Klima 221
Restaurants 222
Sprache 224
Verkehrszeichen 225
WUPS — der Womo-Urlaubs-Partner-Service 226

Service-Teil 228
Feste entlang der Route 228
Feiertage 229
Packliste 230
Stichworte 232

Zeichenerklärung für die Tourenkarten

Touren / abseits der Touren

- Autobahn (Gebühr)
- 4-spurige Straße
- Hauptstraße
- Nebenstraße
- Schotterstraße
- Wanderweg

11 WOMO-Stellplatz geeignet für Übernachtungen

W P B Wander-, Picknick-, Badeplatz

12 13 14 geeignet für Übernachtungen

Alle übernachtungsgeeigneten Plätze sind im Text und auf den Tourenkarten durchnummeriert.

- Kirche, Kloster
- Burg, Schloss, Ruine
- Berggipfel
- Ausgrabungsstätte
- Sehenswürdigkeiten
- Aussicht, Rundsicht
- Trinkwasser, Dusche
- VE Ver-/Entsorgung
- WC Toilette
- 15 Campingplatz
- Megalith
- Atomare Anlage

N 50°36'15.2" E 10°07'2.8" GPS

Anleitung für den Erlebnisurlaub

Dieses Buch heißt „Mit dem Wohnmobil an die französische Atlantikküste — Teil 1, der Norden". Ich möchte das beschriebene Gebiet gern etwas exakter beschreiben. Die *Loire* bildet die nördliche, die *Gironde* die südliche Grenze dieses Reiseführers. Im Westen ist es selbstverständlich der *Atlantik*. Aber ich möchte mit Ihnen auch das Landesinnere besuchen, das Ihnen viele Sehenswürdigkeiten zu bieten hat. Deshalb führt die Hälfte der Routen abseits vom Meer durch Hügel, Sümpfe, Flusstäler und Städte. Ehe ich's vergesse: Drei Inseln und ein ganz kleines Inselchen will ich noch mit Ihnen erkunden. Natürlich alle mit dem Womo, denn sie sind über Brücken oder über den Meeresboden erreichbar.

Tipps für einen reinen Badeurlaub werden Sie allerdings vermissen. Schöne Strände habe ich zwar für Sie notiert, mehr Wert lege ich jedoch auf die landschaftlichen und kulturhistorischen Schönheiten. Und davon gibt's soviel wie Strände. Natürlich sollen ganz besonders die Belange der Wohnmobilisten berücksichtigt werden, und da habe ich eine gute Nachricht für Sie: Die Atlantikküste samt Hinterland ist ausgesprochen wohnmobilfreundlich. Fast im Monatsrhythmus werden neue Stellplätze errichtet oder ausgebaut. Wenn es Ihnen an einer bestimmten Stelle ganz besonders gut gefällt, sollten Sie auf einen Campingplatz ausweichen. Diejenigen die besonders wohnmobilfreundlich sind, habe ich deshalb ebenfalls aufgenommen.

Natürlich gibt es auch einige Gegenden, in denen wir nicht erwünscht sind. Manchmal leuchtet mir ein Wohnmobilverbot ein, manchmal aber auch nicht. Im ersten Fall weise ich im Text deutlich darauf hin und bitte Sie jetzt schon, das Verbot zu respektieren. Den zweiten Fall werden Sie nicht erleben, wenn Sie meinem Tourenverlauf folgen, denn die betreffenden Gemeinden habe ich ganz einfach weggelassen.

Wenn Sie sich die Tourenübersichtskarte auf der dritten Umschlagseite anschauen, werden Sie erkennen, dass die Hinreise in südlicher Richtung entlang der Atlantikküste verläuft und die Rückreise Sie nach Norden durch das Landesinnere führt. Sie können daher jederzeit abkürzen wenn Ihnen die Zeit nicht ausreicht oder aber auch die Touren Ihren speziellen Wünschen anpassen. Um alles zu besichtigen und einen stressfreien Urlaub zu genießen brauchen Sie mindesten 4 Wochen, wenn Sie allen beschriebenen Routen folgen wollen. Also: Nehmen Sie sich Zeit! Im nächsten Jahr können Sie dann ja die versäumten Touren nachholen, die reisemobile

Infrastruktur wird auf jeden Fall besser sein. Das Buch „Mit dem Wohnmobil an die französische Atlantikküste — Band 2, der Süden" können Sie auf Ihrer Reise ebenfalls hinzuziehen. Der Band knüpft an den Punkten ROYAN und PÉRIGUEUX an dieses Buch an.

Da ich davon ausgehe, dass sich Ihre Interessen nicht unbedingt mit meinen decken, gebe ich Ihnen zu einigen Stichwörtern die Touren an, die dafür besonders empfehlenswert sind.

Wandern, Spazierengehen	Tour 3, 10, 11
Radfahren	Tour 1, 3, 7, 8
Sehenswerte Orte	Tour 4, 6, 7, 8, 9, 12
Baden	Tour 1, 2, 4, 6, 7, 8
Kirchen	Tour 5, 6, 8, 9, 10, 11
Beeindruckende Landschaft	überall
Römer und Kelten	Tour 2, 6, 12

Das gesamte hier beschriebene Gebiet habe ich zu allen Jahreszeiten besucht und gerade deshalb große Schwierigkeiten, Ihnen zu einem bestimmten Termin zu raten. Meist werden sich Ihre Reisepläne nach den Schul- oder Betriebsferien richten müssen. Dann sind natürlich die wunderbar leeren Strände auf meinen Fotos gnadenlos überfüllt. Andererseits ist das Wasser recht kalt, wenn die Strände in der Nebensaison leer sind. Mehr dazu lesen Sie im Allgemeinen Teil unter dem Stichwort „Reisezeit".

Etwas muß ich Ihnen noch gestehen: In Wahrheit haben wir die Reise, so wie sie hier beschrieben ist, gar nicht gemacht. Es ist vielmehr eine fiktive Route, die durch die Erfahrungen, die wir bei vielen Besuchen der Atlantikküste gesammelt haben, entstanden ist. Mit „wir" meine ich meine Frau und unsere beiden Kinder, die Ihnen auf den folgenden Seiten noch öfter begegnen werden. Selbstverständlich wurden alle Hinweise kurz vor Drucklegung der vierten Auflage nochmals von mir überprüft und sind somit auf dem aktuellen Stand. Allerdings, das musste ich leider schon oft feststellen, kann sich die Situation für uns Wohnmobilisten sehr schnell ändern. Wo gestern noch Reisemobile ungehindert und ohne zu stören parken konnten, kann morgen schon eine Verbotstafel stehen. Obwohl ich mir große Mühe bei der Zusammenstellung dieses Büchleins gemacht habe, kann ich natürlich nicht garantieren, dass Sie alles so vorfinden werden, wie es hier beschrieben ist. Weder der Verlag noch ich können garantieren, dass das Übernachten auf allen angegebenen Plätzen auch weiterhin erlaubt ist. Sollten Sie Erfahrungen machen, die sich nicht mit unseren decken, würde ich mich freuen, wenn Sie mir das mitteilen, damit eine Neuauflage wirklich auf dem neuesten Stand ist. Ein solcher Reiseführer lebt nämlich von der Mitarbeit der Leser. Da ich natürlich auch für konstruktive Kritik ein offenes Ohr habe, schreibe ich Ihnen hier meine Adresse auf:

Jürgen Engel
Turnerstr. 2
67685 Weilerbach
Fax 06374/4428
e-Mail: Engel@Womo.de

Sie können sich jedoch auch direkt an den Verlag wenden. Dessen Adresse finden Sie auf Seite 2.

Zur Gliederung dieses Reiseführers möchte ich noch ein paar Bemerkungen machen. Nach den Touren folgt ein Allgemeiner Teil. In ihm finden Sie Tipps und Tricks für einen erfolgreichen Wohnmobilurlaub. Dort sind auch wichtige Daten aus der Geschichte des Landes nachzulesen. Wenn Sie Wohnmobilneuling sind, empfehle ich Ihnen diesen Teil zuerst einmal durchzublättern und die Kapitel, die Sie interessieren, zu lesen.

Hieran schließt sich ein dritter Teil an, den ich „Service-Teil" genannt habe. Sie finden dort eine Packliste, eine Übersicht über kleine und große Feste und was Sie sonst noch an Informationen für einen gelungenen Urlaub brauchen.

Bei den einzelnen Tourenbeschreibungen habe ich genaue Preisangaben weitgehend vermieden, sie stimmen meist schon nicht mehr, wenn das Buch aus der Druckerei kommt. Hin und wieder schreibe ich ungefähre Angaben zu Eintrittspreisen. Das mache ich hauptsächlich dann, wenn sie aus dem „normalen“ Niveau herausfallen. Die Preise sind in jenen Fällen auf dem Stand vom Sommer/Herbst 2009. Betrachten Sie sie als grobe Anhaltspunkte.

Wenn Stellplätze gebührenpflichtig sind, habe ich drei Kategorien angegeben. Dabei spreche ich von einer „geringen Gebühr“ wenn weniger als 4 EUR verlangt wird. Bei Preisen um 5 bis 6 EUR ist von einer „mittleren Gebühr“ die Rede. Eine „hohe Gebühr“ geht bei 8 EUR los. Leser, die meine anderen Bücher kennen, werden sich wundern, dass die Kategorien in jedem Reiseführer verschiedene Preisspannen umfassen. Das hängt damit zusammen, dass die Gebührenniveaus in den verschiedenen Regionen Frankreichs durchaus unterschiedlich sind. Aber immerhin: Von den angegebenen 135 Stellplätzen sind knapp 40 überhaupt gebührenpflichtig. Und selbst diese sind außerhalb der Saison oft frei. Für Wasser und Strom müssen Sie allerdings häufig einen Obolus entrichten.

ANREISEROUTEN

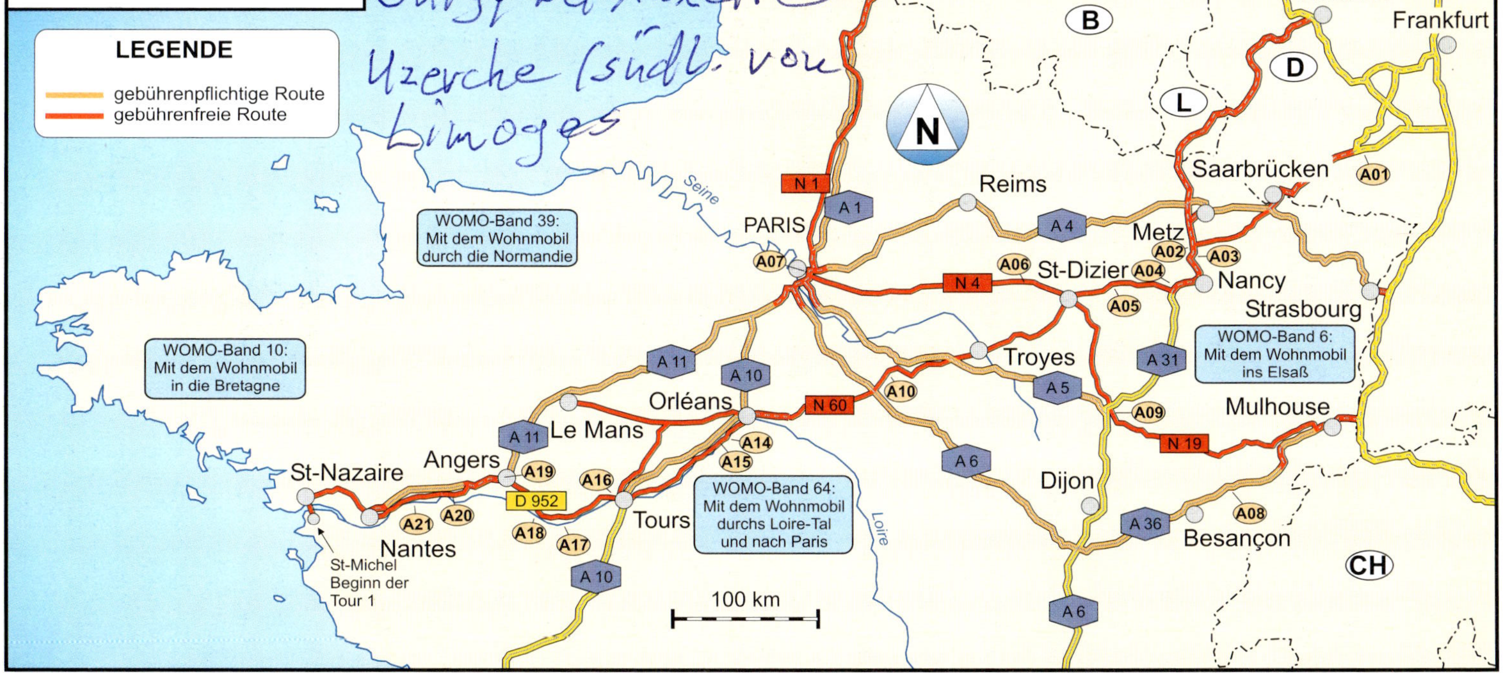

An- und Rückreisereiserouten

Der Ausgangspunkt unserer ersten Tour ist St-Michel-Chef-Chef. Sie orientieren sich am besten nach Nantes und dann nach St-Nazaire. Wie Sie dorthin kommen, hängt davon ab, wo Sie wohnen und ob Sie über die gebührenpflichtigen französischen Autobahnen fahren wollen. Auf dem Plan auf der linken Seite habe ich die wichtigsten Autobahnen eingezeichnet. Zu jeder Autobahn gibt es parallel noch eine Nationalstraße, auf der Sie langsamer, dafür aber billiger ans Ziel kommen. Wir selbst fahren am liebsten von Metz aus auf der gebührenfreien Autobahn nach Nancy, dann über St-Dizier und Troyes nach Orléans. Weiter dann an der *Loire* entlang bis Nantes und schließlich nach St-Nazaire.

Falls Ihr Weg Sie über Paris führt, habe ich noch einen Übernachtungsplatz für Sie. Ganz gleich ob Sie über die Nationalstraßen oder die Autobahn gefahren sind, kurz vor der Seine-Metropole erreichen Sie den „Boulevard Périphérique“, eine Ringautobahn um den Stadtkern. Um mit der Beschilderung klar zu kommen, sollten Sie sich merken, dass oft nur Himmelsrichtungen angegeben sind. Wenn Sie in Paris übernachten wollen, müssen Sie diese Autobahn mit uns bei der „Porte de Vincennes“ verlassen. Diese Ausfahrt liegt im Westen der Stadt. Welche Richtung dann für Sie ideal ist können Sie der Skizze unten auf der Seite entnehmen. Hier folgt jetzt die Beschreibung vom „Boulevard Périphérique“ aus: Wenn Sie die Ausfahrt „Porte de Vincennes“ erreicht haben, folgen Sie uns weiter Richtung Vincennes. Nach 2 Kilometern erreichen wir das Château de Vincennes, in dessen Umgebung wir bisher immer einen Übernachtungsplatz [GPS A07: N48° 50' 23"

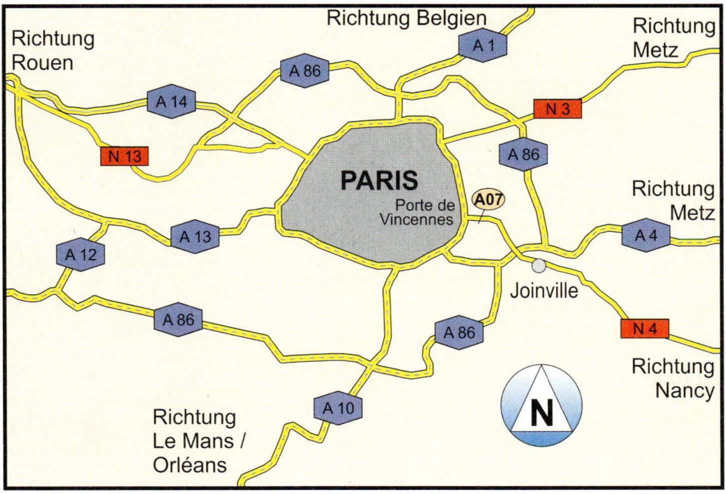

E2° 26' 7", Esplanade Saint-Louis] gefunden haben. Von hier aus können Sie ausgedehnte Spaziergänge im Bois de Vincennes unternehmen oder mit der U-Bahn in 20 Minuten ins Zentrum fahren. Die Endstation der Linie 1 liegt direkt am Schloss.

Wenn Sie die Reiselust wieder packt, fahren Sie zurück zur Stadtautobahn (diesmal „Périphérique Sud"). Achten Sie dann auf die Ausfahrt „Chartres, Orléans, Boulogne", die sehr gut ausgeschildert ist.

Eingezeichnet sind in der Karte Übernachtungsplätze (Ü) und Ver- und Entsorgungsstationen (VE). Eine Zufahrtsbeschreibung habe ich ebenfalls zusammengestellt. Damit die Karte nicht zu unübersichtlich wird, habe ich lediglich Zahlen eingezeichnet. Alle Angaben wie „links" oder „rechts" in den nun folgenden Zufahrtsbeschreibungen beziehen sich auf die Hinfahrt. Auf dem Nachhauseweg müssen Sie entsprechend umdenken.

A01 Landstuhl: (VE + Ü) [GPS N 49° 24' 56.5" E 7° 34' 15.3", Bahnstraße] Die BAB 6 Mannheim — Saarbrücken an der Ausfahrt Landstuhl verlassen und weiter in Richtung Landstuhl fahren. Ab Ortseingang Landstuhl gut ausgeschildert: zweimal rechts abbiegen, am Bahnhof vorbei, am Schild dann nochmals rechts. 4 Plätze in Zentrumsnähe. Abwasserentsorgung problematisch. Laut durch die Nähe zur Bahnlinie.

A02 Pont-à-Mousson: (VE + Ü) [GPS N48° 54' 09.4" E6° 03' 40.6", Promenade Winston Churchill] Die gebührenfreie A 31 an der Ausfahrt 28 - Pont-à-Mousson - verlassen. In den Ort hinein fahren und der Richtung „Centre Ville" folgen, nicht die Mosel überqueren! Dann geradeaus weiter, bis die unübersehbaren Schilder zum Stellplatz auftauchen. Wenn Sie

Stellplatz in Millery

am Kreisel am Ortsende ankommen, sind Sie etwas zu weit gefahren, können dort aber einmal drumrumfahren und dann in die erste Straße nach links abbiegen. 6 EUR pro Nacht, darin enthalten sind Wasser, Strom, Toilette und Dusche.

A03 MILLERY: (VE + Ü) [GPS N 48° 48' 56.8" E 6° 07' 38.0", Avenue de la Moselle] Abfahrt von der gebührenfreien Autobahn METZ — NANCY Nummer 25, dann Richtung POMPEY. Im nächsten Ort (MARBACHE) ist MILLERY ausgeschildert. Langsam fahren, verzwickte Verkehrsführung! Nach einer Unterführung scharf links! Immer den Schildern nach MILLERY folgen. Im Ort finden Sie ziemlich am Anfang die Einrichtungen auf einem Parkplatz auf der linken Seite zwischen der Straße und der *Moselle*. Am Wochenende „Jugend-mit-Moped-Treff" aber schön gelegen.

A04 TOUL: (VE + Ü) [GPS: N 48° 40' 45.4" E 5° 53' 16.6", Avenue du Colonel Péchot] An der Ausfahrt „TOUL Centre" von der A 31 abfahren. Zuerst Richtung „Centre Ville" fahren. Wenn Schilder zum Bahnhof (Gare SNCF) auftauchen, diesen folgen bis rechts der Straße eine Wasserfläche zu sehen ist. Danach rechts abbiegen und dem Wasserlauf folgen. Der Platz ist auf der rechten Straßenseite zu finden, links gegenüber ist die Polizei.

A05 LIGNY-EN-BARROIS: (VE + Ü) [GPS: N 48° 41' 15.8" E 5° 19' 09.9", Boulevard Raymond Poincaré] Von der A 4 kommend, folgen Sie den Schildern nach Ligny. Sie überqueren dann bald den *Canal de la Marne au Rhin* und biegen dann, noch vor den Bahngleisen, nach links ab.

A06 VITRY-LE-FRANÇOIS: (Ü) [GPS: N 48° 43' 27.9" E 4° 35' 08.2", Rue de l'Arquebuse] Verlassen Sie die Umgehungsstraße und fahren Sie in den Ort hinein. Wenn Sie sich dann in Richtung Ortsmitte orientieren, erreichen Sie die Kathedrale. Von dort aus können Sie zur Post gelangen, ein großes Gebäude, das nicht zu übersehen ist. Fahren Sie am Postamt entlang. Dahinter finden Sie einen schönen großen Parkplatz. Nebenan liegt die Gendarmerie, so dass Sie gut bewacht sind.

A07 PARIS: Lesen Sie weiter vorn die Zufahrtsbeschreibung.

A08 BAUME-LES-DAMES: (VE + Ü): [GPS: N 47° 20' 23.0" E 6° 21' 26.0"] Vom Ortszentrum aus fahren Sie Richtung „Piscine", am Supermarkt „Super U" vorbei, dann geradeaus und den folgenden Kreisel so verlassen, dass Sie über eine Brücke fahren können. Danach bei der ersten Einmündung rechts abbiegen (Schild „ESNANS"). Fahren Sie jetzt ein Stück am Kanal entlang, bis sie links die Schilder zur Ver- und Entsorgungsstation sehen.

A09 LANGRES: (Ü) [GPS: N 47° 51' 26.6" E 5° 19' 55.8", Place des États Unis] Die Stadt erreichen Sie über eine ansteigende Straße. Dann taucht links von Ihnen die Stadtmauer auf, danach ein Parkplatz. Da Sie nicht über den Mittelstreifen fahren können, müssen Sie sich links einordnen, wenn Ihre Fahrspur dreispurig wird und Pfeile auf der Fahrbahn sichtbar werden. Dann fahren Sie quasi im Kreis herum, um zum Eingang des Parkplatzes zu kommen. Recht laut, dafür ist er aber hochoffiziell.

A10 SENS: (Ü) [GPS: N 48° 11' 52.7" E 3° 17' 25.9", Boulevard du Mail] In der Ortsmitte der Stadt gibt es unzählige Parkplätze entlang der Durchgangsstraße. Sie dürfen dann freilich am Ortseingang nicht der Umgehung für den LKW-Verkehr folgen. An einen ruhigen Schlaf ist hier wenig zu denken, aber vielleicht wollen Sie abends noch ein wenig bummeln und dann einen kleinen Schlummertrunk zu sich nehmen.

A14 MEUNG-SUR-LOIRE: (Ü) [GPS: N 47° 49' 28.3" E 1° 41' 51.7"] Gleich nach dem Beginn des Ortes biegen Sie links ab in Richtung „Parking Cours St-Pierre, école, centre sportif". Fahren Sie dann geradeaus auf die Loire zu, bis ein Schild ihnen die Weiterfahrt verwehrt. Dort biegen Sie rechts ab und versuchen dann links zum Fluss zu kommen Wenn Sie das Ufer erreicht haben, geht's rechts am Fluss entlang. Bald sehen Sie eine Brücke über die Loire. Unmittelbar wenn Sie die Straße, die zur Brücke führt, geradeaus überquert haben, liegt der Parkplatz auf der linken Seite.

A15 BEAUGENCY: (VE + Ü) [GPS: N 47° 46' 46.3" E 1° 38' 13.0"] Am ersten Wasserturm an der Ampel links abbiegen. Ab dann der „Womo-Beschilderung" folgen. Direkt an der *Loire* können ca. 10 - 15 Wohnmobile stehen. Allerdings ist der Platz im Sommer oft überfüllt.

A16 FONDETTES: (VE + Ü) [GPS: N 47° 24' 33.0" E 0° 37' 26.4"] Kurz nachdem Sie über die D 952 TOURS verlassen, sehen Sie in dem Ort VALLIÈRES bereits ein Hinweisschild nach FONDETTES. An einer Weggabelung folgen Sie diesem Schild noch einmal und kommen dann im Ort in eine 30-km-Zone. Sie passieren die Post und die „Crédit mutuelle". Gleich danach gabelt sich die Straße. Sie biegen dann links ab und fahren anschließend sofort rechts auf den Parkplatz.

A17 AIRE DE TURQUANT: (VE + Ü) [GPS: N 47° 13' 26.0" E 0° 01' 45.0"] Sie müssen dazu die *Loire* in der Nähe von VARENNES überqueren und dann in Richtung SAUMUR fahren. Nach etwa 1 km erreichen Sie links der Straße die Zufahrt zur AIRE DE TURQUANT. Recht schön gelegen an einem Naherholungsgebiet.

A18 PARNAY: (VE + U) [GPS: N 47° 13' 53.2" E 0° 00' 38.8", Route des Ducs d'Anjou] Auch dieser Ort ist auf der linken

Stellplatz in Beaugency

Loire-Seite gelegen. Etwa 2 km von der AIRE DE TURQUANT in Richtung SAUMUR zu finden. Entsorgungsstation direkt an der rechten Seite der Durchgangsstraße.

A19 ANGERS: (VE) [GPS: N 47° 27' 58.9" W 0° 33' 56.6", Boulevard Olivier Couffon] Zuerst Richtung Stadtmitte fahren, dann den Wegweisern zum Schloss (château) folgen. Dort angekommen, über den Fluss (*Maine*) fahren. Nach der Brücke gleich rechts abbiegen. Genau gegenüber dem Schloss sieht man jetzt schon einen Parkplatz. Auf diesen zufahren. Im oberen Teil des Platzes steht eine Ver- und Entsorgungsstation.

A20 CHAMPTOCÉ: (VE + Ü) [GPS: N 47° 24' 41.2" W 0° 52' 09.7"] Etwa 20 km hinter ANGERS an der N 23 gelegen. In der Ortsmitte an der Post geht's links ab. Ausgeschildert „gare“ und „stade“. Schilder zum Stadion folgen bis zu dessen Eingang. Dort finden Sie 5 - 6 Plätze für Womos und eine einfache Ver- und Entsorgungsmöglichkeit. Betonplatte mit Ablaufrinne für Abwasser, Stutzen zum Entleeren der Cassette und ein Wasserhahn.

A21 CHAMPTOCEAUX: (VE + Ü) [GPS: N 47° 20' 17.4" W 1° 15' 53.6", Rue Niederheimbach] Zwischen ANCENIS und NANTES die D 723 nach OUDON verlassen. Dort überqueren Sie dann die *Loire* und fahren nach der Brücke gleich nach links. (D 751) Da taucht auch schon das erste Schild zur Ver- und Entsorgungsstation in CHAMPTOCEAUX auf. Im Ort fahren sie immer in Richtung Panorama bzw. Schwimmbad „piscine“. Chips für Strom und Wasser gibt's im nahe gelegenen Hotel.

TOUR 1 (130 km)

St-Brévin — Pointe de St-Gildas — Pornic — Île de Noirmoutier

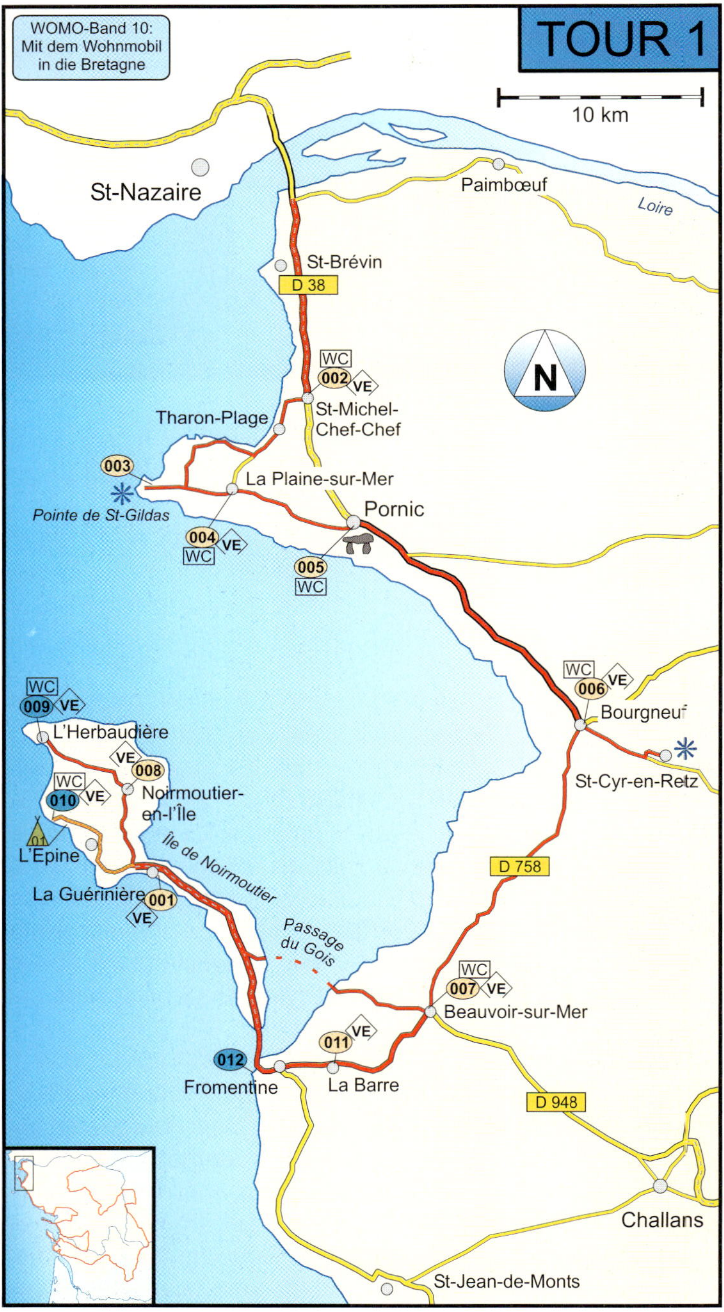

Übernachten:	St-Michel-Chef-Chef, Pointe de St-Gildas, La Plaine-sur-Mer, Pornic, Bourgneuf-en-Retz, Beauvoir-sur-Mer, Noirmoutier-en-l'Île, L'Herbaudière, L'Épine, La Guérinière, La Barre, Fromentine
Besichtigen:	Pointe de St-Gildas, Tumulus des Mousseaux, Pornic, Kirche in Noirmoutier
Radwandern:	Île de Noirmoutier
Baden:	Zwischen Tharon-Plage und Pointe des St-Gildas, Île de Noirmoutier
Campingplatz:	La Bosse
Markt:	La Plaine-sur-Mer (So.), Pornic (Do+So), Beauvoir-sur-Mer (Do), L'Épine (Sa)

Ein schöner Einstieg in dieses Buch ist die Überquerung der *Loire* in Nord-Süd-Richtung auf einer spektakulären Brücke. Die PONT DE ST-NAZAIRE schwingt sich auf einer Länge von 3356 m in 66 m Höhe über den Fluss. Vor einigen Jahren war sie noch mautpflichtig, mittlerweile hat sie sich wohl amortisiert. Wir brauchen auf jeden Fall nichts mehr zu bezahlen. Ich könnte Ihnen jetzt empfehlen, die Aussicht zu genießen. Man sieht wirklich recht weit, allerdings ist der Anblick der vielen Industrieanlagen nicht gerade besonders erfreulich.

Jetzt, da wir wieder festen Boden unter unseren Rädern haben, achten wir auf die Schilder nach ST-BRÉVIN und kommen damit nach der Anreise durch's Landesinnere endlich ans Meer. Allerdings treffen wir hier auf viele Womo-Verbote, die uns noch ein wenig am Anfang der Tour begleiten. Den-

Brücke von St-Nazaire

noch gibt es Stellplätze für uns. Allerdings möchte ich mit Ihnen noch ein kleines Stück weiter nach Süden fahren, ehe wir uns dem Meer nähern, da die recht eindrucksvoll zu sehenden Industrieanlagen entlang der *Loire* meinen Glauben an eine gute Wasserqualität im Mündungsbereich des Flusses arg in Zweifel ziehen.

St-Brévin-les-Pins und St-Brévin-l'Océan umfahren wir auf der Umgehungsstraße. Strände werden Sie noch genügend finden.

An dieser Stelle möchte ich gerne einen Ausdruck erklären, der Ihnen in diesem Buch noch häufig begegnen wird. Die Fremdenverkehrsämter in den Gemeinden oder Städten heißen in Frankreich entweder „Office de Tourisme" oder „Syndicat d'Initiative". Da Sie dort oftmals Jetons für Frischwasser oder Strom für die Stellplätzen erhalten, kämen diese Ausdrücke unverhältnismäßig oft vor. Ich kürze daher mit den Buchstaben OTSI ab, was auch in Frankreich eine gängige Praxis ist.

Wir wollen über St-Michel-Chef-Chef und Tharon-Plage zur Pointe de St-Gildas fahren.

(002) WOMO-Stellplatz: St-Michel-Chef-Chef

Position: N 47° 10' 56.9" W 2° 08' 49.6" Rue du Chevecier
max. WOMOs: > 5 Mittlere Gebühr 20-8 Uhr
Ausstattung / Lage: Ver- und Entsorgung, Toiletten in der Nähe, Mülleimer, Wertstoff-Behälter, Tische und Bänke / am Ortsrand
Zufahrt: Am Ortseingang von St-Michel kommen Sie an einen Kreisel. Fahren Sie dort weiter in Richtung St-Michel bzw. Tharon-Plage. Gleich darauf sehen Sie auf der linken Seite zwei Parkplätze, die miteinander verbunden sind. Die Station steht auf dem der Ortsmitte näher gelegenen Platz.
Sonstiges: Wasser und Strom je 2,50 € (Jetons)

Vom doppelten Chef-Ort fahren wir nach Tharon-Plage. Dort folgen Sie den Schildern zum „Plage". Die Straße führt direkt auf das Meer zu. Wenn Sie dort ankommen setzen Sie den Blinker nach links. An der Strandpromenade kann man sehr schön entlangfahren. Links stehen unzählige Ferienappartements, rechts finden wir breite Sandstrände und Parkplätze mit dem Schönheitsfehler für diese unförmigen Fahrzeuge, in denen man wohnen kann, gesperrt zu sein. Also nichts wie weiter! Fahren Sie, soweit das möglich ist, immer am Meer entlang. Sie können dann wenigstens einen Blick auf die See werfen. Die Halteverbote für Womos bleiben bestehen. Solange Sie den Schildern nach Pointe de St-Gildas folgen, bleiben Sie in der Obhut meines Reiseführers. Kurz vor dem Ende der Straße gibt es noch einen Stellplatz, den ich Ihnen natürlich nicht vorenthalten will. Er liegt landschaftlich reizvoll und ist daher stark frequentiert.

(003) WOMO-Stellplatz: Pointe de St-Gildas

Position: N 47° 08' 12.4" W 2° 14' 18.7" Rue des Pinettes
max. WOMOs: > 5 Geringe Gebühr
Ausstattung / Lage: Mülleimer / am Meer
Zufahrt: Wenn die ersten Häuser von Pointe de St-Gildas auftauchen, müssen Sie aufpassen. Das Hinweisschild zum Stellplatz taucht überraschend an der rechten Straßenseite auf. Also langsam fahren. Vom Platz aus sind es knapp 50 m zum Meer.
Sonstiges: Maximale Dauer 48 Stunden

Wenn Sie der bisherigen Straße bis zum Ende folgen, erreichen Sie schließlich einen Aussichtspunkt am Ende der Landzunge. Dort können Sie lesen, was Sie alles so sehen oder auch nicht sehen. Die Brücke von St-Nazaire ist zu erkennen, manchmal auch die Île de Noirmoutier. New York, Guadeloupe und Miami, ebenfalls ausgeschildert, werden Sie auf jeden Fall vergeblich suchen.

Wir setzen uns nach einem kleinen Picknick (da wir in Frankreich sind müsste ich eigentlich „pique-nique" schreiben) wieder ins Womo und fahren über La Plaine nach Pornic.

(004) WOMO-Stellplatz: La Plaine-sur-Mer

Position: N 47° 08' 21.8" W 2° 11' 28.0" Boulevard des Nations Unies
max. WOMOs: > 5 Gebührenfrei
Ausstattung / Lage: Ver- und Entsorgung / am Ortsrand
Zufahrt: Fahren Sie zuerst Richtung Ortsmitte, dann Pornic. Am Kreisel an der Post und Mairie finden Sie schon das Schild „Camping Car". Nach etwa 250 - 300 m geht es links ab. Zuerst erreichen Sie die Ver- und Entsorgungsstation, dann den Stellplatz.
Sonstiges: Maximale Dauer 24 Stunden, Supermarkt in der Nähe

Wenn Sie in La Plaine auf den Stellplatz gefahren sind, müssen Sie wieder zurückfahren bis zum Kreisel an der Post bzw. Mairie. Von dort aus geht's dann weiter in Richtung Pornic.

Gleich am Ortseingang werde ich stutzig. Ein Tumulus, der nicht in meiner Literatur erwähnt ist, ist hier ausgeschildert. Bei meiner Vorliebe für Megalithen für mich natürlich ein „Muss". Wir folgen den Schildern „Tumulus" bzw. „Tombeau" und erreichen dann einen Kreisel. Sie fahren mehr oder weniger geradeaus, dann geht's rechts ab. [GPS:47° 06' 56.4" W 2° 06' 53.0" Chemin des Mousseaux] Für größere Mobile ist die Zufahrt nicht zu empfehlen.

Tumulus des Mousseaux

Erstaunlicherweise ist der „Tumulus des Mousseaux" ein sehr gut erhaltenes Exemplar seiner Gattung. Leider ist die Parksituation am Megalithen nicht ganz so erfreulich. Gerade mal ein Womo mit eher kleineren Ausmaßen kann am Straßenrand stehen, 100 Meter weiter links ist Platz für ein weiteres Mobil, wenn da nicht gerade Pkw parken. Da die Besichtigung nur wenige Minuten in Anspruch nimmt, sollte es allerdings zu keinem Verkehrschaos kommen.

Eine Tafel datiert diesen Bau auf etwa 3500 Jahre vor unserer Zeitrechnung. Auf ein paar hundert Jahre mehr oder weniger soll es dabei jedoch nicht ankommen. Selbst in der BRETAGNE, wo wesentlich mehr wissenschaftlicher Aufwand zur Erforschung der Megalithen getrieben wird, gehen die Meinungen der Wissenschaftler weit auseinander. Freuen Sie sich an dem guten Zustand des Tumulus und vergessen Sie bei der Besichtigung Ihre Taschenlampe nicht.

Fahren Sie jetzt mit uns die enge Straße weiter und biegen Sie dann dreimal links ab. Dann kommen Sie wieder an den schon bekannten Kreisel. Dort biegen Sie rechts ab. Sie fahren jetzt also ein bekanntes Stück Weg wieder zurück. Ab hier

Kleine Megalithenkunde

Ein Tumulus ist ein vor Jahrtausenden aus Steinen errichtetes Bauwerk, in dem Tote bestattet wurden. Meist waren es wohl Herrscher oder bedeutende Krieger jener Zeit. Zuerst werden mehrere senkrecht stehende Steinplatten aufgestellt, auf die dann eine tonnenschwere Deckplatte gelegt wird. Diesen Raum nennt man dann Dolmen, das ist bretonisch und heißt „Tisch aus Stein". Er bildet die eigentliche Grabkammer (ein schönes Beispiel dafür werden wir in der Nähe von Cognac kennen lernen). Davor wird oft ein Gang angebaut, der ebenfalls aus senkrechten Platten und waagrechten Decksteinen besteht. Man spricht dann von einer „Allée couverte". Anschließend wird das Ganze mit kleineren Steinen und/oder Erde zugeschüttet. Die Erdschicht wird im Lauf der Zeit durch Erosion wieder abgetragen, übrig bleibt ein Tumulus.

folgen wir der Richtung Zentrum. Widerstehen Sie der Versuchung, vom Doppelkreisel aus direkt zum Meer hinunter zu fahren. Auch wenn Sie sich durch diese vielen Anweisungen bevormundet sehen, sollten Sie mir trotzdem folgen. PORNIC verzeiht keine Unsicherheiten bei der Routensuche. Ich habe mich schon mehrfach mitten in der engen Fußgängerzone wiedergefunden. Einmal zuviel den Schildern „Toutes Directions" gefolgt - und ich stand ohne Vorwarnung vor einem Tor mit der Durchfahrthöhe von 2,60 Metern. Zu klein für unser Womo. Ein Polizist, der zufällig am Straßenrand stand, hat zwar anerkennend meine Bemühungen, in der Einbahnstraße rückwärts zu fahren, zur Kenntnis genommen, jedoch keinerlei Bemühungen gezeigt, den von hinten kommenden Verkehr für eine halbe Minute anzuhalten. Vertrauen Sie einfach meiner Beschreibung!

Sie fahren jetzt vom Tumulus aus in Richtung Centre Ville. An einem der nächsten Kreisel geht's dann rechts ab zum Zentrum und damit zu einem Parkplatz, der Übernachtungsqualität hat. Viel weiter als bis dorthin sollten Sie sich auch mit dem Womo nicht zur Stadtmitte vorwagen. Sinnvoll ist es, wenn Sie gegen Abend dort ankommen, weil tagsüber der Platz stark von PKW frequentiert wird.

(005) WOMO-Stellplatz: Pornic

Position: N 47° 07' 03.1" W 2° 06' 12.9" Rue Michelet
max. WOMOs: > 5 Gebührenfrei
Ausstattung / Lage: Toiletten, Mülleimer, Wertstoff-Behälter / in der Ortsmitte
Zufahrt: Wenn Sie an dem auf der letzten Seite beschriebenen Kreisel Richtung „Centre Ville" fahren, sehen Sie auf der rechten Seite ein Schild zum „Parking Verdun". Beim „Verdun" sollten Sie allerdings erst gegen Abend eintreffen, da er während der Saison tagsüber stark besucht wird. Schöne gerade Plätze finden Sie nur in einem bestimmten Bereich. Vom Parkplatz aus sind Sie in wenigen Minuten in der Ortsmitte.

Den Nachmittag verbummeln wir in der Fußgängerzone von PORNIC und weil wir mittlerweile zu träge sind um noch weiterzufahren, wollen wir hier übernachten. Den Abend verbringen wir am Hafen, den Sie ganz leicht finden, wenn Sie von der Fußgängerzone über Treppen hinabsteigen. Die Idee bereuen wir nicht, denn hier ist der Teufel los: Künstler, Gaukler und Musikanten beherrschen das Straßenbild. Feuerschlucker, Maler und Pantomimen begeistern nicht nur unsere Kinder. Der Abend wird sehr lange und müde fallen wir in unsere Betten. Am Hafen haben wir auch viele Parkplätze entdeckt, auf denen Womos parkten, allerdings sind alle leicht abschüssig.

Am nächsten Morgen geht's wieder zurück zur Umgehungsstraße nach NOIRMOUTIER. BOURGNEUF-EN-RETZ heißt der nächste größere Ort. Wenn Sie mit uns einen kleinen Abstecher nach ST-CYR-EN-RETZ machen wollen, müssen Sie an einem der hier reichlich vorhandenen Kreisel die D 213 verlassen. „MACHECOUL“ ist dort ausgeschildert und wenig später geht die Straße nach ST-CYR nach links ab. Der Abstecher lohnt sich nur bei guter Fernsicht. Lesen Sie ansonsten ganz einfach beim nächsten Absatz weiter. Allen die uns begleiten, möchte ich noch verraten, dass mir die vor uns liegende Sumpflandschaft ganz besonders ans Herz gewachsen ist. Deshalb war ich sehr froh auf der Karte diesen Aussichtspunkt gefunden zu haben. Von BOURGNEUF aus fahren wir gerade mal 4 km in Richtung MACHECOUL, um dann links abzubiegen und uns nach ST-CYR hinaufzuwinden. Die Table d'Orientation ist gut ausgeschildert. Vor Ihnen liegen jetzt die MARAIS DE MACHECOUL, durchzogen von unendlich vielen kleinen Kanälen. Die größeren heißen Étiers, sie werden Ihnen im Verlauf der Tour noch öfter begegnen. Wir fahren anschließend wieder zurück nach BOURGNEUF und treffen bei der Einmündung in die D 758 die Leser wieder, die nicht den kleinen Umweg gemacht haben.

(006) WOMO-Stellplatz: Bourgneuf

Position: N 47° 02' 28/.6" W 1° 57' 22.2" (kein Straßenname)
max. WOMOs: 5 Gebührenfrei
Ausstattung / Lage: Ver- und Entsorgung, Toiletten, Mülleimer, Wertstoff-Behälter, Tische und Bänke / am Ortsrand
Zufahrt: Von der Umgehungsstraße aus Richtung Pornic kommend umfahren Sie Bourgneuf. (Die erste Abfahrt nach Bourgneuf ignorieren Sie.) Den Kreisel, an dem „Machecoul“ ausgeschildert ist, umrunden Sie fast vollständig um in den Ort Bourgneuf hinein zu fahren. (Von St-Cyr aus zurückkommend brauchen Sie am Kreisel lediglich eine Ausfahrt weiter zu fahren.) Gleich danach sehen Sie auf der rechten Seite eine Citroën-Werkstatt und eine Total-Tankstelle. Auf der linken Seite befindet sich das OTSI. Über eine kleine Brücke kommen Sie direkt an das Gebäude. Dort können Sie ver- und entsorgen und auch übernachten.

Sie können jetzt den großen grünen Schildern nach NOIRMOUTIER folgen oder - wenn es beliebt - in BOURGNEUF übernachten.

Fahren Sie weiter mit uns in Richtung NOIRMOUTIER, unserem nächsten Ziel. Mit der Überquerung des *Étier du Sud* erreichen wir die VENDÉE. Hier gibt es geschichtlich einiges zu erzählen weshalb ich Sie auf die entsprechende Seite im „Allgemeinen Teil” verweisen möchte. Sie sehen jetzt links und rechts der Straße keine Erhöhungen mehr, viele Kanäle durchziehen die Landschaft. In der Tat war dieses Gebiet früher im Meer gelegen. Der Name „Île de Bouin“ deutet heute noch auf die „Insellage“ hin. Bald erreichen wir Beauvoir und da gilt es für Sie aufzupassen: Auf der rechten Straßenseite steht eine große Holztafel auf der die Zeiten der Ebbe in gut sichtbaren Digitalziffern angegeben ist. Und zwar immer jeweils für drei Tage. Direkt neben der Tafel sehen Sie einen Parkplatz auf dem Sie anhalten und sich die Zeiten notieren können. Eineinhalb Stunden vor und nach der angegebenen Zeit ist die Passage du Gois mit dem Womo befahrbar. Früher oder später liegt die Straße unter Wasser. Wenn Sie zu extrem ungünstigen Zeiten ankommen sollten, fahren Sie einfach über die Brücke ein paar Kilometer weiter südlich auf die Insel, den Rückweg sollten Sie aber durch die Passage einplanen. Wann fährt man schließlich schon mal durch's Meer? Sie können allerdings auch hier, direkt am Stellplatz, warten und sogar übernachten.

(007) WOMO-Stellplatz: Beauvoir-sur-Mer

Position: N 46° 55' 00.2" W 2° 02' 49.3" Place des Paludiers
max. WOMOs: > 5 Gebührenfrei
Ausstattung / Lage: Ver- und Entsorgung, Toiletten, Mülleimer / im Ortszentrum
Zufahrt: Direkt hinter der Anzeigetafel, auf der die Zeiten angegeben sind, zu denen die Passage du Gois passierbar ist.

Wir haben noch eine gute Stunde Zeit und beschließen, direkt am Beginn der Passage auf einem der Parkplätze noch einen kleinen Imbiss zu uns zu nehmen. Lange bevor die Route freigegeben ist, starten schon einige Fahrzeuge, die es besonders eilig haben. Meterhoch spritzt das Wasser wenn sie durch die noch verbliebenen Pfützen fahren. Da ich mein Womo noch ein paar Jährchen fahren will, warte ich noch eine Stunde lang und tippe meine Eindrücke in den Laptop. Die Familie lässt sich den Wind um die Ohren wehen und erfreut sich an den mittlerweile auch aus der Gegenrichtung ankommenden Autos, die triefend vor Meerwasser am Parkplatz vorbeifahren.

So langsam halte auch ich die Zeit für gekommen meine Sippe — wie einst Moses — trockenen Fußes und sicher durch das Meer zu führen. Dieses Gefühl wird sich bei Ihnen nicht so recht einstellen, wenn Sie im Juli oder August durch's Meer wollen, denn dann fühlen Sie sich eher wie auf der A 5 zwischen Karlsruhe und Basel. Außerhalb der Saison können wir auch seitlich der Straße anhalten und Ausschau nach allerlei wohlschmeckendem Meeresgetier halten. Interessant sind noch die Kacheln, die vor jeder der Rettungsinseln in den Boden eingelassen wurden und auf denen verschiedene Ge-

Das ist natürlich gelogen ...

sichter gemalt sind. Diese Rettungsinseln dienen dazu, den zu stark verspäteten Durchquerern wenigstens noch Leib und Leben zu erhalten. Von dort oben kann man dann auch noch würdevoll von seinem Fahrzeug Abschied nehmen, das langsam in den Wellen versinkt. Pro Jahr werden — wenn ich meinen Quellen trauen darf — 4 bis 5 Fahrzeuge geflutet. In der Regel diejenigen von Einheimischen. Ein weiteres Spekta-

(008) WOMO-Stellplatz: Noirmoutier-en-l'Île

Position: N 47° 00' 40.5" W 2° 15' 08.9" Avenue de Padron
max. WOMOs: > 20 Mittlere Gebühr
Ausstattung / Lage: Ver- und Entsorgung, Toilette in ca. 100m Entfernung, Mülleimer, Wertstoff-Behälter/ im Ortszentrum
Zufahrt: Am Ortsschild von Noirmoutier ist der Parkplatz schon ausgeschildert. Am ersten Kreisel biegen Sie links ab, am zweiten Kreisel ebenso, aber da sehen Sie den Platz sowieso schon auf der linken Seite. Ich habe mir noch nicht die Mühe gemacht, die Stellplätze zu zählen. Der Platz ist sehr groß! Die Gebühr wird am Horodateur (Parkscheinautomat), der bei der Einfahrt steht, bezahlt. Idealer Platz, wenn Sie die Insel per Fahrrad erkunden wollen. Ansonsten können mich diese Großparkplätze nicht sonderlich begeistern.

Sonstiges: Maximale Dauer 48 Stunden

... aber jetzt geht's

kel sind Wettläufe, bei denen derjenige gewonnen hat, der am spätesten losläuft und die Insel noch trockenen Fußes erreicht.

Wenn Sie meiner Route weiterhin folgen wollen, halten Sie sich an die Beschilderung zum Hauptort der Insel, der logischerweise ebenfalls NOIRMOUTIER heißt. Muschel- und Austernzucht bestimmt das Bild links und rechts der Straße. Vier Stellplätze habe ich auf der Insel für Sie entdecken können. Beginnen wir im Ort NOIRMOUTIER-EN-L'ÎLE. Gegenüber finden Sie die Zufahrtsbeschreibung zum Stellplatz, der zu den Größten gehört, die in diesem Buch vorkommen.

Es ist Ihnen bestimmt schon aufgefallen, dass die Insel sehr radfahrerfreundlich ist. Deshalb wollen auch wir unsere Räder, die bisher nur ein gerütteltes Dasein an unserem Heck verbrachten, zum Einsatz bringen.

Direkt neben dem Womo-Platz verläuft ein wunderschöner Radweg, der an ebensolche Strände führt. Das heißt für uns — und vielleicht auch für Sie — Badesachen einpacken und die Räder startklar machen. Sie brauchen dieses Buch nicht mitzunehmen, denn Sie werden an einigen schönen Strandabschnitten vorbeikommen ohne eine genaue Route zu verfol-

Einer der vielen Radwege auf der Île de Noirmoutier

gen. Sie kommen zwangsläufig ans Meer, und ob Sie dann links oder rechts weiterfahren spielt überhaupt keine Rolle, die meisten Strände, die Sie finden werden, können nur sehr schwer mit Pkw angefahren werden und sind dementsprechend leer. Sollten Sie kurz vor L'HERBAUDIÈRE das Schild „Ende des Radwegs" erreichen, haben Sie irgend etwas übersehen. Ab hier haben Sie keine Chance mehr, einen halbwegs vernünftigen Strand zu finden.

Sie sind jetzt wieder zum Womo zurückgekehrt und brennen auf Kultur? Dann habe ich noch eine Kleinigkeit für Sie. Folgen Sie uns ins Zentrum und gehen Sie mit zur Kirche. Achten Sie auf die Fenster. Nicht die überall üblichen religiösen Motive sind hier zu sehen, nein, es sind Landschaften, Seefahrerbilder, Themen mit denen die Leute hier tagtäglich konfrontiert waren. Einen Stock tiefer finden Sie die Krypta des St-Phillibert, dem Nationalheiligen der VENDÉE. Neben der Kirche steht noch eine Burg, deren Besichtigung ich guten Gewissens nicht empfehlen kann.

Jetzt kann es natürlich auch sein, dass Sie keine Lust haben, zwischen unzähligen Womos mitten in einem Ort zu stehen. Lust auf Strandurlaub? Ganz in der Nähe von NOIRMOUTIER-EN-L'ÎLE liegt L'HERBAUDIÈRE. Sie brauchen sich dazu lediglich nach links zu orientieren, wenn Sie den Stellplatz in NOIRMOUTIER verlassen. Sie müssen vom Parkplatz aus zwar nach rechts abbiegen, was aber kein Problem ist, denn Sie können ja am nächsten Kreisel wenden und wieder zurück fahren. Nur wenige Kilometer liegen zwischen den beiden Ortschaften.

(009) WOMO-Badeplatz: L'Herbaudière

Position: N 47° 01' 12.4 W 2° 18' 03.0" Rue du Port
max. WOMOs: > 5 Mittlere Gebühr
Ausstattung / Lage: Ver- und Entsorgung, Toiletten, Mülleimer / am Meer
Zufahrt: Von Noirmoutier-en-l'Île kommend, fahren Sie langsam durch die Hauptstraße des Ortes. Auf der linken Seite sehen Sie dann das Bürgermeisteramt (Mairie). Direkt dahinter biegen Sie links ab und finden dann hoffentlich noch einen freien Platz. Er ist direkt hinter den Dünen angelegt. Nur wenige Meter bis zum felsigen Strand. Gebühr wird am Horodateur bezahlt.

Einen weiteren Badeplatz kann ich ebenfalls noch empfehlen. Meiner Meinung nach der Schönste der vier Stellplätze auf der Insel. Allerdings sind noch viele andere Wohnmobilisten derselben Meinung. Sie müssen dazu ein Stück in Richtung Festland zurückfahren. Aber dort wollen Sie ja sowieso irgendwann mal wieder hin. Achten Sie auf die Beschilderung an den diversen Kreiseln. „L'Épine" heißt unser nächstes Ziel. Und weil es dort so schön ist, habe ich gleich noch einen Campingplatz für Sie parat, für den Fall, dass es Ihnen so gut gefällt, dass Sie länger bleiben wollen. Den Schildern zum Campingplatz „La Bosse" sollten Sie auch folgen, wenn Sie zum Badeplatz wollen, er ist nur ein paar hundert Meter davon entfernt.

Der Weg nach L'ÉPINE führt uns durch die Salzsümpfe. Das Meerwasser wird durch ein kompliziertes System aus Kanälen und Schleusen in verschieden große Becken geleitet. Der Wasserstand reduziert sich von Becken zu Becken. In der letzten Station, den sogenannten Œillets, beträgt er nur noch 5 cm. Hier kann das Wasser leicht verdunsten und das übriggebliebene Salz wird mit einer Art Rechen vom Paludier an den Rand der Saline gehäuft. Dort kann es weiter trocknen bis es schließlich vermarktet wird.

Abenddämmerung in den Salzsümpfen

Mittlerweile haben wir L'ÉPINE fast erreicht, und wahrscheinlich werden Sie zuerst den Campingplatz sehen.

(C01) WOMO-Campingplatz-Tipp: La Bosse **

Position: N 46° 59' 06.4" W 2° 16' 59.9" (kein Straßenname)
Öffnungszeiten: 1.4. - 30.9.
Ausstattung / Lage: schattig, Spielplatz, Ver- und Entsorgung am WOMO-Badeplatz in geringer Entfernung / 100 m zum Strand
Zufahrt: Der Platz ist gut ausgeschildert - und er liegt auf dem Weg zum Badeplatz.

(010) WOMO-Badeplatz: L'Épine

Position: N 46° 59' 10.4" W 2° 17' 37.0" Chemin de la Chaussée
max. WOMOs: > 5 Mittlere Gebühr
Ausstattung / Lage: Ver- und Entsorgung, Mülleimer, Wertstoff-Behälter / am Meer
Zufahrt: Folgen Sie zuerst der Beschilderung zum Campingplatz. Wenn Sie sich vorstellen aus dessen Ausfahrt zu kommen, müssten Sie links abbiegen. Bei der nächsten Möglichkeit biegen Sie wieder nach links ab in Richtung Meer. Die Schranke in einer Höhe von 2 m, die Sie jetzt sehen, braucht Sie nicht zu schrecken, wir biegen nämlich kurz davor rechts ab und erreichen den Stellplatz. Aufgrund seiner Lage direkt am Meer besteht allerdings die Gefahr, dass er im Sommer stark frequentiert ist.

Sonstiges: Maximale Dauer 72 Stunden, Wasser 1 €

Damit ist unser Besuch auf der ÎLE DE NOIRMOUTIER fast beendet. Wenn Sie zum Festland zurückfahren kommen Sie noch an dem Ort LA GUÉRINIÈRE vorbei. Hier können Sie ebenfalls einen Stellplatz finden.

(001) WOMO-Stellplatz: La Guérinière

Position: N 46° 58' 09.7" W 2° 14' 05.1" (kein Straßenname)
max. WOMOs: > 5 Mittlere Gebühr
Ausstattung / Lage: Ver- und Entsorgung, Mülleimer / am Ortsrand
Zufahrt: An einem der Kreisel in der Nähe der Ortschaft La Guérinière zeigt ein Wegweiser nach rechts zum „Camping Caravan'île". Dort verlassen Sie die D 38 und biegen sofort danach zwei mal nach links ab. Den Stellplatz sehen Sie dann nach kurzer Fahrt auf der rechten Seite.

Der Platz ist neu angelegt und sieht noch wenig einladend aus. Auch die Lage, wenige Meter von der „Hauptstraße" entfernt, macht ihn nicht besonders attraktiv. Allerdings ist er der einzige Stellplatz der Insel auf dem kein Gedränge herrscht. Wenn Sie also einen Tag oder eine Nacht ohne Trubel erleben wollen, sind Sie hier richtig.

Jetzt kommt es darauf an, ob Sie die NOIRMOUTIER über die PASSAGE DU GOIS oder über die Brücke verlassen wollen. Im ersten Fall kommen Sie zwischen BEAUVOIR und FROMENTINE durch den schönen Ort LA BARRE und da gibt es - Sie können es schon erraten - einen Stellplatz.

(011) WOMO-Stellplatz: La Barre

Position: N 46° 53' 06.0" W 2° 07'.08.1" Chemin du Querruy
max. WOMOs: > 5 Gebührenfrei
Ausstattung / Lage: Ver- und Entsorgung, Mülleimer / im Ortszentrum
Zufahrt: Wenn Sie in den Ort hineinfahren, sehen Sie auf der rechten Seite eine Kirche. Kurz davor steht das Bürgermeisteramt (Mairie), leicht an der französischen Fahne erkennbar. Noch vor der Mairie geht rechts eine kleine Straße ab, die Sie zum Stellplatz führt. Vom Platz aus kommen Sie über einen Fußweg in Richtung Kirche schnell zum Ortsmittelpunkt. Dort finden Sie quer gegenüber der Straße eine Bäckerei für's Frühstück.

Sonstiges: Jetons 2,30 €

Auf dem weiteren Weg zur Insel umfahren wir noch FROMENTINE, einen kleinen Ort in der Nähe der Brücke nach NOIRMOUTIER. Hier möchte ich Ihnen einen Weg zu einem Strandparkplatz zeigen, der sich als WOMO-Badeplatz anbietet.

Durch den Ort FROMENTINE kommen Sie, von der Insel aus gesehen, kurz nach der Brücke. Von LA BARRE aus folglich kurz vor der Brücke. Auch hier gibt es einen Stellplatz, der theoretisch ganz in der Nähe des Meeres liegt. Dazu sollten Sie jedoch morgens früh oder abends spät ankommen, denn ansonsten ist der Platz mit Strandbesuchern vollgeparkt. Mit kleineren Wohnmobilen können Sie die PKW-Buchten nutzen. Größere Mobile sollten rechts in einem Seitenarm der Straße parken.

(012) WOMO-Badeplatz: Fromentine

Position: N 46° 53' 06.4" W 2° 09' 13.5" (ohne Straßenname)
max. WOMOs: > 5 Gebührenfrei
Ausstattung / Lage: Abfalleimer / am Sandstrand
Zufahrt: 1. Anfahrt von Süden auf die Île de Noirmoutier: Sie umfahren Fromentine auf der Umgehungsstraße. Am letzten Kreisel vor der Brücke müssen Sie rechts in Richtung Fromentine abbiegen. Den erkennen Sie daran, dass Sie von der Ausfahrt aus dem Kreisverkehr gleich wieder einen Kreisel sehen. Das zweite Rondell verlassen Sie nach links. Von hier aus geht es weiter bei 3. „Gemeinsam".
2. Anfahrt von der Île de Noirmoutier aus: Am ersten Kreisel nach der Brücke (wenn nicht mittlerweile noch einer eingefügt wurde) biegen Sie links ab und erreichen sofort wieder einen Kreisel, den Sie ebenfalls nach links verlassen.
3. Gemeinsam: Vom zweiten Kreisel aus fahren Sie stur geradeaus bis die Straße an einem Parkplatz hinter den Dünen endet. Der Platz ist überall recht schief. Sie können jedoch kurz vorher noch nach rechts auf einen „Seitenstreifen" fahren. Dort finden Sie gerade Plätze auf einem Sandplatz. Allerdings ist dieser Platz etwa 100 m weiter vom Strand entfernt.

TOUR 2 (162 km)

Noirmoutier-en-l'Île — St-Gilles-Croix-de-Vie — Les Sables-d'Olonne — Pointe de l'Aiguillon

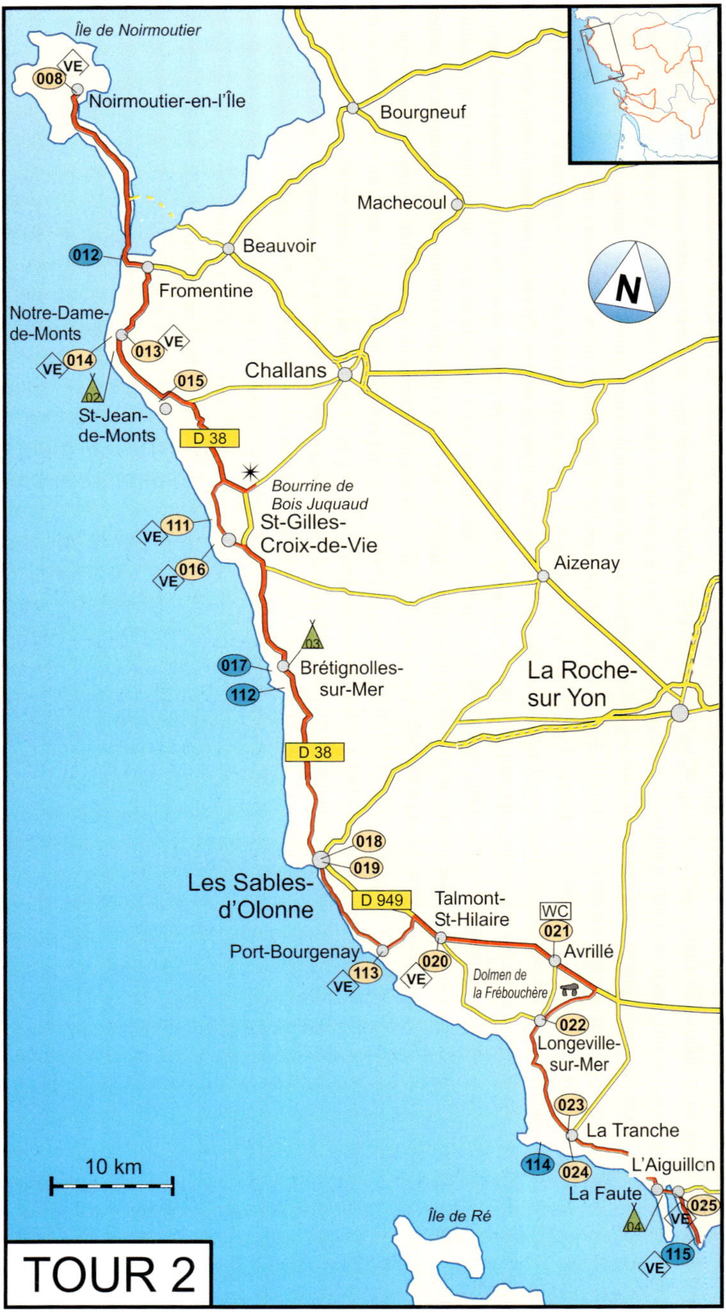

Übernachten:	Noirmoutier-en-l'Île, Notre-Dame-de-Monts, St-Jean-de-Monts, St-Hilaire-de Riez, St-Gilles-Croix-de-Vie, Brétignolles, Les Sables-d'Olonne, Talmont-St-Hilaire, Avrillé, Longeville, La Tranche, L'Aiguillon
Besichtigen:	Bourrine du Bois Juquaud, Dolmen de la Frébouchère
Baden:	Strände zwischen Notre-Dame-de-Monts und St-Gilles-Croix-de-Vie, Strände von Brétignolles und südlich davon, Les Sables-d'Olonne, La Faute-sur-Mer
Campingplatz:	La Forêt, La Motine, La Côte de Lumière
Markt:	St-Jean-de-Monts (Mi. u. Sa.), Les Sables-d'Olonne (tgl., Marché du Forains: Mi. u. Sa.), Avrillé (Fr.), Longeville (Fr.), La Tranche (Di. u. Sa.), La Faute-sur-Mer (Do. u. So.)

FROMENTINE — das Festland hat uns wieder. ST-JEAN-DE-MONTS steht als nächstes auf meiner Liste. Es ist kein Problem den Ort zu finden: Sie fahren einfach auf der D 38 weiter nach Süden. Zuerst kommen wir allerdings nach NOTRE-DAME-DE-MONTS.

(013) WOMO-Stellplatz: Notre-Dame-de-Monts I

Position: N 46° 49' 59.3" W 2° 07' 47.4" Place Général de Gaulle
max. WOMOs: > 5 Mittlere Gebühr 20 - 8 Uhr
Ausstattung / Lage: Ver- und Entsorgung, Mülleimer, Wertstoff-Behälter / in Zentrumsnähe
Zufahrt: Sobald Sie in den Ort kommen, fahren Sie am Kreisel mit den Segeln geradeaus. Wenn es danach rechts zum Zentrum abgeht, rollen Sie noch ein Stückchen geradeaus weiter und biegen nach links zum Parkplatz ab. Alle Plätze sind schräg.
Sonstiges: OTSI gegenüber

(014) WOMO-Stellplatz: Notre-Dame-de-Monts II

Position: N 46° 50' 04.7" W 2° 08' 31.6" Rue de la Clairière
max. WOMOs: > 5 Mittlere Gebühr 20 - 8 Uhr
Ausstattung / Lage: Ver- und Entsorgung, Mülleimer, Wertstoff-Behälter / am Ortsrand, 400 m zum Strand
Zufahrt: Fahren Sie am ersten Stellplatz vorbei bis zum nächsten Kreisel und biegen dort rechts ab. Nach dem Parkplatz hinter der Kirche geht's wieder nach rechts. Und ab jetzt bitte ich Sie auf die Schilder zur „Aire Camping-car" zu achten. Wir fahren jetzt im Zickzackmuster durch Wohngebiete und landen schließlich in einer Ferienhaussiedlung auf dem ausgeschilderten Platz. Von der Lage her ist er sehr ruhig, zum Strand sind es etwa 400 Meter. Die Gebühr wird am Parkscheinautomat an der Einfahrt entrichtet.

Hinter NOTRE-DAME-DE-MONTS können Sie zwischendurch immer mal wieder nach rechts zu Stränden abbiegen. Der „PLAGE DE LA TONNELLE" ist sehr groß mit einem Parkplatz, der allerdings in der Saison bei weitem nicht ausreicht. Noch auf dem Weg zum „PLAGE DE LA TONNELLE" biegt links eine Straße ab zum „PLAGE DE LA PARÉE DU JONC". Auch hier dasselbe Bild: großes Gelände, etwas zu klein geratener Parkplatz. Erst beim dritten Strand, dem „PLAGE DE LA DAVIÈRE", scheint mir der Parkplatz groß genug, um auch im Hochsommer allen Besuchern Platz zu bieten. Übernachten dürfen Sie auf keinem der Dreien, von 22 bis 7 Uhr ist Halteverbot. Halten Sie sich bitte daran, sonst sind nächstes Jahr Stangen in 2 m Höhe angebracht.

Eine Möglichkeit in der Nähe dieser Stände zu übernachten bietet ein Campingplatz.

(C02) WOMO-Campingplatz-Tipp: La Forêt ****

Position: N 46° 49' 05.4" 2° 07' 48.0" Chemin de la Rive
Öffnungszeiten: 1.4. - 30.9.
Ausstattung / Lage: Ver- und Entsorgung, schattig, Laden, Restaurant, Spielplatz, Pool / 500 m zum Meer über einen Fußweg
Zufahrt: Kurz nach dem Ortsschild geht rechts eine Straße ab (Route de Piverts). Dort einbiegen und geradeaus weiterfahren, bis auf der linken Seite der Platz in Sicht kommt.
E-Mail: camping-la-foret@wanadoo.fr
Internet: www.chez.com/campinglaforet

ST-JEAN-DE-MONTS ist mittlerweile erreicht und wir schlagen die Richtung "Centre Ville, Les plages" ein. Nach wenigen Minuten sind wir an der Strandpromenade angekommen. Die Halteverbote für Womos beziehen sich wohl auf die Nachtstunden, denn sonst würden hier unter den Augen der ständig patrouillierenden Gendarmerie nicht so viele Reisemobile ste-

(015) WOMO-Stellplatz: St-Jean-de-Monts

Position: N 46° 47' 34.9" W 2° 04' 44.1 Rue de la Parée Jesus
max. WOMOs: > 5 Hohe Gebühr
Ausstattung / Lage: Ver- und Entsorgung, Mülleimer / Abseits des Ortes im Wald
Zufahrt: Wenn Sie die Strandstraße so befahren, dass das Meer zu Ihrer Linken ist, werden Sie am Ende der Promenade mit Womo-Symbolen auf den Platz hingewiesen. Falls Sie nachfragen müssen, erkundigen Sie sich nach dem Tennisplatz „Parée Jésus". In dessen Nähe tauchen dann die Schilder wieder auf. Der Platz selbst ist nicht sehr günstig gelegen. Zum Brot Holen müssen Sie am nächsten Morgen erst ein bisschen fahren.

Sonstiges: Wasser und Strom 2 €. Maximale Dauer 48 Stunden

hen. Dass die Stadt ein Einsehen mit uns hat, zeigt sie dadurch, dass sie einen Womo-Übernachtungsplatz mit Ver- und Entsorgung eingerichtet hat.

Die Kinder waren schwimmen, der Papa hat gelesen und deshalb schon wieder neue Pläne im Kopf. Ein original erhaltenes Bauernhaus der VENDÉE aus dem Jahre 1818 ist hier ganz in der Nähe zu besichtigen. Wenn Sie mit uns ST-JEAN in Richtung ST-GILLES-CROIX-DE-VIE verlassen, geht an einem Kreisel die Straße zu dem kleinen Ort LE PISSOT ab, der aus kaum mehr als einem weiteren Verkehrskreisel besteht. Dort ist das Écomusée de la Vendée ausgeschildert. Nach etwa 2 km auf der D 69 biegen Sie links in einen kleinen Weg ein. Nach kurzer Fahrt erreichen Sie dann das Freilichtmuseum. Wenige Meter vor dem Museum finden Sie auf der linken Seite des Weges einen Parkplatz, der sich auch ganz vorzüglich für ein Picknick eignet.

Bourrine du Bois Juquaud

Die „Bourrine du Bois Juquaud" wurde 1818 erbaut und bis 1970 noch bewohnt. Das Anwesen besteht aus dem Wohnhaus, sowie mehreren Nebengebäuden und einem Garten. Unsere Kinder sind ganz begeistert von den hohen Betten, die im Innern zu bewundern sind. Dazwischen liegt erstaunlicherweise ein Backofen. Allein der konnte schon für ziemlich heiße Nächte sorgen. Im Sommer sind im Außengelände in den Ställen und Freigehegen

Öffnungszeiten Freilichtmuseum:

Februar bis März: Montag - Freitag: 14 - 18 Uhr
April: Dienstag - Sonntag 14 - 18 Uhr
Mai - September: werktäglich 10 - 12 und 14 - 18 Uhr
Sonntag und Feiertage 15 - 19 Uhr
Juli und August: werktäglich 10 - 19 Uhr
Sonntag und Feiertage 15 - 19 Uhr

Im Innern der Bourrine

noch die jeweils passenden Tiere zu sehen. Hühner gackern um die Wette und zwei Esel erregen die Aufmerksamkeit unserer beiden Töchter. Viel lebhafter ist mir jedoch ein Besuch im Herbst in Erinnerung. Mit lehmverschmiertem Overall verkauft uns ein Museumsangestellter die Eintrittskarten um sich gleich darauf wieder seiner Arbeit zuzuwenden: Er hat nämlich gerade eine Mischung aus Lehm und Stroh angefertigt und muss sie feucht halten um damit schadhafte Stellen an der Scheune auszubessern. Für uns ist das natürlich **die** Gelegenheit alte Handwerkskunst „live" zu erleben. Bevor Sie das Gelände wieder verlassen, dürfen Sie nicht vergessen noch einen Blick auf den Garten zu werfen.

Vom Museum aus geht's wieder zurück zum kleinen Kreisel in LE PISSOT. Ab dort fahren wir wieder zum großen Kreisel an der Umgehungsstraße zurück. Ein kleines Stück müssen wir also wieder zurück. Die Zufahrt zum Badeplatz in ST-

(111) WOMO-Badeplatz: St-Hilaire-de-Riez

Position: N 46° 43' 43.0" W 1° 59' 29.0" Allée de la Parée Preneau
max. WOMOs: > 20 Gebührenfrei
Ausstattung / Lage: - / weit vom Ort entfernt, direkt hinter den Dünen
Zufahrt: Am großen Kreisel an der Umgehungsstraße nach St-Jean-de Monts abbiegen. Jetzt aufpassen! Wenn eine Straße in einer Kurve abgeht, die für Fahrzeuge über 5 t gesperrt ist, müssen Sie da lang! Fahren Sie bis zum Stop-Schild und dann rechts. Am nächsten Kreise, der direkt danach kommt, nehmen Sie die dritte Ausfahrt nach Sion. Dann geht's geradeaus weiter zum Strand.
Sonstiges: Womo-Plätze im hinteren Bereich, maximale Dauer 24 h

HILAIRE-DE-RIEZ entnehmen Sie bitte dem Kästchen. Ansonsten fahren Sie gleich in Richtung ST-GILLES um zur Corniche Vendéenne abzubiegen, wenn die entsprechenden Schilder auftauchen. Zu Anfang bestimmen ein paar riesige vergessene Felsbrocken das Bild und auch sonst ist die Küste recht felsig, was allerdings dem Abwechslungsreichtum sehr zugute kommt. Ewiger Sandstrand ist ja auf die Dauer langweilig! Wenn dann gar noch Teufelslöcher mit ins Spiel kommen, wird die ganze Geschichte erst richtig interessant. Das Hinweisschild zum „Trou de Diable“ taucht auf der rechten Seite auf. Parken Sie Ihr Womo, was angesichts der kleinen Parkflächen entlang der Straße nicht ganz einfach ist, und gehen Sie unbedingt auf den Felsen entlang zur Steilküste. Hinter dem Schild, auf dem vor Absturzgefahr gewarnt wird, hören Sie die bösen Seelen schon schreien. Besonders bei einlaufender Flut. Ein weit in den Felsen hineinreichender Gang mit einer trompetenförmigen Öffnung nach oben ist die physikalische Erklärung dafür. Warum aber die Wellen ausgerechnet hier so hoch sind, dass teilweise die Gicht aus dem Felsenloch herausspritzt, das weiß nur der Teufel.

CROIX-DE-VIE und ST-GILLES sind eigentlich zwei Orte, die zu einem verschmolzen sind. Im Gegensatz zu ST-JEAN schlendere ich hier auch gern durch den Ort, er ist weniger durchgestaltet, hat noch mehr von der Atmosphäre eines Fischerortes behalten, wenn man das von einem Ferienort überhaupt sagen darf. Ich kann Ihnen sogar verraten, wo Sie hier offiziell übernachten können. Zugegeben - wiederum nicht ganz zentrumsnah.

(016) WOMO-Stellplatz: St-Gilles-Croix-de-Vie

Position: N 46° 41' 39.7" W 1° 55' 37.8" Rue de la Rabalette
max. WOMOs: > 5 Geringe Gebühr
Ausstattung / Lage: Ver- und Entsorgung / am Ortsrand
Zufahrt: Sie folgen ganz einfach den Schildern „Embarcadère Île d'Yeu“. Am Kreisel mit der Boje biegen Sie, den Womo-Schildern folgend, ab. Mit etwas Aufmerksamkeit können Sie die Ver- und Entsorgungsstation auf der rechten Seite sehen. Gleich dahinter biegen Sie rechts ab und kommen damit in die für Wohnmobile vorgesehene Parkstraße. Weit ab vom Zentrum. Für eine Übernachtung gerade noch akzeptabel.

ST-GILLES-CROIX-DE-VIE verlassen wir in Richtung „LES SABLES-D'OLONNE”. Das ist auch gleichzeitig die Straße nach BRÉTIGNOLLES, denn auf direktem Weg wollen wir nicht dorthin fahren, ganz so einfach will ich es Ihnen nicht machen. Folgen Sie mir noch auf einem kleinen Umweg, ehe Sie einen der berühmtesten und bedeutendsten Badeorte an der Atlantikküste erreichen. Im Vorort La Sauzaie verlassen wir wieder einmal die D 38 um etwas näher ans Meer zu kommen. Die Schilder, auf die Sie achten müssen, zeigen den Weg nach „Brétignolles par les plages".

Wir fahren an mehreren Stränden vorbei, bis wir schließlich in Brétignolles ankommen. Unsere Kinder wollen jetzt unbedingt mal wieder einen Strandaufenthalt bewilligt haben, und auch wir können bei der herrschenden Hitze eine Abkühlung gut gebrauchen. Auf der Suche nach einem ebenen Parkplatz sehen wir links der Straße, kurz vor dem ersten Kreisel im Ort, ein großes P-Schild und damit eine geeignete Möglichkeit. Der Platz ist für den kleinen Ort überaus groß und hat uns seitdem schon oft über Nacht beherbergt. Ein zweiter Platz ist etwas außerhalb zu finden.

(017) WOMO-Badeplatz: Brétignolles I

Position: N 46° 37' 38.2" W 1° 52' 24.8" Rue du Pied du Bois
max. WOMOs: 5 Gebührenfrei
Ausstattung / Lage: Mülleimer / im Ortszentrum und strandnah
Zufahrt: Bei der Einfahrt nach Brétignolles auf das große P-Schild auf der linken Seite achten. Wenn Sie vorbeigefahren sind, ist am Kreisel, der gleich danach auftaucht, eine Wendemöglichkeit. Sollten Sie auf der Umgehungsstraße nach Brétignolles hereinfahren, müssen Sie sich nach den Schildern „Plage de la Parée" richten. Sie erreichen dann kurz vorm Strand den oben genannten Kreisel und biegen rechts ab um zum Parkplatz zu kommen.

(112) WOMO-Badeplatz: Brétignolles II

Position: N 46° 37' 12.6" W 1° 52' 18.9" Avenue de l'Océan
max. WOMOs: > 20 Gebührenfrei
Ausstattung / Lage: Mülleimer / am Ortsrand in Strandnähe
Zufahrt: Von Brétignolles I weiter fahren in Richtung Les Sables d'Olonne, dann kommen Sie am Platz vorbei, der auf der linken Seite liegt.
Sonstiges: 100 m zum Strand

Der Strand ist gerade mal einen Steinwurf weit entfernt und recht akzeptabel. Er ist nicht groß, aber da der Ort auch recht überschaubar bleibt, ist ein Gedränge selbst in der Hochsaison nicht zu erwarten.

Ich habe noch einen Campingplatz auf meiner Liste stehen, den ich Ihnen natürlich nicht vorenthalten will.

(C03) WOMO-Campingplatz-Tipp: La Motine ****

Position: N 46° 37' 36.1" W 1° 51' 54.5" Rue des Morinières
Öffnungszeiten: 1.4. - 30.9.
Ausstattung / Lage: Ver- und Entsorgung, schattig, Laden, Restaurant, Spielplatz, überdachter Pool / 600 m zum Meer
Zufahrt: Vom mehrfach erwähnten Kreisel am Plage de la Parée genau in die entgegengesetzte Richtung des Strands fahren. Dann auf der linken Seite auf das Hinweisschild achten, leicht zu übersehen.
E-Mail: campinglamotine@wanadoo.fr

Strand von Les Sables-d'Olonne

LES SABLES-D'OLONNE wird in allen Reiseführern als wichtiger, berühmter, mondäner und schöner Badeort gelobt. Er soll heute unser erstes Ziel sein. Die Stadt wirbt in erster Linie mit ihrem riesigen Sandstrand. Und in der Tat ist er schon beeindruckend — wenn man ihn bei Ebbe zum ersten Mal sieht. Sechs Stunden später allerdings schrumpft diese Fläche, die auf allen Postkarten zu sehen ist, auf die Hälfte zusammen. Im Sommer heißt es dann eng zusammenzurücken, was natürlich ein größeres Gedränge verursacht.

Les Sables-d'Olonne

Aber nicht nur der Strand lohnt einen Besuch von LES SABLES-D'OLONNE. Wenn Sie immer den Schildern zum Stadtzentrum folgen, finden Sie zwei große Parkplätze, auf denen Sie auch übernachten können.

(018) WOMO-Stellplatz: Les Sables-d'Olonne I

Position: N 46° 29' 51.2" W 1° 46' 50.7" Cours Dupont
max. WOMOs: > 20 Mittlere Gebühr 19-9 Uhr
Ausstattung / Lage: Wertstoff-Behälter / in der Nähe des Zentrums
Zufahrt: Richtung „Centre Ville“ fahren. Der Platz ist nicht zu übersehen. Allerdings nicht schön und tagsüber überfüllt.
Sonstiges: Abends ankommen, Mittwoch und Samstag Marktplatz!

(019) WOMO-Stellplatz: Les Sables-d'Olonne II

Position: N 49° 29' 56.1" W 1° 47' 07.0" Rue Octave Voyer
max. WOMOs: > 20 Mittlere Gebühr 19-9 Uhr
Ausstattung / Lage: Wertstoff-Behälter / In der Nähe des Zentrums
Zufahrt: Vom ersten Parkplatz aus durch die Avenue Carnot immer geradeaus weiterfahren oder über die breite Rue Jean Nicot an der Post vorbeifahren und bei der nächsten Möglichkeit links abbiegen.
Sonstiges: Auch hier gilt: Abends ankommen

Falls Mittwoch sein sollte, können Sie am Parkplatz am Cours Dupont (Stellplatz I) zwar Kleider, Schuhe, Teppiche und Haushaltswaren kaufen aber nicht parken. In diesem Fall sollten Sie den Schildern zum „Centre Marée“ folgen (Stellplatz II), denn beide Ausgangspunkte sind für eine Besichtigung des Ortes eigentlich ideal.

Gehen Sie einfach von beiden Plätzen aus ein paar hundert Meter weiter, bis Sie an den Strand kommen und lesen Sie, auf der Mauer der Strandpromenade sitzend, die folgenden Absätze durch. Ich bin sicher, Sie werden sich nicht verlaufen!

Den jetzt folgenden Rundgang durch den Ort beschreibe ich von dem Parkplatz im Stadtzentrum aus. Von hier folgen Sie den Schildern zur „Centre Ville”. Anfangs begleiten Sie noch Autos, später erreichen Sie eine Fußgängerzone. In der Nähe der Kirche Notre-Dame-de-Bon-Port sind Sie im Zentrum der Altstadt. Vorher kommen Sie noch am palmengeschmückten Rathausplatz vorbei. LES SABLES liegt, wie auch schon ST-JEAN und ST-GILLES, an der CÔTE DE LUMIÈRE und kann mit 2500 Sonnenstunden pro Jahr angeben. Am Atlantik kommen erst wieder die Portugiesen in den Genuss solcher Intensität.

Direkt neben der Kirche steht die Markthalle, die auf jeden Fall einen Besuch wert ist. Lassen Sie sich von Augen und Nase durch den Bau aus der „Belle Époque” leiten. Es ist einfach herrlich sich die Auslagen anzusehen. Hier nehmen wir bei einem Fischhändler noch unser Abendessen mit. Wenn Sie jetzt noch wenige Meter bergauf gehen, kommen Sie in den Genuss die berühmte Strandpromenade „Le Remblai” vor sich zu sehen. Gehen Sie hinunter und schlendern Sie mit uns noch am Strand entlang, bevor Sie den Rückweg antreten.

LES SABLES-D'OLONNE verlassen wir über die Küstenstraße in Richtung PORT-BOURGENAY. Hier gibt es im Gegensatz zu LES SABLES-D'OLONNE einen wirklich schönen Stellplatz.

(113) WOMO-Stellplatz: Port-Bourgenay

Position: N 46° 26' 27.7" W 1° 39' 47.6" — Avenue de la Plage
max. WOMOs: > 5 — Mittlere Gebühr
Ausstattung / Lage: Ver- und Entsorgung, Mülleimer, Wertstoff-Behälter / am Ortsrand
Zufahrt: Wenn Sie in Port-Bourgenay angekommen sind, erreichen Sie einen Kreisel, bei dem Talmont-St-Hilaire nach links ausgeschildert ist. Fahren Sie dort geradeaus weiter. Nach kurzer Wegstrecke sehen Sie den Platz auf der linken Seite. Zum Strand 700 m
Sonstiges: Wasser und Strom 3 € mit Karte.

Um unserer Route weiter zu folgen, fahren Sie vom Stellplatz wieder zurück zu dem schon erwähnten Kreisel und biegen - diemal nach rechts - ab nach Talmont-St-Hilaire. Auch hier finden wir einen Stellplatz in reizvoller Umgebung.

(020) WOMO-Stellplatz: Talmont-St-Hilaire

Position: N 46° 28' 03.0" W 1° 37' 02.2" — Rue des Gâtines
max. WOMOs: > 5 — Mittlere Gebühr
Ausstattung / Lage: Ver- und Entsorgung, Mülleimer, Tische und Bänke / ruhig gelegen trotz Nähe zum Ortszentrum
Zufahrt: Biegen Sie in der Ortsmitte von Talmont an der Ampel ab Richtung Château. Auf der linken Straßenseite sehen Sie bald darauf einen Parkplatz. Fahren Sie dort nach rechts und sofort wieder nach links. Dann geht's nur noch geradeaus. Die Straße ist eng, aber auch für größere Womos passierbar. Im vorderen Bereich ist die Ver- und Entsorgungsstation, weiter hinten finden Sie liebevoll angelegte Stellplätze. Über eine Fußgängerbrücke erreichen Sie in wenigen Minuten die Ortsmitte.
Sonstiges: Wasser und Strom 3 € mit Karte

Wir fahren wieder zurück zur D 949. Auf dieser Straße bleiben wir, bis wir AVRILLÉ erreichen. In der Umgebung dieses Ortes und in AVRILLÉ selbst gibt es zahlreiche Megalithen zu besichtigen. Wer mein BRETAGNE-Buch gelesen hat weiß, dass ich eine Vorliebe für prähistorische Steinsetzungen habe.

(021) WOMO-Stellplatz: Avrillé

Position: N 46° 28' 17.0" W 1° 29' 51.7" — (kein Straßenname)
max. WOMOs: 2 - 3 — Gebührenfrei
Ausstattung / Lage: Toiletten, Mülleimer, Wertstoff-Behälter / am Ortsrand
Zufahrt: Am Ortseingang von Avrillé finden Sie auf der linken Seite einen Parkplatz, auf dem wir schon häufig übernachtet haben.

Aber lassen Sie uns erst einmal nach AVRILLÉ hineinfahren, dort gibt es nämlich bald nach dem Ortsschild auf der linken Seite einen Parkplatz zum Übernachten. Von dort aus können Sie schon mal gleich den Menhir „Champs César" besuchen.

Der Stein, der mit 7 Metern Höhe schon recht eindrucksvoll wirkt, steht im Garten des Rathauses. Er ist einer der höchsten Menhire Frankreichs. In der Ortsmitte ist die Kirche nicht zu übersehen, gegenüber ist die „Mairie". Wenn Sie davor stehen, gehen Sie rechts daran vorbei in einen Park in dem Sie den Menhir sehen werden. Ganz in der Nähe gibt es

Menhir „Champs César"

jedoch noch einige weitere Megalithen, die wir uns auf unserer Reise nicht entgehen lassen wollen. Nachdem Sie jetzt bereits den Tumulus in PORNIC und den Menhir in AVRILLÉ kennen gelernt haben, möchte ich Ihnen auch noch ein paar Dolmen vorstellen. Was ein Menhir ist, haben Sie ja jetzt gesehen und die Definition für einen Dolmen finden Sie auf Seite 20. Der dortige Dolmen ist allerdings mit kleineren Steinen bedeckt. Um das Grundgerüst auch einmal nackt gesehen zu haben, wollen wir zum Dolmen von LA FRÉBOUCHÈRE fahren.

Dazu verlassen wir AVRILLÉ auf der Durchgangsstraße. Das ist unsere bekannte D 949. Etwa 2 bis 2,5 km nach dem Ortsschild biegen wir nach rechts ab. Ausgeschildert ist „LONGEVILLE, Dolmen de la Frébouchère". Ein bisschen müssen Sie jetzt schon aufpassen, um die Abfahrt zu den Dolmen nicht zu verpassen. Ich schreibe im Plural, weil es sich eigentlich um 4 Megalithen handelt, von denen der Dolmen de la Frébouchère der bekannteste ist. Eine kleine Hilfe, um den richtigen Weg zu finden, ist ein weißes Wegkreuz auf der rechten Seite. Gleich nachdem Sie, der Beschilderung folgend, rechts in einen Feldweg eingebogen sind, sehen Sie schon die Dolmen eins bis drei. Sie verschaffen Ihnen einen ersten Eindruck von der Vielfalt der Formen. Der größte Dolmen liegt jedoch etwas abseits. Fahren Sie mit uns weiter bis sich die Straße gabelt. [GPS: N 46° 26' 38.8" W 1° 28' 03.9"] Fahrer mit großen Mobilen sollten hier parken und die letzten Meter laufen. Aber ich verspreche Ihnen, es lohnt sich. Kleinere Mobile können nach rechts abbiegen und ganz in der Nähe des Dolmen parken. Sie müssen allerdings anschließend in der engen Straße wenden und wieder zur Abzweigung zurückfahren.

Dolmen de la Frébouchère

Sie stehen jetzt vor einem der größten Dolmen Frankreichs. Hier sind es nicht nur vier oder fünf senkrechte Steinplatten, die die Deckplatte stützen, sondern gleich ein ganzes Dutzend. Das ist auch notwendig, da ein Gewicht von etwa 100 Tonnen abgestützt werden muss. Die Deckplatte war ursprünglich ein einziger Stein, der jedoch in der Mitte auseinander gebrochen ist.

Vom Parkplatz aus gibt es wegen der Einbahnstraßenregelung jetzt nur eine Richtung. Wenn Sie die Einmündung in eine übergeordnete Straße erreichen, biegen Sie mit uns am Stop-Schild nach rechts ab und kommen schließlich nach LONGEVILLE.

(022) WOMO-Stellplatz: Longeville-sur-Mer

Position: N 46° 25' 30.5" W 1° 29' 26.2" Rue Georges Clemenceau
max. WOMOs: 2 Gebührenfrei
Ausstattung / Lage: Abfalleimer / am Ortsrand
Zufahrt: Kurz nach dem Ortseingang von Longeville auf der rechten Seite.

Dort fahren Sie mit uns weiter in Richtung LA TRANCHE-SUR-MER. Der Ort hat sich in den letzten Jahren viel Mühe gegeben, den Aufenthalt für Wohnmobilisten zu verbessern Wo früher auf dem trostlosen Parkplatz am Stadion lieblos ein paar Parkbuchten für Wohnmobile abgetrennt waren, ist jetzt ein ganzer Sektor für uns reserviert und zudem fährt im Sommer jede halbe Stunde ein Shuttle ins Zentrum. Am Leuchtturm wurde sogar ganz in der Nähe des Meeres ein attraktiver Stellplatz gebaut.

(023) WOMO-Stellplatz: La Tranche I

Position: N 46° 21' 00.7" W 1° 26' 15.3" Avenue du Général de Gaulle
max. WOMOs: > 5 Gebührenfrei
Ausstattung / Lage: Wertstoff-Container / am Ortsrand
Zufahrt: Am ersten Kreisel im Ort ist das „Stade Atlantique" ausgeschildert. Vor dem Stadion dürfen Sie auf einem Teil des Parkplatzes übernachten.
Sonstiges: Im Sommer alle 30 min. kostenloses Shuttle zur Innenstadt.

(024) WOMO-Stellplatz: La Tranche II

Position: N 46° 21' 12.6" W 1° 26' 48.9" Rue des Sables
max. WOMOs: > 5 Gebührenfrei
Ausstattung / Lage: Ver- und Entsorgung, Mülleimer, Wertstoff-Behälter / ruhige Lage am Sportzentrum

Zufahrt: Wenn Sie vom Stellplatz I aus weiter fahren, biegen Sie an der nächsten Ampel rechts ab und achten dann auf die Schilder auf denen der „Salle Omnisport" ausgeschildert ist. Den Stellplatz finden Sie hinter der Halle.
Sonstiges: Wasser und Strom 2 €

(114) WOMO-Badeplatz: La Tranche III

Position: N 46° 20' 37.4" W 1° 27' 44.1" Rue du Phare
max. WOMOs: > 5
Gebührenfrei
Ausstattung / Lage: Wertstoff-Behälter / außerhalb am Meer
Zufahrt: Immer Richtung „phare" fahren. Dann sehen Sie den Platz in der Nähe einer kleinen Einkaufspassage auf der linken Seite der Straße.

Unserem weiteren Tourenverlauf können Sie folgen, wenn Sie wieder zurück in Richtung „centre ville" fahren, bis ein Schild nach links „Toutes directions" auftaucht. Unser Ziel ist es, bis zum Ende der Tour von LA FAUTE-SUR-MER aus über die *Lay*-Brücke nach L'AIGUILLON-SUR-MER zu fahren.

Von den Stränden in LA FAUTE-SUR-MER war ich bei meinem ersten Besuch so begeistert, dass ich gar nicht mehr weg wollte. Große Parkplätze vor einem Dünengürtel, dahinter nichts als riesige leere Sandstrände und Wasser. Das war im Frühsommer! In der Saison sieht das ganz anders aus: Die Parkplätze sind entweder gebührenpflichtig oder für Womos gesperrt. Die Sandstrände sind zwar immer noch riesig, aber beileibe nicht mehr leer.

Obwohl sich die Küste sehr weit ausdehnt, kann man nur an wenigen Stellen zum Meer gelangen. Da wir bei unserer hochsommerlichen Suche sehr viel in Küstennähe herumgekommen sind, kann ich Ihnen schon versichern, dass Sie gar nicht mehr weiterzufahren brauchen, wenn Sie einen Wald erreichen. Sie können zwar auf asphaltierten Straßen den Forst durchqueren und sich Ihr Womo von den herunterhängenden Ästen zerkratzen lassen, werden aber das Meer nicht mehr erreichen. Zu guter Letzt erreichen Sie ein Jagdreservat, vor dessen Tor Sie mühsam wenden können. Die Entscheidung ob Sie trotzdem einen Badetag einlegen wollen oder nicht, müssen Sie schon selbst treffen. Vielleicht hilft Ihnen der Campingplatz-Tipp weiter.

(C04) WOMO-Campingplatz-Tipp: La Côte de Lumière **

Position: N 46° 19' 57.2" W 1° 19' 06.4" Place du Docteur Pacaud
Öffnungszeiten: 1.4. - 15.10.
Ausstattung / Lage: Ver- und Entsorgung, schattig, Laden, Spielplatz / Ortszentren von La Faute und L'Aiguillon schnell zu erreichen, Fluss- und Meeresufer in 500 m Entfernung
Zufahrt: Auf der rechten Seite kurz vor der Brücke nach L'Aiguillon. Die beiden Kreisel vor und nach der Brücke verzeihen jede Unsicherheit beim Abbiegen.
E-Mail: camping.municipal.lafautesurmer@orange.fr
Internet: www.lafautesurmer.com

Wenn Sie meiner Route folgen wollen, ist jetzt L'AIGUILLON Ihr nächstes Ziel. Beide Orte sind durch eine Brücke über den *Lay* miteinander verbunden. Überqueren Sie also den Fluss, und folgen Sie mir dann noch die 10 km zur POINTE DE L'AIGUILLON. Zuerst aber erreichen Sie einen Stellplatz.

(025) WOMO-Stellplatz: L'Aiguillon

Position: N 46° 19' 53.7" W 1° 18' 29.7" (kein Straßenname)
max. WOMOs: > 5 Mittlere Gebühr
Ausstattung / Lage: Ver- und Entsorgung, Mülleimer, Wertstoff-Behälter / am Fluss in der Nähe des Zentrums
Zufahrt: Wenn Sie von La Faute über die Brücke nach L'Aiguillon fahren, biegen Sie am ersten Kreisel nach rechts ab. Bald schon sehen Sie die hohe Funkantenne am Feuerwehrhaus auf der rechten Seite. Dort biegen Sie nach rechts ab und finden hinter der Feuerwache den Stellplatz direkt am Ufer des Lay. Schön ruhig gelegen.

Sonstiges: Wasser 2 €

Auf einem Deich fahren Sie anschließend — auf zugegeben recht schlechter Fahrbahn — durch ein Gebiet, das früher noch im Meer lag. Mit Unterstützung von holländischen Ingenieuren wurde dieser, sowie viele andere Deiche in der VENDÉE, gebaut. Die Holländer waren es auch, die bei der Trockenlegung des Sumpfgebietes mithalfen.

Die Muschelzucht spielt hier eine große Rolle. Rechts von Ihnen sehen Sie jetzt die „bouchots", Pfähle an denen die Meeresfrüchte heranreifen. Sie merken schon, dass wir uns dem Muschel- und Austernzentrum Frankreichs nähern.

Schauen Sie während der Fahrt aber nicht nur nach rechts. Nach der halben Strecke sehen Sie auf der linken Seite die ehemalige Insel LA DIVE malerisch aus der Ebene herausragen. Sie sollten auch deshalb nach links schauen, weil wir auf der Rückfahrt nach ST-MICHEL-EN-L'HERM abbiegen wollen. Das Schild ist jetzt sichtbar, auf dem Rückweg allerdings nicht. Merken Sie sich also den Weg.

Bevor wir am Ende der Straße den südlichsten Punkt der Halbinsel erreichen, überrascht uns ein weiterer Stellplatz. Hier wurde ein ehemaliger „camping municipal" aufgegeben und Plätze für Womo-Fahrer geschaffen. Die Vorteile für die Gemeinde liegen auf der Hand: Wenn der Platz schlecht ausgebucht war, ist es einfacher einen Gemeindearbeiter zum kassieren einzuteilen, hin und wieder die Papierkörbe zu leeren und das Gelände instand zu halten, als ein dreiviertel Jahr Angestellte voll zu beschäftigen. Die Infrastruktur des Platzes ist schon vorhanden. Bei meinem letzten Besuch waren allerdings die Toiletten geschlossen.

(115) WOMO-Stellplatz: L'Aiguillon II

Position: N 46° 16' 34.6" W 1° 13' 25.7" (kein Straßenname)
max. WOMOs: > 20 Mittlere Gebühr
Ausstattung / Lage: Ver- und Entsorgung, Toiletten (?), Mülleimer, Tische und Bänke / außerhalb, nur durch eine Düne vom Meer getrennt

Zufahrt: Vom Stellplatz l'Aiguillon I rechts abbiegen zum Pointe de l'Aiguillon. Etwa 9 km südlich vom ersten Stellplatz aus auf der rechten Straßenseite gelegen.
Sonstiges: Wasser 2 €

Ganz am südlichen Ende des Dammes erreichen Sie ein Privatgrundstück, weshalb es sinnvoll ist, die Aussicht auf einem der hin und wieder auftauchenden Parkbuchten neben der Straße auf sich wirken zu lassen. An einigen Stellen können Sie auch die Füße ins Wasser baumeln lassen. Baden geht hier schon nicht mehr. Dazu kommen Sie erst wieder am Ende unserer nächsten Tour auf der Île de Ré. Bis dahin vergeht allerdings noch mindestens ein Tag. Wenn Ihnen das Marais Poitevin so gut gefällt wie uns, dann werden es auch zwei oder drei.

Auf dem Rückweg in Richtung L'Aiguillon müssen Sie sich - wie ich oben schon bemerkt habe - auf die Abzweigung nach St-Michel-en-l'Herm konzentrieren. Aber diese Straße haben Sie sich ja sicher gut gemerkt.

Auf dem Weg zur Pointe de L'Aiguillon

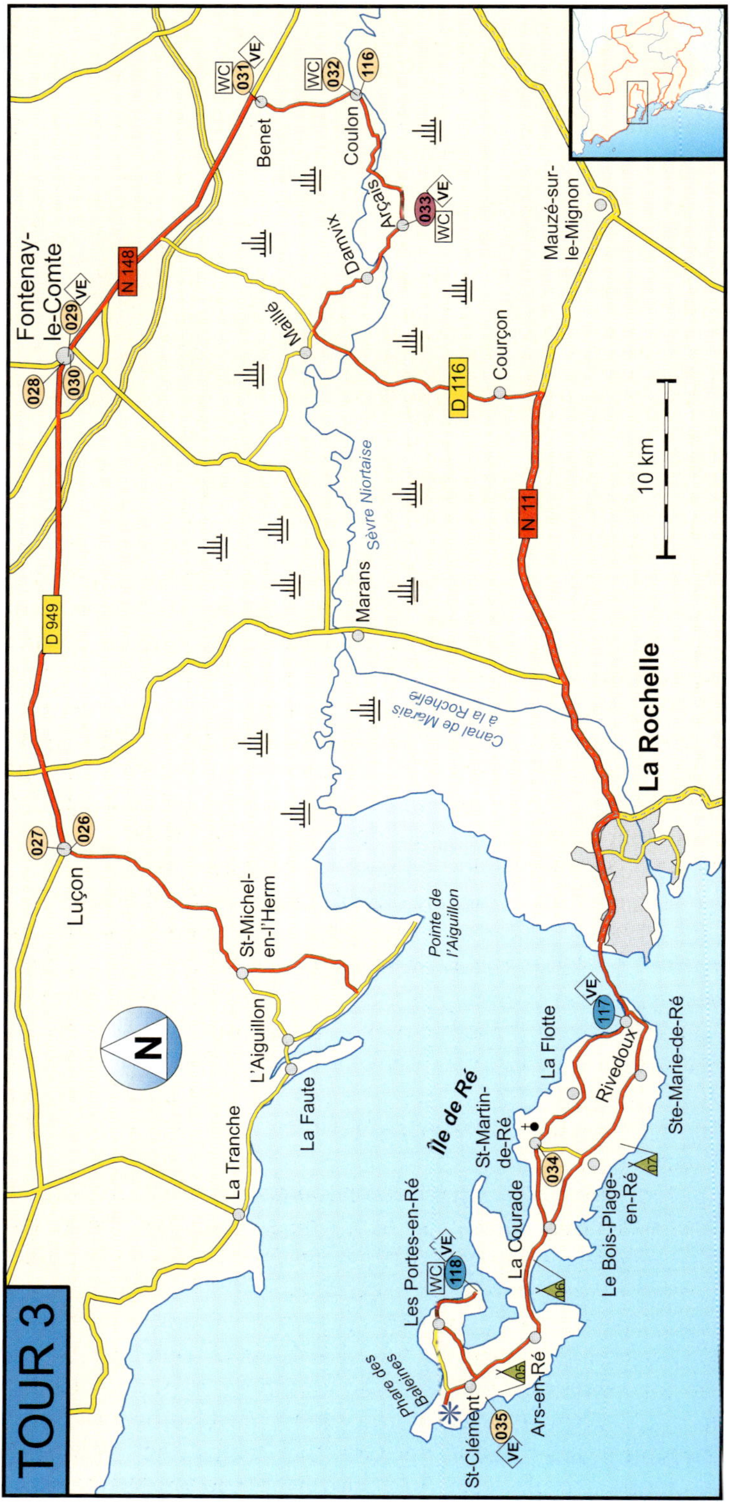
TOUR 3
Fontenay-le-Comte
028
029
030
VE
N 148
D 949
Benet
031
WC
VE
Coulon
032
116
WC
Arçais
033
WC
VE
Damvix
Maillé
Mauzé-sur-le-Mignon
Courçon
D 116
Sèvre Niortaise
Marans
N 11
10 km
Canal de Marais à la Rochelle
La Rochelle
Luçon
027
026
St-Michel-en-l'Herm
Pointe de l'Aiguillon
L'Aiguillon
La Faute
La Tranche
N
Île de Ré
117
VE
La Flotte
Rivedoux
Ste-Marie-de-Ré
St-Martin-de-Ré
034
Le Bois-Plage-en-Ré
La Courade
Les Portes-en-Ré
118
WC
VE
Phare des Baleines
St-Clément
035
VE
Ars-en-Ré

TOUR 3 (224 km)

Luçon — Fontenay-le-Comte — Coulon — Marais Poitevin — Île de Ré

Übernachten:	Luçon, Fontenay-le-Comte, Benet, Coulon, Arçais, Rivedoux, St-Martin-de-Ré, St-Clément, Les Portes-en-Ré
Besichtigen:	Altstadt von Fontenay, Marais Poitevin
Campingplatz:	La Côte Sauvage, L'Océan, Interlude
Spazierengehen:	An den Kanälen im „Venise Verte" (z.B. Arçais)
Markt:	Luçon (Mi. u. Sa.), Fontenay-le-Comte (Mi. u. Sa.), Benet (Mo.), Courçon (Mi.)

In L'AIGUILLON oder an der POINTE DE L'AIGUILLON müssen Sie sich jetzt für einige Zeit vom Meer verabschieden. Wir fahren ins Landesinnere, das aber genauso sehenswert ist wie die Strandregion. Erinnern Sie sich noch an die Abfahrt nach ST-MICHEL-EN-L'HERM? Dort will ich jetzt mit Ihnen hinfahren. Wenn Sie den Abstecher am Deich entlang nicht mitgemacht haben, finden Sie in L'AIGUILLON ebenfalls Hinweisschilder auf diesen Ort. Sie können auch unbesorgt den Schildern nach LA ROCHELLE folgen - zumindest so lange, bis Sie meine Spur wieder gefunden haben. Die Route vom POINTE DE L'AIGUILLON kommend, ist jedoch reizvoller.

Habe ich Ihnen schon erzählt, dass die Sumpflandschaft des MARAIS POITEVIN zu meinen Lieblingsgegenden an der nördlichen Atlantikküste zählt? Machen Sie sich also auf ein äußerst subjektives Kapitel voller Lobeshymnen gefasst. Aber vielleicht kann ich Sie mit meiner Begeisterung ja anstecken. Bis fast zum Ende des Kapitels können Sie nicht mehr im Meer baden, aber ich werde alles versuchen, Sie in den Genuss wunderbarer Ferientage kommen zu lassen. Sind Sie bereit?

Alle Orte, die wir jetzt durchqueren, zeichnen sich durch eine besondere „Insellage" aus, sind also alle gegenüber der sie umgebenden Landschaft erhöht. Den Grund dafür haben Sie am Ende des vorigen Kapitels gelesen. Der nächste größere Ort, den wir erreichen, ist LUÇON. Er ist aus dreierlei Gründen erwähnenswert, die ich Ihnen jetzt ohne Gewichtung verraten werde. Zum Ersten ist kurz nach dem Ortseingang auf der linken Seite ein großer Platz zum Übernachten, zum Zweiten müssen Sie in der Ortsmitte rechts nach FONTENAY abbiegen und der dritte Grund ist einen eigenen Absatz wert.

(026) WOMO-Stellplatz: Luçon I

Position: N 46° 26' 58.0" W 1° 10' 02.6" Quai Est du Port
max. WOMOs: > 5 Gebührenfrei
Ausstattung / Lage: - / am Ortseingang
Zufahrt: Nach dem Ortseingang finden Sie auf der linken Seite einen großen Parkplatz.

(027) WOMO-Stellplatz: Luçon II

Position: N 46° 27' 15.6" W 1° 10' 05.2" Place du Général Leclerc
max. WOMOs: > 5 Gebührenfrei
Ausstattung / Lage: - / im Ortszentrum
Zufahrt: Wesentlich schöner ist jedoch der Parkplatz neben der Kathedrale. Dazu folgen Sie der Beschilderung zum „Centre Ville". Die Kirche ist dann nicht zu übersehen.
Sonstiges: Mittwochs und samstags ist Markt auf dem Platz

Kathedrale von Luçon

Wir reisen in der Zeit 1000 Jahre zurück. LUÇON liegt am Meer und es wird hier eine Abtei mit einem Hafen gegründet. 300 Jahre später kommt eine Abteikirche dazu und nochmals 300 Jahre später wird ein gewisser Armand du Plessis de Richelieu hier zum Bischof geweiht. Er ist nicht sehr begeistert von seinem Bistum, lässt aber trotzdem die mittlerweile zur Kathedrale avancierte Kirche renovieren und gibt sich auch sonst alle Mühe, das durch die Religionskriege stark beschädigte LUÇON wieder auf Vordermann zu bringen. Die Kathedrale können Sie besichtigen, wir haben es nicht getan, weil in den nächsten Kapiteln noch eine Menge Kirchen auf unseren Besuch warten.

Unsere nächste Station ist FONTENAY-LE-COMTE. Nicht weit vom Beginn des Ortes empfängt uns ein großer Parkplatz, von dem aus wir das historische Viertel besuchen können.

(028) WOMO-Stellplatz: Fontenay I

Position: N 46° 28' 02.5" W 0° 48' 32.1" Place Viete
max. WOMOs: 4 - 5 Gebührenfrei
Ausstattung / Lage: - / in Zentrumsnähe
Zufahrt: Wenn Sie den Schildern zur Stadtmitte folgen, fahren Sie genau auf den Platz zu, können allerdings aus dieser Richtung nicht einfahren. Die Straße führt zweispurig um den Platz herum, den Sie fast ganz umrunden müssen, bis Sie zur Einfahrt kommen.

(029) WOMO-Stellplatz: Fontenay II

Position: N 46° 27' 43.5" W 0° 48' 17.3" Avenue du Général de Gaulle
max. WOMOs: 4 - 5 Gebührenfrei
Ausstattung / Lage: Ver- und Entsorgung / am Ortsrand
Zufahrt: Fahren Sie weiter in Richtung Niort. Sie biegen dabei nach der Überquerung der Vendée nach rechts ab. Wenn Sie an einer Ampel nur die Wahl zwischen rechts oder links haben, fahren Sie nach rechts, obwohl es nach Niort nach links ginge. Folgen Sie mir jetzt bis zum nächsten Kreisel, umrunden Sie ihn einmal und fahren in der gegensätzlichen Richtung wieder zurück. Das Spielchen ist nötig, weil Sie auf dieser Straße nicht links abbiegen dürfen. Noch bevor Sie die Ampel wieder erreichen, sehen Sie auf der rechten Seite einen Parkplatz, auf dem die Servicestation steht. Gegenüber der Gendarmerie Nationale.

(030) WOMO-Stellplatz: Fontenay III

Position: N 46° 27' 44.2" W 0° 48' 01.9" Place de Verdun
max. WOMOs: > 5 Gebührenfrei
Ausstattung / Lage: - / am Ortsrand
Zufahrt: Biegen Sie an der oben genannten Ampel nicht rechts ab, sondern folgen Sie den Schildern nach Niort. Wenige Hundert Meter später finden Sie den dritten Übernachtungsplatz auf der linken Seite, indem Sie auf den nächsten Kreisel zufahren und dort links abbiegen.

In allen mir vorliegenden Quellen wird bei FONTENAY zuerst über die Bedeutung des Ortes für die Literatur geschrieben. Dabei reicht der Bogen von Rabelais bis Simenon. Wenn Sie hierüber mehr erfahren wollen, lesen Sie am besten im DuMont oder im Michelin-Reiseführer nach. Von mir wollen Sie sicherlich wissen, wie Sie am besten vom Parkplatz zu den Sehenswürdigkeiten der Stadt kommen. Wenn Sie den Platz I zur Stadtmitte hin verlassen, halten Sie sich links der Hauptverkehrsader, damit Sie die Altstadt erreichen. Das historische Zentrum befindet sich hinter der Kirche Notre-Dame. Die bekannteste Straße ist die Rue des Loges, in der Sie die ältesten Häuser finden können.

Etwa 50 bis 100 Meter nach der Kirche sollten Sie sich nach links wenden und ein kurzes Stück in eine Seitenstraße hinein gehen. Dort finden Sie die „Fontaine des Quatre-Tias", die deshalb bedeutungsvoll ist, weil Sie für den Ortsnamen verantwortlich zeichnet. Aus vier Rohren (Tias) fließt das Was-

Fontenay - Fontaine de Quatre-Tias

ser in den Trog. Interessanter als die Rohre sind jedoch die Wappen und Inschriften an deren Oberseite. Über die Bedeutung „Fontaine des Quatre-Tias" sind sich der DuMont und der Michelin nicht so ganz einig. Während der eine mit „Quelle der Sprachen" übersetzt, bleibt der Michelin ganz unpoetisch bei den Rohren. Einigkeit wiederum herrscht bei der Übersetzung der lateinischen Inschrift „Fontanacum felicium ingeniorum fons et scaturigo", was nach beider Lesart soviel bedeutet wie „Fontenay, Brunnen und Quell' begnadeter Denker".

Fontenay - Rue des Loges

Gehen Sie jetzt wieder aus der Seitenstraße zurück zur Kirche und schlendern Sie langsam durch die Gassen, bis Sie den PLACE BELLIARD erreichen. Ab hier können Sie wieder den Rückweg antreten, die wichtigsten Sehenswürdigkeiten haben Sie jetzt gesehen. Ach ja, damit Sie nicht meinen, wir wären Kirchenmuffel, wir haben sie besichtigt! Aber ich verspreche Ihnen noch Interessantere.

Vom Parkplatz aus müssen Sie jetzt den Schildern nach NIORT folgen. Wie bereits erwähnt, finden Sie am Ortsende noch einen großen Übernachtungsparkplatz. Schnurgerade verläuft die Straße, der Sie bis etwa 10 Kilometer vor NIORT folgen. Dort liegt etwas abseits auf der rechten Seite BENET, unser „Sprungbrett" ins Marais Poitevin. Am Ende der steilen Strecke am Ortseingang sehen Sie schon wieder einen Platz zum Übernachten.

(031) WOMO-Stellplatz: Benet

Position: N 46° 22' 09.3" W 0° 35' 42.6" Rue de la Gare
max. WOMOs: > 5 Gebührenfrei
Ausstattung / Lage: Ver- und Entsorgung, Toiletten, Mülleimer, Wertstoff-Behälter / in Zentrumsnähe
Zufahrt: Zuerst Richtung Centre Ville fahren, dann am ersten Kreisel in Benet auf den Parkplatz einbiegen. Entsorgung in der Nähe des Toilettenhäuschens. Auf der gegenüberliegenden Seite zwei außenliegende Wasserhähne.
Sonstiges: Supermarkt nebenan

Wir wollen weiter nach COULON. Die Straße biegt in BENET nach links von der Hauptstraße ab. In COULON erreichen wir schließlich das Tor zum „VENISE VERTE", dem „grünen Venedig", wie dieser Teil des MARAIS POITEVIN auch genannt wird. Folgen Sie uns an der ersten Ampel nach rechts Richtung ARÇAIS. Dort finden Sie gleich zwei fast nebeneinander liegende Stellplätze mit verschiedenen Ausstattungen.

(032) WOMO-Stellplatz: Coulon I

Position: N 46° 19' 17.1" W 0° 35' 23.5" Route de Préplot
max. WOMOs: > 5 Mittlere Gebühr
Ausstattung / Lage: Ver- und Entsorgung, kein Strom, Toiletten, Mülleimer, Kahnhafen / im Ortszentrum
Zufahrt: An der ersten Ampel im Ort rechts abbiegen, dann in Richtung Arçais fahren. Die Plätze liegen links der Straße.

(116) WOMO-Stellplatz: Coulon II

Position: N 46° 19' 13.7" W 0° 35' 29.1" Route de Préplot
max. WOMOs: > 20 Mittlere Gebühr
Ausstattung / Lage: Tische und Bänke / im Ortszentrum
Zufahrt: wie Coulon I

Ab hier können Sie im Verlauf unserer weiteren Tour in vielen Orten Boote mit oder ohne „Guide" mieten und auf den unzähligen Kanälen herumrudern oder sich, wie in Venedig,

Stellplatz Coulon II

rudern lassen. Aber vielleicht sollten Sie sich zuerst einmal von der unvorstellbaren Anzahl der Kanäle beeindrucken lassen und folgen mir auf meiner Tour. Mehr als 7000 Kilometer der Kanäle sind mit dem Boot befahrbar. Versuchen Sie erst gar nicht, sich diese Länge vorzustellen, erleben Sie das ganz einfach.

Kahnhafen in Coulon

Von hier aus verlassen Sie mit uns COULON in Richtung ARÇAIS. Von der oben erwähnten Ampel kommend, fahren Sie geradeaus, von den beiden Stellplätzen kommend, biegen Sie links ab. Auf der linken Seite begleitet Sie anfangs die *Sèvre Niortaise*, die Sie bald darauf auf einer Brücke überqueren. ARÇAIS ist das Zentrum des MARAIS, folglich ist auch die Touristendichte am größten. Hier haben Sie allerdings eine vielfältige Auswahl an touristischen Highlights wie Bootsverleihungen, Rundfahrten mit Schiff, Minibus oder Zug. Natürlich gibt es auch einen Stellplatz.

(033) WOMO-Picknickplatz: Arçais

Position: N 46° 17' 45.7" W 0° 41' 25,0" Rue du Coursault
max. WOMOs: > 5 Mittlere Gebühr
Ausstattung / Lage: Ver- und Entsorgung, Toiletten, Abfalleimer, Wertstoff-Container, Tische und Bänke / am Ortsrand auf einer Wiese
Zufahrt: Abweichend vom Tourenverlauf nach Damvix in Arçais links in Richtung St-Hilaire-la-Palud (D 101) abbiegen. Danach den ersten Parkplatz auf der linken Seite ansteuern. Seitlich rechts am Gebäude entlang weiterfahren und dann rechts auf die Wiese abbiegen. Keile erforderlich.
Sonstiges: Morgens hupt der Bäcker

Im Ort richten wir uns nach den Schildern nach DAMVIX. Je weiter Sie ins MARAIS hineinfahren, desto malerischer wird die Gegend. Allein die unzähligen Grüntöne, die hier vorherrschen, machen diese Reise schon zum Erlebnis. Und immer wieder Brücken, Kanäle und Boote. „Und Mücken?", werden Sie mich jetzt fragen. Alle mir bekannten Reiseführer erklären übereinstimmend, dass es in diesem Gebiet verblüffenderweise keine Stechmücken gibt. Aus meiner Erfahrung kann ich die Aussagen der betreffenden Autoren nur bestätigen. In sieben Tagen fanden wir bei häufig geöffneten Fenstern und Türen eine einzige Schnake im Womo, die wir noch am selben Abend vor die Alternative „Flucht oder Leben" stellten. Das Insekt entschied sich nach kurzer Jagd zur Flucht.

Was ich Ihnen auf jedem Fall in dieser Gegend ans Herz legen möchte: Fahren Sie mit einem Boot durch die weitverzweigten Nebenarme der *Sèvre*. Wenn Sie nicht gerade von Natur aus ängstlich sind, können Sie das ohne „Guide" bewältigen. Sie erhalten einen Plan auf dem die verschiedenen Strecken, die Sie je nach Mietdauer abfahren können, eingezeichnet sind. Wenn Sie in der Handhabung der Ruder Probleme sehen sollten, dann machen Sie es einfach wie wir: Setzen Sie sich ganz zwanglos auf eine der Bänke an den Vermietstationen und schauen Sie möglichst unbeteiligt, aber um so aufmerksamer, Ihren Vorgängern zu. Nach einiger Zeit können zweierlei Effekte auftreten: Entweder Sie haben die wichtigsten Kniffe gelernt oder Sie haben jetzt keine Angst mehr sich zu blamieren.

Was die Mietdauer (und damit natürlich den Preis) angeht, möchte ich Ihnen empfehlen nicht die kürzeste Tour zu wählen Wir hatten uns für die kurze Fahrt entschieden, weil wir nicht

Im „Venise Verte“

wussten, was auf uns zukommt. Sie haben jetzt allerdings dieses Büchlein und können auf unsere Erfahrung zurückgreifen. Die Bootstouren sind auch für Ungeübte ganz locker in der angegebenen Zeit zu bewältigen. Sie erhalten dazu einen leicht zu lesenden Plan in dem die verschiedenen Touren, je nach ihrer Dauer, eingezeichnet sind. Wir haben sogar noch einen Umweg gemacht und waren immer noch vor der Zeit wieder zurück an der Anlegestelle. Bei der etwas längeren Tour dringen Sie jedoch noch weiter in die Seitenkanäle vor und können dort wesentlich mehr Beobachtungen in der Tier- und Pflanzenwelt machen als es uns beim ersten Mal möglich war. Die Zeit ist auch so reichlich bemessen, dass Sie an einem lauschigen Plätzchen Ihr Boot festmachen und mitgebrachte Baguettes, Käse und Wein verzehren können. Ein tolles Erlebnis. Versprochen!

Nach zwei schönen und erholsamen Tagen wollen wir die Gegend verlassen. Wir fahren dazu - um einfach einmal einen Ort zu nennen - von ARÇAIS nach DAMVIX und richten uns nach den Schildern nach MAILLÉ. Sie erreichen dann die D 25, der wir weiter nach MAILLÉ folgen. Erst an der Kreuzung mit der D 15 biegen wir nach links ab nach LA RONDE. Von hier aus können wir den Schildern Richtung COURÇON folgen und uns dann schon nach der Beschilderung nach LA ROCHELLE richten. Bald nach dem Ortsende erreichen wir die N 11 und fahren zügig weiter nach Westen.

Aber noch soll nicht LA ROCHELLE unser Ziel sein, sondern die ÎLE DE RÉ. Auf autobahnähnlich ausgebauter Trasse werden Sie mittels riesiger Schilder bis zur Mautstelle direkt vor der Brücke dirigiert. Spätestens jetzt sollte ich ein paar Bemerkungen zur Insel machen. Die ÎLE DE RÉ ist das Naherholungsgebiet von LA ROCHELLE und dementsprechend stark von Erholungssuchenden frequentiert, dass dort keine Erholung mehr möglich ist. Das haben dann auch die Touristenbüros gemerkt und darauf hingearbeitet, dass die Brückenmaut so hoch ist, um die Insel für Kraftfahrer möglichst unattraktiv zu machen. Man setzt dort, wie bei der ÎLE DE NOIRMOUTIER und der ÎLE D'OLÉRON hauptsächlich auf Fahrradtouristen. Ich habe die Insel nur selten besucht und erwähne sie eigentlich nur der Vollständigkeit halber. Die Preise für ein Wohnmobil lagen 2009 in der Saison (Juni bis September) bei 16,50 €, im restlichen Jahr bei 9 €. Fahrzeuge über 3,5 Tonnen zahlen ganzjährig 18 €. Die Maut wird bei der Hinfahrt erhoben. Dazu kommen Stellplatzgebühren um die 10 €.

Wenn Sie die Insel nicht besuchen wollen, können Sie jetzt weiterblättern bis zum nächsten Kapitel und nachlesen, was es in LA ROCHELLE zu sehen gibt.

Ansonsten folgen Sie uns über die knapp 3 km lange Brücke zur Insel. Noch bevor wir ST-MARTIN-DE-RÉ erreichen, können Sie in RIVEDOUX den ersten Badeplatz besuchen .

(117) WOMO-Badeplatz: Rivedoux

Position: N 46° 09' 32.1" W 1° 16' 17.1"   Avenue Gustave Perreau
max. WOMOs: > 20   Hohe / Mittlere Gebühr

Ausstattung / Lage: Ver- und Entsorgung, Mülleimer, Wertstoff-Behälter / am Strand

Zufahrt: Wenn Sie auf die Insel kommen, fahren Sie am ersten Kreisel geradeaus. Bald taucht auf der rechten Seite ein Campingplatz auf, daneben liegt der Stellplatz.

Sonstiges: Mittlere Gebühr von November - März

Von hier aus wollen wir weiter nach Westen um schließlich ab dem Leuchtturm nach unserer Umkehr in Richtung Festland auch der Südseite einen Besuch abzustatten. Zuerst erreichen wir den Ort LA FLOTTE, der uns im nachhinein als der Sympathischste in Erinnerung geblieben ist. Ich kann wirklich nicht genau sagen, woran das liegt, denn er kann nicht mit großen Attraktionen aufwarten. Im DuMont ist er nicht erwähnt und der Michelin schweigt sich ebenfalls darüber aus. Vielleicht habe ich ja deshalb nur das Gefühl eine Lanze für ihn brechen zu müssen. Aber das sei mir in einem subjektiv geschriebenen Reiseführer auch erlaubt. Da ich schon nicht in der Lage bin die Vorzüge des Ortes zu schildern, können Ihnen vielleicht die beiden Bilder etwas von dessen Charme vermitteln.

Kneipe mit Höhenbeschränkung ...

... und einem Herz für Hunde

Von hier aus ist unser nächstes Ziel, der Hauptort der Insel, ST-MARTIN-DE-RÉ, schnell erreicht und hier wollen wir ebenfalls etwas bummeln. Wir schlendern lange über die kopfsteingepflasterten Gassen. Zuerst werden Sie mit den Befestigungsanlagen konfrontiert. Sie stammen von Vauban. Er ist mein Lieblingsbaumeister, weil man mit ihm so schön angeben kann, und Sie sollten sich seinen Namen auch merken. Wir werden seinen Spuren noch oft begegnen. Wenn Sie irgendwo alte Festungsbauten sehen und nach kurzer Prüfung lässig das Wort „Vauban" ins Gespräch einfließen lassen, haben Sie mit großer Wahrscheinlichkeit recht.

(034) WOMO-Stellplatz: St-Martin-de-Ré

Position: N 46° 11' 57.7" W 1° 21' 57.5" Rue du Rempart
max. WOMOs: > 5
Hohe Gebühr
Ausstattung / Lage: Ver- und Entsorgung, Wertstoff-Container / am Ortsrand
Zufahrt: Wenn Sie in die Stadt kommen, folgen Sie den Schildern zum „Camping Municipal“. Fahren Sie am Eingang vorbei, bis Sie auf der rechten Seite einen Parkplatz sehen.
Sonstiges: Wasser im Preis enthalten

In ST-MARTIN-DE-RÉ sollten Sie keinesfalls versäumen auf den Kirchturm der Kirche ST-MARTIN hinaufzuklettern. Sie haben dort eine schöne Aussicht über den Ort und dessen Hafen. Zu Beginn des 17. Jahrhunderts wurde die Kirche von

Blick vom Turm der Kirche St-Martin

den Engländern stark beschädigt. In den 60er Jahren des letzten Jahrhunderts wurde sie nochmals von einem Feuer stark in Mitleidenschaft gezogen. Die anschließende Restaurierung hielt bewusst den Zustand von 1627 bei.

Wie so oft treibt es uns wieder an den äußersten Zipfel der Insel. Einen kleinen Abstecher nach LES PORTES-EN-RÉ möchte ich Ihnen noch empfehlen. Dort sind Sie so weit vom Touristenrummel entfernt, dass es schon fast einsam ist. Mit „einsam" meine ich, dass es manchmal noch möglich ist, auf dem dortigen Stellplatz hin und wieder einen Platz zu finden.

(118) WOMO-Badeplatz: Les Portes-en-Ré

Position: N 46° 13' 46.4" W 1° 28' 59.5" Route du Fier
max. WOMOs: > 5 Gebührenfrei
Ausstattung / Lage: Ver- und Entsorgung, Toiletten, Mülleimer, Wertstoff-Behälter / weit außerhalb des Zentrums
Zufahrt: Folgen Sie zuerst einmal den Schildern nach „Les Portes-en-Ré". Wenn Sie das Zentrum erreicht haben, fahren Sie immer weiter mehr oder weniger geradeaus. Intuitiv bleiben Sie auf dem richtigen Weg, wenn Sie nicht ernstzunehmende Straßen ignorieren. Es ist ein langer Weg, an dessen Ende Sie einen Parkplatz erreichen, auf dem ein Teil für Wohnmobile reserviert ist.
Sonstiges: Da alle Stellplätze auf der Insel sich auf einer hohen Gebühr eingependelt haben, ist es wohl nur eine Frage der Zeit, bis auch dieser Platz nicht mehr kostenlos sein wird.

Aber wir haben ja immer noch nicht den Leuchtturm erreicht. Wir könnten theoretisch in wenigen Minuten dort sein. Allerdings sind mittlerweile alle Parkplätze rund um ihn für Wohnmobile gesperrt. Um den Turm zu besichtigen, der sich 55 Meter hoch erhebt und eine gute Aussicht garantiert, sind wir also auf das Fahrrad angewiesen. Ein guter Ausgangspunkt wäre zum Beispiel der oben genannte Stellplatz in LES PORTES-EN-RÉ. Sie können jedoch auch weiterfahren nach ST-CLÉMENT, doch davon später. Wir sind auf jeden Fall von LES PORTES aus in einer geschätzten halben Stunde dort.

Nachdem ich dann gelesen habe, dass bis zur oberen Plattform 257 Stufen zu erklimmen sind, beschließen wir statt dessen lieber im Angesicht des Turmes ein Eis zu schlecken. Eine gute Idee!

Jetzt wäre es an der Zeit, etwas über die Bademöglichkeiten auf der Insel zu schreiben. Fangen wir in ST-MARTIN-DE-RÉ dem größten Ort der Insel an. Hier wurde ein Strand künstlich angelegt. Er ist weder besonders groß, noch besonders schön und hat nur Alibifunktion. Was wäre schon ein Hauptort einer Insel ohne Strand? Auch alle anderen Orte an der Nordseite der Insel können kaum mit akzeptablen Stränden aufwarten. Am schönsten ist da noch der Strand von ST-CLÉMENT. Dort finden Sie einen Stell- und einen Campingplatz.

Phare des Baleines

Besser wird die Situation für Strandratten nachdem wir die Landenge im westlichen Inselteil überquert haben. Dort lassen

(035) WOMO-Stellplatz: St-Clément

Position: N 46° 13' 39.8" W 1° 32' 47.3" Rue de la Forêt
max. WOMOs: > 5 Mittlere Gebühr
Ausstattung / Lage: Ver- und Entsorgung, Abfalleimer / am Ortsrand, in Meernähe

Zufahrt: Geradeaus in den Ort hineinfahren. Am Parkplatz an der Kirche vorbei, dann den Schildern zum „Camping Municipal“ folgen. In die nächst mögliche Straße rechts einbiegen und am Stop-Schild nochmal rechts fahren.

Sonstiges: Wasser 4,50 €, maximale Dauer 48 Stunden

(C05) WOMO-Campingplatz-Tipp: La Côte Sauvage **

Position: N 46° 13' 32.1" W 1° 32' 39.2" (kein Straßenname)
Öffnungszeiten: April - September
Ausstattung / Lage: Ver- und Entsorgung, Spielplatz / am Meer
Zufahrt: Siehe Beschreibung zum Stellplatz 59.
E-Mail: cotesauvage@lesbalconsverts.com

sich brauchbare Strände finden, wenn Sie das Gebiet direkt nördlich der Landenge meiden. Die wirklich schönen Strände finden Sie im Süden.

(C06) WOMO-Campingplatz-Tipp: L'Océan ***

Position: N 46° 12' 14.6" W 1° 28' 04.4" Fief de la Passe
Öffnungszeiten: Ende März - Ende September
Ausstattung / Lage: Ver- und Entsorgung, sehr schattig, Laden, Restaurant, Spielplatz, beheizter Pool / direkt am Meer
Zufahrt: Zwischen Ars-en-Ré und La Courade direkt von der D 735 aus zugänglich.
E-Mail: campingdelocean@wanadoo.fr

Wir umfahren LA COURADE und erreichen schließlich LE BOIS-PLAGE-EN-RÉ, den größten Badeort der Insel. Dementsprechend gepflegt und gut ausgerüstet sind die Strände. Das ist zwar einerseits recht schön, andererseits ist's aber auch recht eng. Besonders im Hochsommer. Wesentlich besser hat es uns dagegen in STE-MARIE-DE-RÉ gefallen. Der Strand ist hier genauso schön wie in LE BOIS-PLAGE-EN-RÉ, die Belegungsdichte ist jedoch weitaus geringer.

(C07) WOMO-Campingplatz-Tipp: Interlude ****

Position: N 46° 10' 28.9" W 1° 22' 46.0" Route de Gros Jonc
Öffnungszeiten: Anfang April - Ende September
Ausstattung / Lage: Ver- und Entsorgung, schattig, Laden, Restaurant, Spielplatz, beheizter Pool / direkt am Meer
Zufahrt: Nach der Umfahrung von La Courade und Le Bois-Plage an einem Kreisel „Gros Jonc Plage" und „Interlude" ausgeschildert.
E-Mail: infos@interlude.fr
Internet: www.interlude.fr (deutsche Textversion)

Wie bereits eingangs erwähnt, setzt die Insel jedoch hauptsächlich auf den Fahrradtourismus. Ein gut ausgebautes Radwegenetz ist vorhanden und deshalb holen wir unsere Fahrräder vom Heckträger und radeln ohne bestimmtes Ziel auf der Insel umher. Wohnmobilfreundlichkeit kann man der Insel nicht bescheinigen. Das ist allerdings verständlich und nachvollziehbar.

Das bis hierher geschilderte Programm haben wir in einem Tag abgespult, ohne Hektik, so dass wir gegen Abend die Insel wieder verlassen wollen. Auf dem Festland wartet **La Rochelle** auf unseren Besuch. Da sieht's mit Stellplätzen auch nicht gut aus. Aber es gibt immerhin welche!

TOUR 4 (53 km)

La Rochelle — Châtelaillon-Plage — Fouras — Rochefort

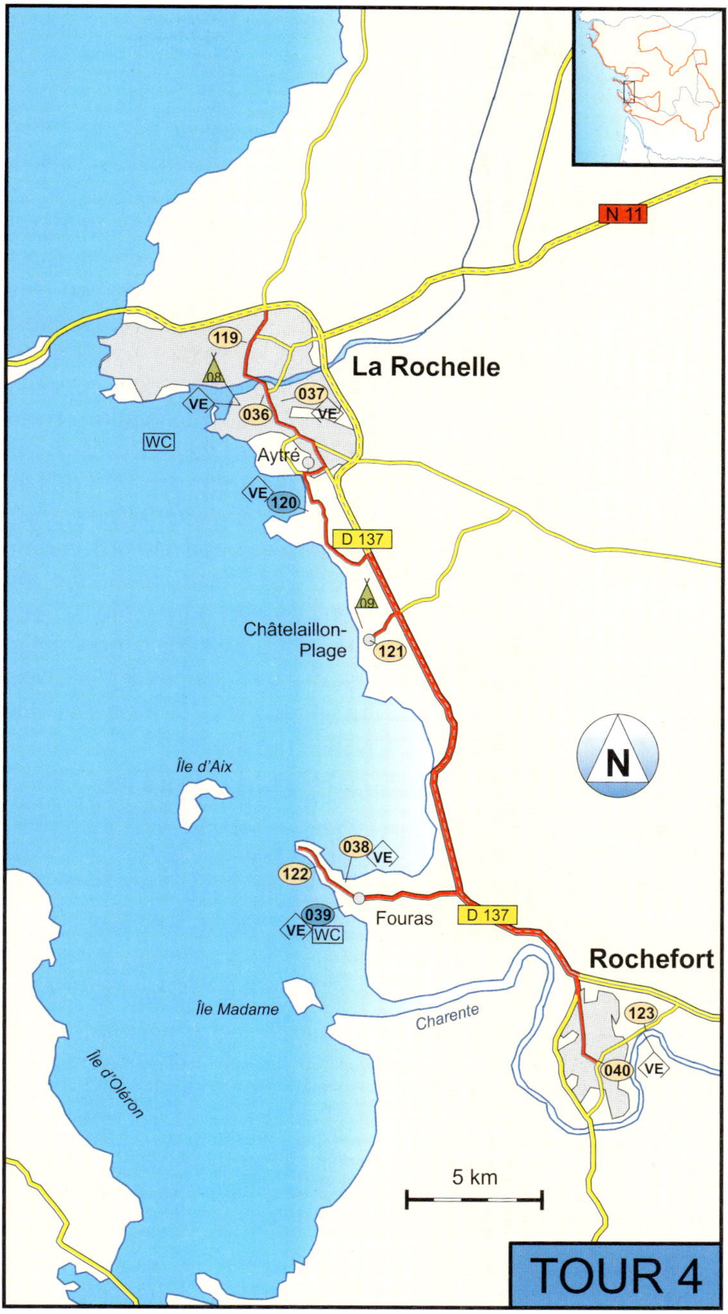

Übernachten:	La Rochelle, Aytré, Châtelaillon-Plage, Fouras, Rochefort
Besichtigen:	La Rochelle: Altstadt, 3 Türme, Aquarium, Museen, Rochefort: Museum „Musée des Commerces d'Autrefois", Corderie royale, Maison Pierre Loti
Baden:	Aytré, Châtelaillon-Plage, Fouras
Campingplatz:	Camping du Soleil, Le Bellevue
Markt:	Fouras (tgl.)

Zwei Städte lautet lapidar der Eintrag im Inhaltsverzeichnis. Für mich sind es zwei sehr unterschiedliche Städte, zu denen ich auch ganz unterschiedlichen Zugang gefunden habe. Während ROCHEFORT sich mir sofort öffnete und ich die Stadt aufgrund vieler kleiner Begebenheiten schnell liebgewonnen hatte, musste ich LA ROCHELLE mehr als fünf Mal besuchen, um überhaupt mit etwas Begeisterung schreiben zu können.

In dieser Stadt können Sie natürlich nicht erwarten, dass Sie schattige, baumgesäumte großzügige Stellplätze erwarten. Der Stellplatz LA ROCHELLE III kommt dem Bild noch am nächsten. Normalerweise sind das ganz normale Parkplätze, die für Wohnmobile geeignet sind. Je nachdem ob Sie der ÎLE DE RÉ einen Besuch abgestattet haben oder direkt aus dem MARAIS POITEVIN nach LA ROCHELLE kommen, erreichen Sie die Stadt auf zwei verschiedenen Wegen. Ich schreibe jetzt die drei Stellplätze der Stadt in einer willkürlich gewählten Numerierung auf und werde bei „Zufahrt" jeweils 2 Varianten angeben. Ich würde Ihnen auf jeden Fall LA ROCHELLE III empfehlen, auch wenn er ein paar Euro kostet.

(036) WOMO-Stellplatz: La Rochelle I

Position: N 46° 08' 56.8" W 1° 09' 03.2" Place Bernard Moitessier
max. WOMOs: 5 Gebührenfrei
Ausstattung / Lage: Ver- und Entsorgung in der Nähe / in der Nähe des Zentrums
Zufahrt: Vom Marais: Bleiben Sie auf der Nationalstraße in Richtung „Centre Ville" bis Schilder zum Bahnhof „Gare SNCF" auftauchen, denen Sie dann folgen bis auf der linken Seite der Bahnhof auftaucht (kaum zu übersehen).
Von der Insel: Nehmen Sie die Abfahrt „Centre" und folgen Sie dann den entsprechenden Schildern. Auch hier fahren Sie anschließend zum Bahnhof. Da es viele Wege dorthin gibt, müssen Sie eventuell an einem der Kreisel wenden. Der Bahnhof muss auf jeden Fall links von Ihnen sein.
Für beide: Fahren Sie am Bahnhof vorbei und dann anschließend der Vorfahrtstraße nach über die Gleise. Nach der Brücke geht's sofort nach rechts, dann nochmals rechts, wieder über einen Brücke. Am nächsten Kreisel rechts, am übernächsten links und dann parken.

Auf diesem Platz stehen Sie so, dass Sie zu Fuß in die Innenstadt laufen können. Das Aquarium liegt fast vor der

Haustür. Auch die beiden Museen, die weiter hinten beschrieben werden, sind leicht zu Fuß erreichbar.

(037) WOMO-Stellplatz: La Rochelle II

Position: N 49° 09' 58.4" W 1° 09' 13.6" Chemin du Rempart
max. WOMOs: > 20 Gebührenfrei
Ausstattung / Lage: Ver- und Entsorgung / abseits gelegen
Zufahrt: Vom Marais aus: Bleiben Sie auf der N 11, bis Sie an einen großen Kreisel kommen, an dem die Île de Ré nach rechts ausgeschildert ist. Biegen Sie dort nach links ab. Nachdem Sie die Bahnlinie überquert haben, liegt der Platz gleich rechts der Straße.
Von der Insel: Abfahrt „Centre Ville" dann weiter Richtung Zentrum. Nachdem Sie die Bahnlinie überquert haben, liegt der Platz gleich rechts der Straße.

Dieser Platz ist immer gut belegt. Das Zentrum können Sie nicht zu Fuß erreichen, wohl aber mit öffentlichen Verkehrsmitteln. Auch das Fahrrad ist keine Alternative. Schauen Sie sich den Verkehr hier an!

(119) WOMO-Stellplatz: La Rochelle III

Position: N 46° 09' 08.2" W 1° 08' 23.1" Avenue Jean Moulin
max. WOMOs: > 20 Hohe Gebühr
Ausstattung / Lage: Ver- und Entsorgung, Mülleimer / abseits des Zentrums
Zufahrt: Gleich von wo Sie kommen, achten Sie auf die allgegenwärtigen Schilder „P + R Jean Moulin". Bei der Einfahrt ziehen Sie einen Parkschein. Der Preis gilt für 24 Stunden. Zahlen können Sie im Büro, kurz bevor Sie wieder abfahren. Dort erhalten Sie auch die kostenlosen Fahrscheine für den Bus.
Sonstiges: Kostenloser Shuttle-Verkehr ins Zentrum alle 30 Minuten

Damit ich jetzt endlich mit den Kästchen fertig werde und wir zur Stadtbesichtigung schreiten können, kommt hier schnell noch ein Campingplatz-Tipp, der für die ersten beiden genannten Stellplätze auch für die Ver- und Entsorgung wegweisend ist.

(C08) WOMO-Campingplatz-Tipp: Camping du Soleil **

Position: N 46° 09' 03.3 W 1° 09' 29.8 Avenue Michel Crépeau
Öffnungszeiten: Juni - September
Ausstattung / Lage: Ver- und Entsorgung, schattig, Spielplatz / 500 m zum Strand, 500 m zum Zentrum
Zufahrt: In der ganzen Stadt gut beschildert. Die Ver- und Entsorgungsstation liegt gegenüber dem Eingang des Platzes.

Öffnungszeiten Aquarium:
Oktober - März: 10 - 20 Uhr
April - Juni: 9 - 20 Uhr
Juli - August: 9 - 23 Uhr
September: 9 - 20 Uhr

Vom Stellplatz LA ROCHELLE I haben Sie eine sehr günstige Ausgangsposition um das Aquarium zu besuchen. Gehen Sie dazu - vom Stellplatz aus gesehen - rechts an den Lagerhallen entlang. Am Ende der Gebäude finden Sie das sehr schön ausgestattete Unterwasserparadies. Auch von allen anderen Punkten des Zentrums (Hafenbecken) aus ist das Aquarium leicht erreichbar und gut beschildert.

Am Hafenbecken haben Sie den idealen Standort für eine Stadtbesichtigung. Sie werden als erstes die drei berühmten Türme sehen. Von rechts nach links sind das der Tour St-Nicolas, der Tour de la Chaîne und etwas abseits der Tour de la Lanterne.

Für die Sprachpuristen möchte ich hier noch schnell einen Absatz einfügen. Ich konnte nicht herausfinden, ob es „der Tour" (deutsch: der Turm, also männlich) oder „die Tour" (französisch: la tour, also weiblich) heißt. Da in meinen Quellen auch recht sorglos mit den Artikeln umgegangen wird, habe ich beschlossen, den Artikel für die deutsche Übersetzung des entsprechenden Wortes zu verwenden. Sie werden

Tour de la Chaîne und Tour St-Nicolas

also weiterhin „der Tour (Turm)", „die Pont (Brücke)" und „das Quartier (Viertel)" lesen. Ansonsten müsste ich auch schreiben: „Der Tour de France“ oder „Der Quartier Latin“.

Die drei Türme wurden im 14. und 15. Jahrhundert erbaut. Zwischen dem Tour St-Nicolas und dem Tour de la Chaîne wurde früher eine große Kette gespannt um so den Hafen nachts abzusichern. Diese Kette können Sie heute noch im Tour de la Chaîne bestaunen. Den gegenüberliegenden Tour St-Nicolas können Sie ebenfalls besichtigen. Hier ist es die reizvolle Aussicht auf die Stadt und den Hafen, die Sie genießen sollten. Der dritte Turm war Leuchtturm, Wachturm und Kerker zugleich. Er ist derjenige mit der größten geschichtlichen Bedeutung. Lassen Sie uns deshalb eine kurze Reise in die Vergangenheit unternehmen.

Wir schreiben das Jahr 1565. Während in weiten Teilen des Landes die Religionskriege toben, bleibt die Lage in LA ROCHELLE erstaunlich ruhig. Früh schon treten große Teile der Bevölkerung zum Calvinismus über und teilen sich mit den Katholiken sogar die Kirchen. Erst als der König merkt, dass ihm in LA ROCHELLE seine Autorität aufweicht und er mit Sanktionen droht, entsteht ein Konflikt zwischen den beiden Glaubensrichtungen, der sich schnell hochschaukelt und in der Ermordung von 22 katholischen Priestern ihren Höhepunkt findet. Ihre Leichen werden von dem Tour de la Lanterne aus ins Meer geworfen. LA ROCHELLE wird fortan zur Hochburg der Calvinisten und bietet all denen Zuflucht, die wegen ihres reformierten Glaubens aus anderen Landesteilen flüchten müssen. Natürlich lässt die Reaktion der Krone nicht lange auf sich warten. Eine gewaltige Armee unter Führung des Herzogs von Anjou, dem späteren König Heinrich III., belagert die Stadt. Sechs Monate lang dauert der Spuk, ohne dass die Stadt eingenommen werden kann. Im Gegenteil: 20 000 Tote sind auf der Seite der Belagerer zu beklagen.

Nur wenige Jahre später, wir schreiben 1627, stehen erneut Belagerer vor der Tür. Diesmal angeführt von Richelieu, einem fanatischen Königstreuen. Ein nicht weniger besessener Herr namens Jean Guiton übernimmt in LA ROCHELLE die Führung mit den Worten: „Ich werde Euer Bürgermeister sein, weil Ihr es unbedingt wollt, aber seht diesen Dolch. Ich schwöre, dass ich den ersten, der davon spricht, sich zu ergeben, damit ersteche und ich verlange, dass man mir das gleiche tue, sollte ich zur Kapitulation aufrufen." LA ROCHELLE ist inzwischen mit den Engländern verbündet, die die ÎLE DE RÉ besetzt halten und daher gerade mal in der Nähe sind. Die Chancen stehen also gut für einen zweiten Sieg über die Krone. Die Belagerung ist allerdings bestens organisiert, die

Das Rathaus von La Rochelle

Engländer haben keine Chance den Eingeschlossenen zu Hilfe zu kommen. Nach mehr als einem Jahr müssen die Protestanten aufgeben. Die Einwohnerzahl ist von 28 000 auf 5 000 gesunken. Jean Guiton überlebt - sein Dolch war wohl gerade nicht griffbereit - und tritt später groteskerweise in den Dienst des Königs.

Lassen Sie uns jetzt wieder ins einundzwanzigste Jahrhundert zurückkehren und endlich mit der Stadtbesichtigung anfangen. Ich habe Sie ja immer noch in der Nähe der drei Türme stehenlassen. Sie gehen jetzt zweckmäßigerweise mit mir durch das Stadttor „Porte de la Grosse Horloge". Dahinter sind Sie schon in der Altstadt. Erwarten Sie jetzt bitte keine detaillierte Stadtführung, denn dazu müssten Sie ständig diesen Reiseführer mit sich herumtragen. Mich würde so etwas nerven. Nur soviel: Sie merken deutlich, wenn Sie den Bereich der Altstadt verlassen, dann lassen auch schlagartig die Sehenswürdigkeiten nach und es lohnt nicht weiterzugehen. Wenn Sie unbedingt nach Plan laufen wollen, nehmen Sie den Michelin mit, er beginnt ebenfalls an der Porte de la Grosse Horloge. Dort können Sie auch nachlesen, welche Museen

Ihren Interessen entgegenkommen und die dann anschließend besuchen.

Ich möchte Sie noch in zwei Museen entführen, die für kleine und große Kinder interessant sind. Allerdings befinden sie sich etwas außerhalb des Stadtzentrums. Beide Museen liegen aber direkt nebeneinander. Wenn Sie vom Tour St-Nicolas aus weiter von der Altstadt weg gehen überqueren Sie eine Eisenbrücke und wenden sich dann nach rechts. Sie sind jetzt in der Avenue Marillac, die Straße, die zum Campingplatz führt. Achten Sie jetzt auf der linken Seite auf die Hinweisschilder zum „Musée des Automates" und zum „Musée des Modèles Réduits". Auch vom Stellplatz I aus sind die Museen leicht zu erreichen. Verlassen Sie den Platz dazu auf der dem Kreisel gegenüber liegenden Seite und achten Sie bald darauf auf die Hinweisschilder auf der rechten Seite.

Natürlich wollen Sie jetzt wissen, wo ich Sie hinschicke. Das erste Museum ist den bewegten Puppen gewidmet. Mit unglaublicher Präzision werden hier Figuren in Bewegung versetzt. Im Modellbaumuseum nebenan können Sie Autos, Schiffe, Flugzeuge und Züge im verkleinerten Maßstab bestaunen. Für beide Museen gibt es eine kombinierte Eintrittskarte.

Öffnungszeiten für beide Museen:
täglich 10 - 12 und 14 - 18 Uhr

Schon in der Nähe des Eingangsbereiches fährt eine Märklin-Lokomotive über Ihre Köpfe hinweg, während Sie noch die Modellautos begutachten. Schiffsmodelle, Unterseeboote und Flugzeuge können Sie hier ebenso bestaunen wie Rennwagen und Pferdekutschen. Natürlich nicht zu vergessen, der große Saal mit drei Eisenbahnanlagen. Was uns am besten gefallen hat ist eine Multimediashow in einem abgedunkelten Raum. Mit Dias, Ton- und Raucheffekten wird hier eine Seeschlacht nachge-

Musée des Modèles Réduits

spielt, wie sie sich vielleicht im Mittelalter abgespielt haben könnte.

Noch abwechslungsreicher geht es im Musée des Automates zu. Schon am Eingang stehen Sie vor einer fast unüberschaubaren Anzahl von bewegten Figuren. Hier geht es richtig rund. Jede der Figuren im Museum ist mit einer fast schon akribisch zu nennenden Liebe zum Detail und unglaublicher Präzision gefertigt worden. Auch die Komplexität der Bewegungen lässt uns immer wieder staunen. Die Figuren werden teilweise mechanisch mit Stangen, Schnüren und einer Unmenge von Zahnrädern oder auch pneumatisch oder elektrisch bewegt. Im hinteren Bereich des Museums ist ein Stück historisches Paris aufgebaut. Für mich unvergesslich ist die Südseeszene mit echtem Wasserfall. Kurz vor dem Ausgang sollten Sie es nicht versäumen, die schöne Dame per Knopfdruck mit einem Brief an ihren Liebsten beginnen zu lassen.

Das war alles, was ich Ihnen in La Rochelle zeigen wollte.

Paris in La Rochelle

Das heißt jedoch nicht, dass es hier nicht mehr zu sehen gäbe. Die bei den Literaturhinweisen genannten Reiseführer können Ihnen sicherlich noch viele Sehenswürdigkeiten in der Stadt schmackhaft machen. Aber ich habe ja auch noch Etliches mit Ihnen vor. Folgen Sie mir also bei Verlassen des Ortes in Richtung ROCHEFORT. Dabei müssen Sie darauf achten, dass Sie nicht zur N 11 geführt werden. Das heißt vor allen Dingen: Richtung Süden! Von den Stellplätzen 1 und 3 geht das recht einfach, von Platz 2 aus müssen Sie zuerst Richtung Stadtmitte fahren. „Toutes Directions“ ist nicht schlecht, dann erreichen Sie die D 937. Auf dieser Straße bleiben Sie so lange, bis Sie Schilder sehen nach „AYTRÉ-PLAGE“. Denen folgen Sie. Es geht sehr lange geradeaus. Sie ereichen schließlich eine 30 km/h-Zone und kommen zum Campingplatz. Dort geht es rechts weiter und dann dürfen Sie sich den Womo-Schildern anvertrauen. Belohnt werden Sie für die umständliche Fahrt durch einen schönen Platz.

(120) WOMO-Badeplatz: Aytré

Position: N 46° 06' 48.7" W 1° 07' 24.1" (kein Straßenname)
max. WOMOs: > 5 Gebührenfrei
Ausstattung / Lage: Ver- und Entsorgung / weit außerhalb, nahe am Meer
Zufahrt: Ab der Abfahrt „Aytré-Plage“ an einem Kreisel, fahren wir zuerst lange geradeaus. Vor den Bahnschienen geht's rechts ab, wo eine 30 km/h-Zone beginnt. Sie erreichen schließlich einen Campingplatz, biegen dort rechts ab und fahren schon bald auf den Stellplatz.

Unsere Tour führt uns weiter nach Süden. Diesmal auf der D 137. Schon nach wenigen Kilometern erreichen Sie etwas abseits der Straße den Badeort CHÂTELAILLON-PLAGE. Der Strand ist bei Ebbe außergewöhnlich groß, schrumpft allerdings, da er sehr flach ist, bei Flut stark. Außerdem ist für Wohnmobilfahrer alles etwas klein geraten. Glücklicherweise gibt es weiter im Ortszentrum einen Stellplatz mit einem regelmäßigen Shuttle-Bus zum Strand. Die offizielle Anzahl von 6 Wohnmobilen auf dem Platz wird allerdings sehr französisch interpretiert. Die Dauer ist auf 48 Stunden begrenzt. Deshalb folgt auch gleich noch ein Campingplatz.

(121) WOMO-Stellplatz: Châtelaillon-Plage

Position: N 46° 04' 38.6" W 1° 05' 15.5" Allée du Stade
max. WOMOs: 6 Gebührenfrei
Ausstattung / Lage: Mülleimer / im Ortszentrum
Zufahrt: Richten Sie sich im Ort nach den gut sichtbaren „P + R“-Schildern.
Sonstiges: Maximale Dauer 48 h

(C09) WOMO-Campingplatz-Tipp: L'Océan ***

Position: N 46° 05' 09.5" W 1° 05' 37.3" Avenue d'Angoulins
Öffnungszeiten: Juni - September
Ausstattung / Lage: Ver- und Entsorgung, sehr schattig, Spielplatz / 500 m zum Strand
Zufahrt: An einem der ersten Kreisel (es werden häufig Neue gebaut) ist der Campingplatz nach rechts ausgeschildert. Dann noch ein bisschen durch ein Wohngebiet fahren, gut beschildert.
Internet: www.campingocean17.com

Verlassen Sie den Stellplatz so, dass Sie den davor liegenden Kreisel fast ganz umrunden, so dass Sie hinter den Womos vorbeifahren. Wir fahren weiter nach Süden. Die nächste Möglichkeit vor dem Besuch von ROCHEFORT noch einen Badetag einzulegen, haben Sie wieder einige Kilometer weiter südlich. Dort geht es rechts ab nach FOURAS.

(038) WOMO-Stellplatz: Fouras I

Position: N 45° 59' 31.1" W 1° 05' 14.1" — Avenue du Cadoret
max. WOMOs: > 5 — Hohe Gebühr
Ausstattung / Lage: Ver- und Entsorgung, Mülleimer / in Meernähe
Zufahrt: Richten Sie sich zuerst nach den Schildern nach „La Fumée", danach „Camping Cadoret". Wenn die Ausläufer des Campingplatzes schon rechts der Straße zu sehen sind, am nächsten Kreisel geradeaus fahren (zum Campingplatz ginge es rechts ab). Die Zufahrt zum Stellplatz liegt jetzt links von Ihnen. Da Sie nicht links abbiegen dürfen, fahren Sie bis zum nächsten Kreisel, wenden dort und biegen dann rechts in den Platz ein.
Sonstiges: 200 m zum Strand, maximale Dauer 48 Stunden

(122) WOMO-Stellplatz: Fouras II

Position: N 45° 59' 44.8" W 1° 06' 23.4" — Rue du Bois Vert
max. WOMOs: > 5 — Mittlere Gebühr
Ausstattung / Lage: Mülleimer / außerhalb in Meernähe
Zufahrt: Von Fouras I aus fahren Sie Richtung Île d'Aix, bis Sie den Platz sehen.
Sonstiges: Wenige Meter zum Strand, maximale Dauer 48 Stunden

(039) WOMO-Badeplatz: Fouras III

Position: N 45° 58' 35.5" W 1° 05' 12.7" — Place Jean Moulin
max. WOMOs: > 5 — Mittlere Gebühr
Ausstattung / Lage: Ver- und Entsorgung, Toiletten, Abfalleimer / direkt am Meer
Zufahrt: An einem der ersten Kreiseln in Richtung Fouras ist der „Place Jean Moulin" bereits ausgeschildert. Auf der Seite, auf der sich die Servicestation befindet, können Sie übernachten. Auf der gegenüberliegenden Straßenseite ist Halteverbot von 19 bis 9 Uhr. Von Fouras II aus fahren Sie in Richtung „Sortie de la Ville par la Plage" bis Sie den Platz erreichen.
Sonstiges: 2 € für Wasser, maximale Dauer 48 Stunden

(040) WOMO-Stellplatz: Rochefort I

Position: N 45° 56' 11.2" W 0° 57' 54.3" — Cours Roy Bry
max. WOMOs: > 5 — Gebührenfrei
Ausstattung / Lage: Ver- und Entsorgung im Ort, Mülleimer / in Zentrumsnähe
Zufahrt: Zuerst folgen Sie den Schildern „Centre Ville". Der Parkplatz ist gut ausgeschildert und hat zudem noch einen Namen: „Roy Bry". Platzprobleme sollten Sie hier nicht haben, er ist riesig. Zum Ver- und Entsorgen müssen Sie in die Nähe des zweiten Stellplatzes fahren.

(123) WOMO-Stellplatz: Rochefort II

Position: N 45° 56' 38.5" W 0° 57' 19.0" — Cours Roy Bry
max. WOMOs: > 5 — Gebührenfrei
Ausstattung / Lage: Ver- und Entsorgung in der Nähe, Mülleimer / am Ortsrand
Zufahrt: Von Rochefort I fahren Sie - unserem Tourenverlauf folgend -in Richtung Saintes. Nach der Überquerung einer beweglichen Brücke, gleich nach rechts abbiegen zur Capitainerie. Dort finden Sie die Station [GPS: N 45° 56' 36.7" W 0° 57' 26.0"]. Zum Stellplatz fahren Sie noch ein Stück weiter geradeaus und biegen dann links ab. Dann ist er schon zu Ihrer Linken zu sehen.

Unser eigentliches Ziel ist allerdings ROCHEFORT. Bei meinem ersten Besuch in der Stadt hat mich vor allem das Museum „Musée des Commerces d'Autrefois" beeindruckt. Deshalb will ich mit Ihnen auch jetzt zuerst dahin. Ich weiß, dass das in diesem Kapitel schon das dritte Museum ist, das ich Ihnen schmackhaft machen will. Aber sagen Sie selbst, waren Sie von den anderen enttäuscht? Ich verspreche Ihnen, dass Sie auch hier einen Besuch nicht bereuen werden.

In einer alten Lagerhalle wurden Laden- und Handwerkereinrichtungen von der Jahrhundertwende bis zur Mitte dieses Jahrhunderts aufgebaut. Finden können Sie das Museum ganz einfach, indem Sie den Parkplatz in Richtung des Busbahnhofes verlassen und dann immer weiter geradeaus auf

Musée des Commerces d'Autrefois: Schmiede

Musée des Commerces d'Autrefois: Bistro

Musée des Commerces d'Autrefois: Zahnarztpraxis

den Torbogen zugehen. Achten Sie jetzt auf die Namen der Querstraßen. Wenn Sie bis zur Rue Lesson gekommen sind, müssen Sie links abbiegen bis zur Hausnummer 22.

Eine Aufzählung aller aufgebauten Szenerien ist eigentlich überflüssig. Sie werden ja alles sehen. Trotzdem will ich Ihnen noch etwas mehr Lust auf eine Besichtigung machen. Sie werden zusätzlich zu dem was hier bereits abgebildet ist noch eine Färberei, eine Hutmacherwerkstatt, eine Apotheke, einen

Öffnungszeiten Museum:
November - März: 10 - 12 und 14 - 18 Uhr
täglich außer Sonntag Vormittag
April - Juni: 10 - 12 und 14 - 18 Uhr
täglich außer Sonntag Vormittag
Juli - August: täglich 10 - 20 Uhr
Sept. - Okt.: 14 - 19 Uhr und 14 - 18 Uhr
täglich außer Sonntag Vormittag
Januar geschlossen

Kaufladen, ein Friseurgeschäft und noch viele, viele andere Dinge bewundern können.

Na, habe ich zuviel versprochen? Aber dieses Museum ist nicht das einzige, was ROCHEFORT zu bieten hat. Da gibt es noch ein langes Gebäude, „so lang, um die längsten Taue drehen zu können". Es handelt sich um eine alte Seilerei, und derjenige, den ich zitiert habe, ist der Marquis Colbert, seines Zeichens Finanz- und Marineminister Ludwigs XIV. Er war es, der aus dem Dorf ROCHEFORT eine Stadt machte. Viele Kriegsschiffe wurden hier gebaut und dafür benötigte man Seile. Diese Taue wurden aus Hanf gedreht und dann geteert. Die maximale Länge eines Seiles entsprach der Länge des Gebäudes in dem es hergestellt wurde.

Deshalb hat die Corderie Royale, zu der ich Sie als nächstes führen werde, die stattliche Länge von 370 Metern. Hier wurden Seile mit einem Durchmesser von 40 Zentimetern gedreht. Das müssen Sie sich einmal vorstellen! Falls Sie noch die alten Langspielplatten kennen: Die hatten einen Durchmesser von 30 cm.

Finden werden Sie die Corderie, wenn Sie sich aus dem eben gerade besuchten Museum kommend am Ausgang nach rechts wenden und so lange es geht geradeaus weitergehen. Dann müssen Sie rechts abbiegen und bald darauf, am „Hôtel de la Marine" nach links. Jetzt sehen Sie schon den „Jardin de la Marine" auf der rechten Seite. Hier sollten Sie jetzt die Straße verlassen und in den Garten gehen, nicht nur weil es dort schöner ist, sondern weil Sie so die Seilerei erreichen.

Öffnungszeiten Corderie:
April - September: 9 - 19 Uhr
Oktober - März: 10 - 18 Uhr

In dem Gebäude ist neben einem Verwaltungskomplex auch ein Museum untergebracht, in dem die alten Maschinen,

Corderie Royale

mit denen früher die Seile hergestellt wurden, ausgestellt sind. Eine Besichtigung kann ich Ihnen eigentlich nur empfehlen, wenn Sie Interesse für Technik mitbringen. Ansonsten sollten Sie sich mit dem Anblick des riesigen Gebäudes begnügen und dafür noch ein bisschen im „Jardin de la Marine" lustwandeln.

Was soll ich Ihnen sonst noch über ROCHEFORT erzählen? Kennen Sie Pierre Loti? Er war Schriftsteller, Exzentriker, Weltreisender und Offizier. Vermutlich auch ein bisschen der Welt entrückt (manche nennen es auch verrückt), hat er doch eine Moschee aus DAMASKUS in Einzelteilen nach FRANKREICH geschmuggelt. Orient pur gibt es in seinem Geburtshaus und dessen Nachbarhaus zu sehen. Wenn Sie zurück zu Ihrem Womo gehen und dabei den Hinweg in umgekehrter Richtung verfolgen kreuzen Sie kurz vor dem Busbahnhof die „Rue Loti". Wenn Sie sich das Sammelsurium anschauen wollen, müssen Sie dieser Straße nach links folgen. In einem unscheinbaren Haus finden Sie dann das „Maison de Pierre Loti". Hierzu kann ich allerdings gar nichts schreiben, da ich mich noch nicht dazu durchringen konnte, dem Haus einen Besuch abzustatten. Der Vollständigkeit halber sei es aber erwähnt.

Öffnungszeiten Maison Pierre Loti:
Führungen täglich um 10.30, 11.30
14.00, 15.00 und 16.00 Uhr
Sonntag und Dienstag vormittags geschlossen

Wenn Sie jetzt wieder, nach einem ausgiebigen Abendessen, am Parkplatz Roy Bry angekommen sind möchte ich Ihnen noch eine klitzekleine Gute-Nacht-Geschichte erzählen.

Wir gehen wieder einmal ein paar hundert Jahre in die Vergangenheit. Ende des 17. Jahrhunderts ist Michel Bégon Stadtkommandant. Ein anderer Sohn der Stadt, Père Plumier, weilt derweil auf den ANTILLEN. Dort entdeckt er eine für ihn neue Pflanze, die er, nach dem Bürgermeister, Begonie nennt. So einfach ist das manchmal mit den Blumennamen.

Wenn Sie am nächsten Morgen die Weiterreise antreten, kommen Sie an der schon beim Stellplatz beschriebenen Entsorgungsstation vorbei. Ich möchte noch darauf hinweisen, dass der Platz sehr klein ist und dort wirklich nur zum Ver- und Entsorgen gehalten werden darf. Übernachten können Sie ein paar Meter weiter auf dem Stellplatz ROCHEFORT II.

Unsere nächste Tour führt uns ins Landesinnere, so dass wir uns für ein paar Tage vom Meer verabschieden. Natürlich kann ich Ihnen hier sehr interessante und teilweise kuriose Sehenswürdigkeiten präsentieren und auch ein paar Geschichten habe ich für Sie parat. Viel Geschichte gibt es zu bestaunen und nach dem obligatorischen Megalith können Sie in der Heimat des Cognac einen schönen Abend verbringen.

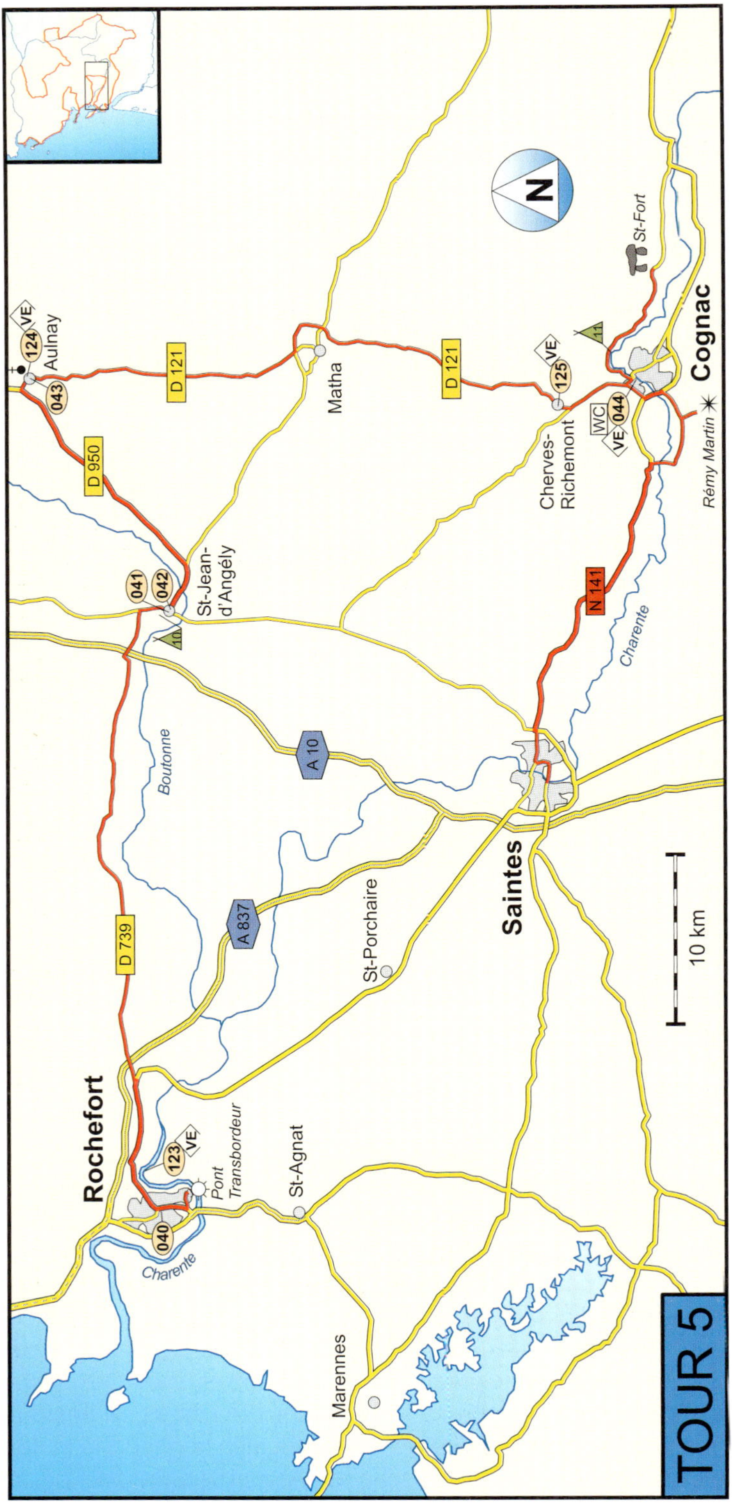
TOUR 5
Rochefort
Pont Transbordeur
123
VE
040
Charente
St-Agnat
Marennes
D 739
A 837
St-Porchaire
Boutonne
A 10
Saintes
10 km
N 141
Charente
St-Jean-d'Angély
041
042
10
D 950
043
124
VE
Aulnay
D 121
Matha
D 121
125
VE
Cherves-Richemont
WC
044
VE
11
Cognac
Rémy Martin
St-Fort
N

TOUR 5 (149 km)

Rochefort — St-Jean-d'Angély — Aulnay — Cognac — Saintes

Übernachten:	Rochefort, St-Jean-d'Angély, Aulnay, Cognac, Saintes
Besichtigen:	Schwebefähre südlich von Rochefort, Renaissancebrunnen in St-Jean-d'Angély, Kirche in Aulnay, Cognac-Brennereien in Cognac, Dolmen St-Fort
Campingplatz:	Camping Municipal du Val de Boutonne, Camping Municipal in Cognac
Markt:	St-Jean-d'Angély (Mi., Sa.)

Heute ist Kultur angesagt, und zur besseren Verdauung gibt es am Ende einen Cognac. Noch ehe wir ROCHEFORT endgültig verlassen, wollen wir einen kleinen Abstecher zu einer technischen Kuriosität unternehmen. Es handelt sich dabei um die „Pont Transbordeur de Martrou", eine Schwebefähre aus dem Jahr 1900. Finden können Sie das gute Stück, wenn Sie ROCHEFORT in südlicher Richtung nach ROYAN verlassen. An einem Kreisel kurz vor der gebührenpflichtigen Brücke über die *Charente* ist die Schwebefähre ausgeschildert. [GPS: N 45° 55' 06.0" W 0° 57' 38.4", Chemin des Mousseaux] Machen Sie sich aber keine falschen Hoffnungen: Mit Ihrem Wohnmobil können Sie die Fähre nicht benutzen. Nicht mal ein Pkw wird mitgenommen. Neben Personen können allenfalls Fahrräder transportiert werden.

Sie können also nichts weiter tun als einmal hin und einmal her zu fahren. Für wenig Geld haben Sie aber dafür eine

Pont Transbordeur de Martrou

Pont Transbordeur de Martrou

Urlaubserinnerung mehr. Wenn Ihnen allerdings jeder Sinn für Nostalgie fehlt, überfliegen Sie jetzt am besten den nächsten Absatz und verlassen ROCHEFORT in Richtung SAINTES. Wir treffen uns später.

Wir waren an einem gewittrigen Spätsommertag an der Fähre und mussten zuerst einmal feststellen, dass das Verkehrsmittel sich nach einem äußerst komplexen Fahrplan richtet. Die Mittagspause konnten wir nutzen, um für unser eigenes leibliches Wohl zu sorgen. Weit außerhalb der Saison kann es allerdings schon vorkommen, dass die Fähre an ungeraden Montagen wegen Inspektionsarbeiten gar nicht fährt. Überhaupt scheint man der Sicherheit sehr viel Bedeutung beizumessen. Ich erwähnte bereits, dass bei unserer Überquerung eine Gewitterstimmung herrschte. Mehrmals blieb die Gondel abrupt stehen und fuhr erst nach einigen Minuten wieder weiter. Nach dem vierten oder fünften Stopp erklärte uns der Kapitän (den ich jetzt in Ermangelung eines angemessenen Wortes einfach mal so nenne), dass dies eine Sicherheitsabschaltung sei, die dann anspreche, wenn innerhalb von 20 Kilometern ein Blitz registriert würde. Die Rückfahrt verlief mit weniger Unterbrechungen, nicht weil sich das Wetter geändert hätte, sondern weil sich ein Techniker in der elektrischen Schaltzentrale am Ufer der *Charente* eingefunden hatte und die Sicherungsmechanismen überbrückte. Auch wenn die Fahrt keinen Zweck hatte, schön war's auf jeden Fall.

Jetzt müssen Sie mit uns wieder zurückfahren nach ROCHEFORT, denn wir wollen die Stadt in einer ganz anderen Richtung verlassen. Hierbei treffen wir auch diejenigen Leser wieder, die sich das Abenteuer, über der *Charente* zu schweben, entgehen ließen.

Den Schildern nach SAINTES müssen wir folgen und haben kurz vor dem Ortsende an der Capitainerie nochmals Gelegenheit zum Ver- und Entsorgen. Am Ende der letzten Tour steht die genaue Zufahrtsbeschreibung. Nach dem Ort TONNAY-CHARENTE, kurz hinter ROCHEFORT biegt die Straße nach SAINTES rechts ab. Ab hier folgen wir den Schildern nach ST-JEAN-D'ANGÉLY, unserem nächsten Ziel. Ein Renaissancebrunnen hat mich neugierig gemacht, den wollte ich mir einfach mal anschauen. Dabei habe ich festgestellt, dass sich ein Besuch des Ortes lohnt.

Unsere erste Begegnung war allerdings eher frustrierend. Irgendwo hatte ich gelesen, dass es einen Platz für Wohnmobile auf einem bestimmten Parkplatz des Ortes geben sollte. Nachdem wir etliche Irrfahrten hinter uns hatten, fanden wir endlich eine Tafel mit einem Stadtplan. Dort war der entsprechende Platz auch gleich gefunden. Natürlich waren wir genau an der entgegengesetzten Ecke der Stadt angekommen und mussten wieder zurück um dann festzustellen, dass der Parkplatz für Fahrzeuge über 1,90 Meter Höhe gesperrt war. Sie kennen die Balken ja!

Diese Geschichte habe ich eigentlich nur erzählt um Ihnen zu zeigen, dass das was gestern noch galt, heute längst nicht mehr verlässlich ist. Allerdings kann sich morgen schon wieder etwas ändern. Und so ist zwischen der Auflage, der ich den letzten Absatz entnommen habe, und der jetzt vor Ihnen liegenden Edition Einiges passiert. Gleich zwei Übernachtungsplätze kann ich Ihnen anbieten, dazu auch noch eine Ver- und Entsorgungsstation sowie einen Campingplatz.

Von den Stellplätzen kommen Sie in wenigen Minuten ins Zentrum der Kleinstadt. Von dort aus sollten Sie mit uns einfach ein bisschen durch den Ort schlendern. Den

(041) WOMO-Stellplatz: St-Jean-d'Angély I

Position: N 45° 56' 42.9" W 0° 31' 06.4" Place de l'Hôtel de Ville
max. WOMOs: 5 Gebührenfrei
Ausstattung / Lage: - / in Zentrumsnähe
Zufahrt: Parking „Centre Ville"; großer Platz zwischen „Hôtel de Ville" und „Palais de Justice".
Sonstiges: Abends ankommen.

(042) WOMO-Stellplatz: St-Jean-d'Angély II

Position: N 45° 56' 33.6" W 0° 31' 29.2" Place de l'Archeprêtre Paillet
max. WOMOs: 5 Gebührenfrei
Ausstattung / Lage: Abfalleimer, Wertstoff-Container / in Zentrumsnähe
Zufahrt: In Richtung „Parking Abbaye" fahren. Sie kommen dabei an der Abtei vorbei und biegen dann nach links ab.
Sonstiges: Abends ankommen.

Renaissancebrunnen „Fontaine du Pilori“ in St-Jean-d'Angély

Renaissancebrunnen und auch den abgebildeten Torbogen im „Tour de l'Horloge“ werden Sie auf jeden Fall finden. Aber das ist ja nicht alles, was St-Jean zu bieten hat. Gönnen Sie sich eine kleine Erfrischung in einem der zahlreichen schönen Bistros, ehe Sie wieder Ihr Womo besteigen. Fahren werden Sie während dieser Tour noch genug.

Falls es Ihnen so gut gefällt, dass Sie länger hierbleiben wollen, kann ich Ihnen noch einen Campingplatz empfehlen.

Wenn Sie den Stadtbummel hinter sich haben, müssen Sie zuerst den Schildern nach Matha beziehungsweise Angoulême folgen, bis Sie die *Boutonne* überquert haben. Dann biegen Sie links ab und fahren auf der D 950 in Richtung

St-Jean-d'Angély - Tour de l'Horloge

POITIERS bis Sie nach 17 Kilometern die Abfahrt nach AULNAY

(C10) WOMO-Campingplatz-Tipp: Val de Boutonne ***

Position: N 45° 56' 54.7" W 0° 32' 10.9" (kein Straßenname)
Öffnungszeiten: April - September
Ausstattung / Lage: Ver- und Entsorgung, sehr schattig, Spielplatz / beim Naherholungsgebiet, direkt am Fluss
Zufahrt: Um aus dem Stadtzentrum herauszukommen, fahren Sie zuerst Großrichtung La Rochelle und achten dann auf die Schilder zum Campingplatz, die fast am Ortsausgang nach rechts zeigen.
E-Mail: info@valba.net
Internet: www.valba.net

St-Jean-d'Angély - Die Türme der Pfarrkirche

(043) WOMO-Stellplatz: Aulnay I

Position: N 46° 01' 11.6" W 0° 20' 49.6" Place du Château
max. WOMOs: 5 Gebührenfrei
Ausstattung / Lage: Ver- und Entsorgung im Ort, Wertstoff-Container, Telefonzelle / in der Ortsmitte

Zufahrt: Fahren Sie von der Kirche aus weiter ins Zentrum. Mitten im Ort erreichen Sie einen sehr großen Kreisverkehr. Dort biegen Sie ab in Richtung „Mairie“. Jetzt noch ein paar Meter den Berg hinauffahren, der Parkplatz liegt dann zu Ihrer Rechten. Ver- und entsorgen können Sie ganz in der Nähe auf dem Stellplatz Aulnay II.

(124) WOMO-Stellplatz: Aulnay II

Position: N 46° 01' 20.9" W 0° 20' 43.1" Rue des Salles
max. WOMOs: 6 Gebührenfrei
Ausstattung / Lage: Ver- und Entsorgung, Mülleimer / am Ortsrand
Zufahrt: Fahren Sie in Richtung Chef-Boutonne. Es gibt keine Beschilderung für den Platz. Achten Sie auf einen Parkplatz auf der rechten Seite. Dort steht eine große Hinweistafel , die von der Straße aus sichtbar ist und als Anhaltspunkt dienen kann.

erreichen. Der Ort ist allerdings auch schon ab dem ersten Kreisel hinter St-Jean-d'Angély ausgeschildert, so dass es gar nicht möglich ist sich zu verfahren.

Schon von Weitem ist die Kirche von Aulnay zu sehen. Die wollen wir zuerst besuchen. Direkt daneben finden Sie einen großen Parkplatz an dem auch bereits Schilder stehen, die auf den Stellplatz des Ortes hinweisen.

St-Pierre: Südportal

Eigenartige Elefanten in St-Pierre

In diesem Ort machten im Mittelalter die Jakobspilger Station auf ihren Weg nach SANTIAGO DE COMPOSTELLA. Da wir zwei Kinder dabei haben, können wir nicht allzu viele Kirchen besichtigen. Die würden uns nämlich ganz schön was erzählen. Hier jedoch macht die Besichtigung richtig Spaß und regt zum Schmunzeln an. Es gibt eine Unmenge Details zu entdecken, was wiederum die Stimmung unserer Kinder hebt. Aber auch wir und Sie werden unseren Spaß haben.

Um zur Kirche zu gelangen müssen Sie jetzt einige Stufen hinabsteigen. Ursprünglich musste man außen ebenfalls ein paar Stufen hochsteigen, so dass den Pilgern das Betreten der Kirche auch körperlich bewußt wurde. Im Zuge einer Renovierung wurde der Boden außen allerdings aufgeschüttet. Im Inneren können Sie dann schon auf Spurensuche gehen. Achten Sie dabei besonders auf die Kapitelle der Pfeiler. Hier sind immer wieder kleine Schelmereien der Bildhauer versteckt: Die riesige Schere mit der Samsons Haare abgeschnitten werden, kleine Teufelchen, die einen Mann am Bart zwicken und nicht zu vergessen: die Elefanten. Hierbei hat es dem Bildhauer wohl an einer Vorlage gemangelt.

Wenn Sie St-Pierre durch die rechte Tür verlassen, werden Sie mit mir der Meinung sein, dass dem Künstler wohl endgültig der Schalk im Nacken saß, als er die Bögen über dem Portal schuf. Nehmen Sie sich ruhig die Zeit und versuchen Sie einige Details zu erkennen. Es lohnt sich: musizierende Huftiere, viele Fantasiegestalten, die Fee Melusine, die etwas weiter südlich beheimatet ist, Dämonen und Monster sind hier in einem bunten Reigen gemischt.

Sie sehen, Kirchenbesuche müssen nicht langweilig sein und obwohl die SAINTONGE die größte Anzahl romanischer Kirchen in EUROPA besitzt, werde ich nur ganz wenige mit Ihnen besichtigen, dafür aber die Interessantesten. Wer kunsthistorisch interessiert ist, hat sowieso seinen DuMont dabei und kann sich dort weitaus detaillierter informieren, als das bei mir im Rahmen dieses Buches möglich ist. Schließlich bin ich kein ausgewiesener Fachmann auf diesem Gebiet.

Etwas mehr als 40 Kilometer trennen uns noch von COGNAC. Die Besichtigungsobjekte haben dort allerdings weniger geistlichen, als vielmehr geistigen Anspruch. AULNAY verlassen Sie mit uns in südlicher Richtung nach CHERBONNIÈRES beziehungsweise MATHA. Ab dort stehen schon Schilder nach COGNAC. Kurz vor dem Ort haben wir jedoch die Möglichkeit in CHERVES-RICHEMONT zu übernachten.

(125) WOMO-Stellplatz: Cherves-Richemont

Position: N 45° 44' 23.4" W 0° 21' 20.4" Avenue Jean Monnet
max. WOMOs: 5 Gebührenfrei
Ausstattung / Lage: Ver- und Entsorgung, Mülleimer / nahe der Ortsmitte
Zufahrt: In Cherves Richemont in Richtung Cognac fahren. Nach einem Kreisel nach etwa 300 m liegt der Stellplatz auf der rechten Seite.
Sonstiges: Kein Strom

Nur noch wenige Kilometer trennen uns jetzt COGNAC. Vom Stellplatz aus haben wir auf jeden Fall einen guten Ausgangspunkt um die Stadt, und natürlich eine Brennerei, zu besichtigen. Ein bisschen wollen wir uns noch am Ufer der *Charente* ausruhen und dem Treiben auf den Fährschiffen zuschauen. Anschließend geht's eine Treppe rauf, über die *Charente*-Brücke und dann wieder eine Treppe runter. Halblinks vor Ihnen liegt jetzt die Altstadt. Wir sehen uns schon durch malerische enge Gässchen schlendern, die immer wie-

(044) WOMO-Stellplatz: Cognac

Position: N 45° 41' 54.4" W 0° 19' 57.1" Place de la Lavade
max. WOMOs: > 5 Gebührenfrei
Ausstattung / Lage: Ver- und Entsorgung, Toiletten in der Nähe, Abfalleimer, Wertstoff-Container / am Ufer der Charente, Stadtzentrum zu Fuß leicht erreichbar
Zufahrt: Von Norden kommend erreichen Sie in Cognac zuerst St-Jacques, den einzigen Stadtteil, der rechts der Charente liegt. Fahren Sie von hier aus so lange Richtung Stadtmitte, bis die Brücke über die Charente in Sicht kommt. Jetzt biegen Sie nach rechts ab und folgen den Parkplatzschildern. Vom zweiten Parkplatz, den Sie jetzt erreichen, sind in Richtung Fluss Womo-Stellplätze ausgewiesen. Der Rest des Parkplatzes wird jedoch auch von Wohnmobilen genutzt.

Cognac: Blick auf die Porte St-Jacques

der neue Überraschungen zutage treten lassen. Weit gefehlt: Wenn Sie glauben, dass COGNAC nicht viel mehr zu bieten hat als Cognac, haben Sie recht. Wir sind einem beschilderten Altstadt-Rundweg gefolgt und waren enttäuscht.

Die allgegenwärtigen Ausdünstungen aus den Eichenfässern, in denen das edle Getränk gelagert wird, geben einem schwarzen Pilz Nahrung, der sich unschön über Fassaden und Dächern ausbreitet. Einer meiner Reiseführer spricht von jährlich 12 Millionen Flaschen, deren Inhalt sich durch Verflüchtigung über die Stadt verteilt. Der Pilz lebt also nicht schlecht.

Wenn es Ihnen gut gefällt und Sie länger hier bleiben wollen, hätte ich noch einen Campingplatz für Sie.

(C11) WOMO-Campingplatz-Tipp: Camping Municipal ***

Position: N 45° 42' 32.6" W 0° 18' 45.5" Boulevard de Chatenay
Öffnungszeiten: Mai - Oktober
Ausstattung / Lage: schattig, Laden, Imbiss, Spielplatz, Pool, kostenloses WLAN / direkt an der Charente gelegen
Zufahrt: Vom Kreisel an der Kirche St-Jacques (dort wo wir zum Stellplatz abgebogen sind) oder vom Stellplatz aus über die Charente-Brücke fahren. Achten Sie auf die Schilder „Champ de Foire“ bzw. „Chaudronne“. Dann weiter geradeaus fahren, über die Brücke, dann gleich rechts.
E-Mail: infos@campingdecognac.com
Internet: www.campingdecognac.com (Deutsche Textversion)

Obwohl COGNAC nicht gerade zu den berühmten Orten der Megalithkultur zu rechnen ist, steht hier ganz in der Nähe ein schöner Dolmen. In unserem Fall der Dolmen St-Fort.

Falls Sie uns noch dahin begleiten wollen, was einem Umweg von etwa 20 Kilometern entspricht, folgen Sie uns vom Stellplatz zur Straße, die über die Brücke führt. Hier

Dolmen „St-Fort“ in der Nähe von Cognac

biegen Sie dann links ab (überqueren also nicht die *Charente*) und fahren am Kreisel vor der Kirche St-Jacques die erste Straße nach rechts ab. Jetzt sollten Sie auf der D 48 sein, die dem Lauf der *Charente* in umgekehrter Richtung folgt. Wenn Sie immer dicht am Wasser bleiben, jedoch den Fluss immer auf Ihrer rechten Seite lassen, erreichen Sie den Ort St-Briece. Wenn Sie jetzt noch die D 157 nach Jarnac finden, sehen Sie den Dolmen “St-Fort” nach etwa 2 bis 3 Kilometern rechts im Feld stehen. [GPS: N 45° 41' 25.2" W 0° 15' 04.4", Route du Dolmen] Der Rückweg nach Cognac ist derselbe.

Und wenn wir schon in Cognac sind, darf natürlich eine Brennereibesichtigung nicht fehlen. Wir haben uns für Rémy Martin entschieden.

Am Kreisel vor der Kirche, bei dem wir zuvor zum Dolmen abgeborgen sind, fahren wir jetzt ein Stückchen in Richtung Saintes. Bei einiger Aufmerksamkeit sind die Schilder zu „Rémy Martin Visite“ schon zu erkennen. Spätestens wenn Sie den Schildern nach Merpins folgen, können Sie sich schon nicht mehr verfahren. Besonders im Sommer ist eine telefonische Anmeldung erforderlich, damit die Führungen gut organisiert werden können.

Öffnungszeiten Brennerei:
April - Oktober
täglich außer Sonntag
geführte Besichtigung 90 Minuten
Telefonische Anmeldung 05 45 35 76 66
(auch in Englisch, manchmal in Deutsch)

Optimal ist es, wenn bei Ihrer Ankunft auf dem Parkplatz gerade eine deutsche Reisegruppe ihrem Omnibus entsteigt, denn dann können Sie an einer deutschen Führung teilnehmen. Die Dame an der Information hatte mir eine französische oder englische Führung angeboten, dann aber festgestellt, dass drei Stunden später eine deutsche Gruppe angemeldet war. Drei Stunden Wartezeit sind für einen Reiseautor, der dazu noch mit dem Wohnmobil unterwegs ist, eine Kleinigkeit. Es war Herbst, da bin ich meist allein unterwegs, konnte also in aller Ruhe das Notebook auspacken und meine Notizen machen. Obwohl ich recht gut Französisch und Englisch spreche, sind es die Fachausdrücke, die mich bei solchen Gelegenheiten überfordern. Da war ich schon erleichtert, dass ich durch die Welt der Brennblasen, Schlangen- und Geistkühler in meiner Muttersprache geführt wurde.

Die Tour beginnt am Bahnhof, denn der erste Teil der Besichtigungsstrecke wird mit einer Kleinbahn zurückgelegt. Hier lernen wir, dass es bei „Rémy" eine eigene Abteilung gibt, die die Fässer baut. Es ist die größte Böttcherei Europas. An endlosen Reihen von aufgeschichtetem Eichenholz aus dem Limousin vorbei geht es weiter in eine Halle, in der das Holz zugesägt, behandelt und schließlich zu Fässern verarbeitet wird. Übrigens alles in Handarbeit. Ein Stückchen weit fahren wir jetzt durch die hauseigenen Weinberge, um danach in das Fasslager zu kommen. Unzählige Fässer liegen links und rechts. Jetzt ist die Zeit gekommen, die Augen zu schließen und sich auf den Geruchssinn zu konzentrieren. Die weiter vorn erwähnten Ausdünstungen sind hier in äußerst konzentrierter Form sinnlich zu erfahren. Ich möchte nicht wissen, mit welchem Alkoholpegel der Zugführer abends gesegnet ist. Aber er kennt die Strecke ja...

Die Bahnfahrt ist hier zu Ende. Der eigentliche Destillierprozess wird zu Fuß vorgeführt. Sie dürfen dabei die Flüssig-

Der Cognac

Sie wissen, dass der Cognac ein Weinbrand ist. Grundlage für einen guten Cognac ist also erst einmal ein guter Wein. Es gibt im Umfeld der Stadt Cognac verschiedene Weinbaugebiete, von denen die edelsten Sorten aus der „Grande Champagne" und der „Petite Champagne" stammen. Diese Gebiete liegen im Südosten der Stadt. Die restlichen Weingüter liegen kreisförmig um dieses Kerngebiet. Die größten und renommiertesten Brennereinen verwenden nur Weine aus den beiden „Champagnes".

Damit aus Wein schließlich Weinbrand wird, muss er gebrannt werden. Das geschieht in zwei verschiedenen Brennvorgängen, von denen der Erste 8 Stunden und der Zweite nochmal 12 Stunden dauert. Die Destilliervorgänge laufen natürlich nicht so ab, wie wir das im Chemieunterricht kennen gelernt haben, sondern da gibt es Hin- und Rückströmungen, langsames und kraftvolles Erhitzen und vor allem sehr viel Tradition, gepaart mit Jahrhunderte langer Erfahrung.

Der Cognac ist allerdings jetzt immer noch nicht fertig. Er muss gelagert werden. Und zwar für eine ganz bestimmte Zeitdauer in ganz bestimmten Fässern aus ganz bestimmtem Holz. Dann wartet man, bis die bereits erwähnten 12 Millionen Flaschen verdunstet sind, und kann ein Getränk kredenzen, dass das Herz des Cognac-Liebhabers höher schlagen lässt.

Historischer Destillierapparat

keiten, die bei dem komplizierten Vorgang als Zwischenstationen entstehen, auch gerne kosten. Kurz den Finger in ein Probegläschen eintauchen und ablecken. Das reicht nach den ersten Tests schon, um von weiteren Versuchen Abstand zu nehmen. Gegen Ende aller Destilliervorgänge tritt dann erst das Aroma zutage, das wir von einem guten Cognac gewohnt sind.

Während wir weiter in einen Filmsaal geführt werden um uns in die letzten Geheimnisse einweihen zu lassen, die wir nicht sehen konnten, bereitet man im Nebenraum schon unsere Cognac-Proben vor.

Nun können Sie mir natürlich vorwerfen, dass ich hier, mitten im Buch, Werbung für eine bestimmte Firma mache. Ich kann Ihnen versichern, dass ich hierfür keinen Cent erhalte. Genau so gut hätte ich Hennessy, Martell oder eine andere Kellerei der großen Marken besichtigen können. Um ehrlich zu sein: Ich trinke überhaupt keinen Cognac. Es war der Zug durch die Weinberge, der den Ausschlag gab, mich für „Rémy Martin“ zu entscheiden.

Unser nächstes Ziel ist SAINTES. Hinweise über die Richtung, die Sie einschlagen müssen, erübrigen sich. Die Schilder sind allgegenwärtig. Die Fahrstrecke läuft parallel zur *Charente*, die Sie folglich in SAINTES wieder treffen. Wenn Sie dem Cognac nicht zu sehr zugesprochen haben, können Sie weiter fahren und in SAINTES übernachten und dort am nächsten Morgen frisch erholt mit uns die Stadt besichtigen. Wo Sie den Stellplatz finden können, lesen Sie auf der nächsten Seite.

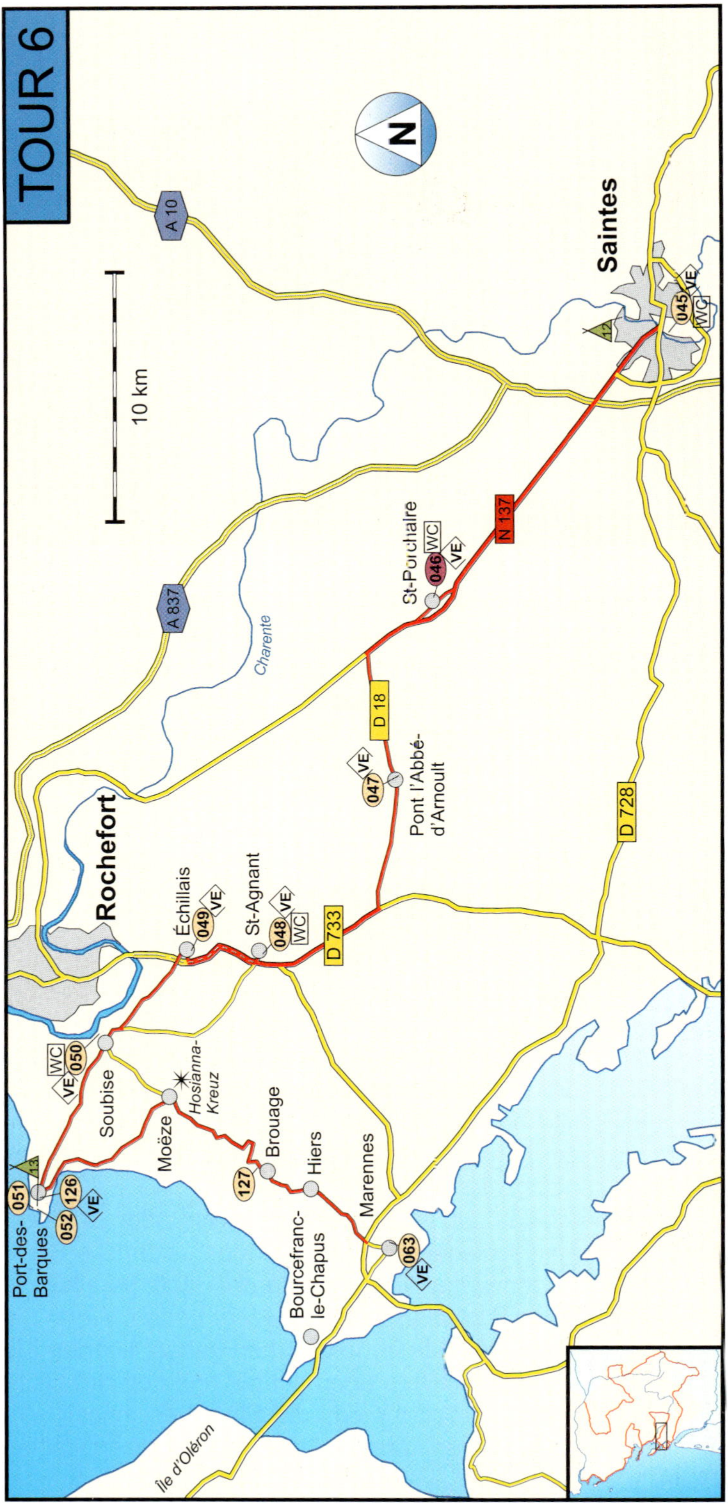

TOUR 6
N
10 km
A 10
A 837
N 137
D 18
D 728
D 733
Saintes
045
WC
VE
12
St-Porchaire
046
WC
VE
Charente
Pont l'Abbé-d'Arnoult
047
VE
Rochefort
Échillais
049
VE
St-Agnant
048
WC
VE
Soubise
050
WC
VE
Hosianna-Kreuz
Moëze
Brouage
127
Hiers
Marennes
063
VE
Bourcefranc-le-Chapus
Port-des-Barques
051
052
126
VE
13
Île d'Oléron

TOUR 6 (71 km)

Saintes — Port-des-Barques — Marennes

Übernachten:	Saintes, St-Porchaire, Pont l'Abbé-d'Arnoult, St-Agnant, Échillais, Soubise, Port-des-Barques, Brouage, Marennes
Besichtigen:	Römische Bauwerke in Saintes, Hosianna-Kreuz in Moëze, Brouage
Campingplatz:	Au Fil de l'Eau, Camping Municipal „La Garenne"
Markt:	St-Porchaire (Mi.), Pont-l'Abbé-d'Arnoult (Fr.), Marennes (Mi., Do., Sa.)

In SAINTES wollen wir unsere Tour starten und ich hoffe, Sie sind gut ausgeruht. Es gibt hier und in der Umgebung so viel zu sehen, dass Sie schon ein bisschen Kondition mitbringen müssen. Deshalb zuerst einmal den Hinweis auf einen Stell- und einen Campingplatz.

(C12) WOMO-Campingplatz-Tipp: Au Fil de l'Eau ***

Position: N 45° 45' 18.2" W 0° 37' 42.4" Rue de Courbiac
Öffnungszeiten: Mai - Oktober
Ausstattung / Lage: sehr schattig, Laden, Restaurant, Spielplatz, beheizter Pool / direkt an der Charente, 900 m zum Zentrum
Zufahrt: Von Cognac kommend fahren Sie auf die Brücke über die Charente zu. Dort überqueren Sie die Charente und biegen danach rechts ab. Der Platz ist sehr gut beschildert, so dass Sie ihn gar nicht verfehlen können.
E-Mail: info@camping-saintes-17.com
Internet: www.camping-saintes-17.com (Englische Textversion)

(045) WOMO-Stellplatz: Saintes

Position: N 45° 45' 19.6" W 0° 37' 43.4" Rue de Courbiac
max. WOMOs: > 5 Gebührenfrei
Ausstattung / Lage: Ver- und Entsorgung, Abfalleimer, Wertstoff-Container / vor dem Campingplatz am Ortsrand
Zufahrt: wie beim Campingplatz.
Sonstiges: Wasser und Strom 5 €. Fahrrad nötig zur Stadtbesichtigung.

Einen geeigneten Parkplatz zur Stadtbesichtigung erreichen Sie von COGNAC kommend, wenn Sie den Schildern zum „Centre Ville" folgen und kurz vor der Brücke, die über die *Charente* führt, parken. Vom Stellplatz aus fahren Sie einfach bis zur *Charente*-Brücke zurück und überqueren sie. Der Parkplatz ist gebührenpflichtig und Sie sollten schon 3 bis 4 Stunden einplanen wenn Sie einen Parkschein ziehen.

In der Stadt haben die Römer unübersehbare Spuren hinterlassen. Das beginnt schon mal direkt am Parkplatz. Dort

Saintes: Germanicus Bogen

steht der „Germanicus-Bogen", ein Doppeltor, das früher auf einer *Charente*-Brücke stand. Im Jahre 19 nach Christus errichtet, wurde das Bauwerk im letzten Jahrhundert an seinem heutigen Standort wieder aufgebaut, nachdem die Brücke aus Altersschwäche abgerissen werden musste. Erfreulich, dass sich damals schon jemand für die Belange des Denkmalschutzes einsetzte.

Wenn Sie vom Parkplatz aus an der *Charente* entlang am Torbogen vorbeigehen, kommen Sie zum Archäologischen Museum. Wenn Sie Interesse daran haben, gehen Sie ja

Saintes: Ross und Reiter

Kopflos in Saintes

sowieso rein. Allen Anderen möchte ich ein kleines Nebengebäude schmackhaft machen, das kurz vor der Fußgängerbrücke, über die Sie in das Stadtzentrum von SAINTES gelangen, zu finden ist. Der Eintritt ist frei und es soll Ihr Interesse für das Museum wecken.

Die nächsten Schritte zur Erkundung von SAINTES führen uns über die Fußgängerbrücke über die *Charente*. Die Altstadt liegt genau vor uns. Wenn Sie jetzt geradeaus weitergehen, kommen Sie zur Kathedrale und zum danebenliegenden Marktplatz. Die Kirche ist nicht sonderlich sehenswert, schlendern Sie lieber durch die hier abgehenden Straßen und Fußgänger-

Innenhof in der Altstadt von Saintes

zonen. Vergessen Sie dabei keinesfalls die kleinen und kleinsten Gässchen, die mir SAINTES so sympathisch machen. Gehen Sie ruhig durch einen der zahlreichen Torbögen. So manchen Innenhof habe ich erst beim zweiten oder dritten Besuch entdeckt.

Wenn Sie glauben, genug gesehen zu haben und in einem der einladenden Straßencafés noch einen „Café au lait" oder Pastis zu sich nehmen, möchte ich Sie auf eine weitere Kirche und ein Amphitheater einstimmen. Hierzu brauchen Sie allerdings wieder einen fahrbaren Untersatz.

Von unserem Parkplatz aus müssen wir nun die *Charente* überqueren. Jetzt können Sie den Schildern nach ROCHEFORT und PONS folgen. Nach etwa 500 m biegt die Straße nach PONS an einer ziemlich gemeinen Verkehrsinsel links ab. Der müssen Sie allerdings folgen, wenn Sie meine Tour nachvollziehen wollen. Jetzt tauchen auch schon die ersten Schilder zum Amphitheater auf. Zuvor möchte ich Ihre Aufmerksamkeit jedoch noch auf die Kirche St-Eutrope lenken. Sie steht auf dem Weg zum Theater unübersehbar auf der linken Seite. Auf dem kleinen Parkplatz davor finden Sie hoffentlich noch einen Platz.

Krypta der Kirche St-Eutrope

Wie St-Pierre in AULNAY, war auch diese Kirche ein Ziel der Jakobspilger. Was sie besonders interessant macht ist ihre riesige Krypta. Sie ist allerdings nicht von der Hauptkirche aus zu erreichen, sondern durch einen Seiteneingang. Gehen Sie vom Parkplatz aus auf die Kirche zu. Er ist dann auf der linken Seite zu finden. Hier unten steht der Sarg des Eutropius. Wie Sie sehen, haben Sie fast eine komplette Kirche vor sich.

Wenn Sie vom Parkplatz an der Kirche weiter die leicht ansteigende Straße hinauffahren, dürfen Sie ein Schild nach rechts nicht übersehen, damit Sie zum Amphitheater kommen. Ein Blick über das Gelände ist schon recht eindrucksvoll, schließlich ist es das Zweitgrößte seiner Art in FRANKREICH. In Länge und Breite ausgedrückt sind das 126 mal 102 Meter.

Ich hoffe, Sie haben einen Parkplatz gefunden und können dann zur Besichtigung schreiten. Wir hatten trotz mehrfacher Besuche noch nie das Glück. Einmal war wegen Restaurierungsarbeiten gesperrt, dann wurde Theater gespielt, und es waren Kulissen aufgebaut, ein anderes Mal war ein Fernsehteam vor Ort und drehte eine Reportage und schließ-

Amphitheater in Saintes

lich war die Kasse ohne ersichtlichen Grund nicht besetzt und die Tür verschlossen. Ich wünsche Ihnen mehr Erfolg!

Von dieser historischen Stätte aus geht unsere weitere Tour erst einmal in Richtung ROCHEFORT. Hierzu können Sie entweder via St-Eutrope zurück zu der schon erwähnten Verkehrsinsel fahren und dann links abbiegen, wobei Sie aus dieser Richtung kommend noch schlechtere Karten haben als zuvor. Sie können jedoch auch die Straße, die links am Amphitheater vorbeiführt, hochfahren. Dann brauchen Sie allerdings ein wenig Orientierungssinn. Wenn Sie die von SAINTES nach ROCHEFORT führende Straße erreichen, müssen Sie ebenfalls nach links abbiegen. Ein- oder zweimal verfahren ist nicht schlimm, die N 137 werden Sie immer wieder finden.

Im letzten Kapitel schrieb ich, dass ich noch nie in COGNAC übernachtet habe, weil einer meiner Lieblingsplätze ganz in der Nähe sei. Hier, etwas abseits der Umgehungsstraße liegt

(046) WOMO-Picknickplatz: St-Porchaire

Position: N 45° 49' 13.9" W 0° 46' 57.0" Place du Champ de Foire
max. WOMOs: 5 Gebührenfrei
Ausstattung / Lage: Ver- und Entsorgung, Toiletten, Abfalleimer, Tische und Bänke, Spielplatz / am Ortsrand, Zentrum nur wenige Minuten entfernt - kleiner Ort

Zufahrt: In den Ort St-Porchaire hineinfahren und dann auf die Schilder nach rechts achten, die auf eine Ver- und Entsorgungsstation hinweisen. Direkt davor ist ein schöner Parkplatz mit schattenspendenden Bäumen und Tischen für ein gemütliches Frühstück mit frischem Baguette aus der Bäckerei ganz in der Nähe.

er nun. Sie brauchen lediglich etwa 15 Kilometer hinter SAINTES von der N 137 in den Ort ST-PORCHAIRE hineinzufahren.

Wenn Sie weder müde sind, noch entsorgen müssen, dann umfahren Sie den Ort natürlich auf der Nationalstraße. Allerdings will ich wenige Kilometer später links abbiegen. Die Schilder zeigen nach PONT-L'ABBÉ.

Auch in diesem Ort hat man sich die Mühe gemacht, eine Ver- und Entsorgungsstation für uns zu errichten. Und weil es gerade so schön passt können Sie natürlich hier auch übernachten.

(047) WOMO-Stellplatz: Pont-l'Abbé-d'Arnoult

Position: N 45° 49' 40.7" W 0° 52' 20.1" Place Louis Robin
max. WOMOs: 5 Gebührenfrei
Ausstattung / Lage: Ver- und Entsorgung, Abfalleimer, Wertstoff-Container / am Ortsrand
Zufahrt: In Pont-l'Abbé an einer Total-Tankstelle links abbiegen. Die Station fristet ein etwas unscheinbares Dasein am nächsten Stop-Schild. Der Übernachtungsplatz ist schräg gegenüber.

Nach wenigen Kilometern erreichen Sie dann mit uns die D 733. Auch sie führt nach ROCHEFORT und auch diesmal folgen wir diesem Ziel. Bald darauf fahren wir an ST-AGNANT vorbei. Es wird schon fast peinlich, wenn ich Ihnen hier schon wieder eine Übernachtungsmöglichkeit sowie eine Versorgung mit Trinkwasser anbieten kann. Die genaue Zufahrtsbeschreibung steht hier.

(048) WOMO-Stellplatz: St-Agnat

Position: N 45° 51' 59.6" W 0° 57' 53.5" Place de Verdun
max. WOMOs: > 5 Gebührenfrei
Ausstattung / Lage: Ver- und Entsorgung, Toiletten / in der Ortsmitte
Zufahrt: Im Ort ist der Parking Verdun an der einzigen Ampel ausgeschildert.

Von hier aus fahren wir jetzt 4-spurig auf ROCHEFORT zu und müssen eigentlich nur darauf achten, die Abfahrt nach ÉCHILLAIS nicht zu verpassen, sonst stehen Sie im Handumdrehen auf der Brücke. In ÉCHILLAIS können Sie übrigens auch übernachten.

Wenn Sie nicht zum Stellplatz wollen, ist die Weiterfahrt einfacher: Sie brauchen dann nämlich gar nicht richtig in den

(049) WOMO-Stellplatz: Échillais

Position: N 45° 53' 50.7" W 0° 57' 16.3" (kein Straßenname)
max. WOMOs: > 5 Gebührenfrei
Ausstattung / Lage: Ver- und Entsorgung, Abfalleimer, Wertstoff-Container, Tische und Bänke / am Ortsrand
Zufahrt: Fahren Sie zuerst Richtung Kirche, dann am 1. Kreisel rechts an der Kirche vorbei. Anschließend biegen Sie links auf einen großen Parkplatz ein. An einer Seite des Platzes finden Sie die Ver- und Entsorgungsstation.

(050) WOMO-Stellplatz: Soubise

Position: N 45° 55' 41.3" W 1° 00' 21.1" Rue Colbert
max. WOMOs: > 5 Mittlere Gebühr
Ausstattung / Lage: Dezentrale Ver- und zentrale Entsorgung, Toiletten, Abfalleimer, Wertstoff-Container, Tische und Bänke, Duschen / am Flussufer, am Ortsrand
Zufahrt: Wenn die Hauptstraße des Ortes eine Biegung nach links macht, müssen Sie nach rechts zur Charente hin abbiegen. Es ist ein Schild vorhanden, das jedoch leicht übersehen werden kann. Über eine kleine Brücke erreichen Sie den Womo-Platz. Mehrere Wasserhähne und Stromanschlüsse sind auf dem Platz verteilt.
Sonstiges: Wasser und Strom im Preis enthalten.

Ort hineinzufahren. Rechts sind wir von der D 733 abgebogen und fahren jetzt zwei mal nach links. Aber keine Angst. SOUBISE, unsere nächste Station, ist gut ausgeschildert.

Die Straße wird jetzt zusehends schlechter, dafür weht Ihnen aber vielleicht schon Meeresluft um die Nase. SOUBISE liegt an der *Charente* direkt gegenüber von ROCHEFORT. Früher gab es einmal eine Brücke, die die beiden Orte verband. Reste davon können Sie sogar noch sehen. Mittlerweile existiert nur noch das Viadukt etwas weiter östlich. SOUBISE lädt auch zum Ver- und Entsorgen ein, sogar Stellplätze für Womos sind vorhanden. Die Zufahrtsbeschreibung für den Stellplatz kann sich bis zum Erscheinen dieses Reiseführers geändert haben. Es waren zur Zeit meiner Recherche Baumaßnahmen in Gange. Ich vermute, dass es sich um den Bau einer Umgehungsstraße handelt. Sie müssen auf jeden Fall ans Ufer der *Charente* kommen.

Nur noch wenige Kilometer trennen uns von unserem heutigen Etappenziel: PORT-DES-BARQUES. Der Ort liegt auf einer Landspitze und bei Ebbe kann man zur ÎLE MADAME hinüberfahren. Allerdings herrscht auf der ganzen Insel ein

(051) WOMO-Stellplatz: Port-des-Barques I

Position: N 45° 56' 56.3" W 1° 05' 46.6" Avenue de l'Île Madame
max. WOMOs: > 5 Mittlere Gebühr 15.3.-15.10.
Ausstattung / Lage: Ver- und Entsorgung im Ort, Abfalleimer / Am Ortsrand, am Meer
Zufahrt: Im Ort sollten Sie versuchen, an das Ufer der Charente zu kommen. Folgen Sie dann den Schildern zur Île Madame. Neben dem Beginn der Passage zur Insel ist ein Übernachtungsplatz für Wohnmobile.
Sonstiges: Ver und Entsorgungsstation bei Port-des Barques III

(052) WOMO-Stellplatz: Port-des-Barques II

Position: N 45° 56' 51.0" W 1° 05' 47.1" Avenue de l'Île Madame
max. WOMOs: > 5 Hohe Gebühr
Ausstattung / Lage: Ver- und Entsorgung im Ort, Abfalleimer, Tische und Bänke / am Ortsrand am Meer
Zufahrt: Durch den Stellplatz I hindurchfahren und dann die Straße überqueren. Neben dem Eingang zum Campingplatz finden Sie den Stellplatz.
Sonstiges: Die sanitären Anlagen des Campingplatzes dürfen mitbenutzt werden. Zur Ver- und Entsorgungsstelle siehe oben.

(126) WOMO-Stellplatz: Port-des-Barques III

Position: N 45° 56' 50.1" W 1° 05' 24.6" Avenue des Sports
max. WOMOs: > 5 Mittlere Gebühr 15.3.-15.10.
Ausstattung / Lage: Ver- und Entsorgung, Abfalleimer / im Ortszentrum
Zufahrt: Von Port-des Barques I oder II fahren Sie am Meer zurück in Richtung Ortsmitte. Sie kommen dabei am Campingplatz vorbei. An der nächsten Straßeneinmündung biegen Sie nach rechts ab. Anschließend die erste Straße links.

Übernachtungsverbot für Wohnmobile. Wir folgen den Schildern zur Insel und werden gleich zweifach überrascht: PORT-DES-BARQUES hat nicht nur eine Ver- und Entsorgungsstation eingerichtet, sondern auch noch einen Übernachtungsplatz, an dessen Einfahrt der Bürgermeister uns auf einem Schild recht herzlich begrüßt und seiner Absicht Ausdruck verleiht, die Ausstattung des Platzes noch zu verbessern. Merci, Monsieur le Maire! Direkt daneben gibt es auch noch einen Campingplatz.

(C13) WOMO-Campingplatz-Tipp: La Garenne ***

Position: N 45° 56' 53.0" W 1° 05' 45.5" Avenue de l'Île Madame
Öffnungszeiten: März - Oktober
Ausstattung / Lage: schattig, Laden, Restaurant, Spielplatz, beheizter Pool / 100 m zum Meer, 1 km zur Ortsmitte
Zufahrt: Im Ort immer den Schildern zur Île Madame folgen. Am Stellplatz I vorbeifahren, dann links abbiegen.
E-Mail: camping@ville-pontdesbarques.fr

Ein kurzer Blick in die Zeitung zeigt mir, dass wir es gar nicht besser hätten treffen können. In zwei Stunden wird das Wasser seinen Tiefstand erreicht haben. Der Weg zur Insel ist jedoch schon frei. Also machen wir unsere Räder startklar um die Insel zu erkunden. Die ersten 50 Meter im Dünensand sind etwas beschwerlich, doch dann wird es zusehends besser. Im Gegensatz zu den Straßen, die in den Michelin-Karten aufgezeichnet sind, gibt es einen Weg, der uns immer an der Küste entlang um die ganze Insel führt. Eigentlich ist es der Hauptweg der Insel. Das freut mich insgeheim, da mir die Michelin-Karten schon fast beängstigend perfekt erschienen. Das freut mich auch, weil wir dadurch nicht eine Straße zweimal fahren müssen und es freut mich, weil ich dadurch die Küste im Auge habe und Ihnen unerfreulicherweise mitteilen muss, dass es hier keine schönen Strände gibt. Also nichts mit Baden! Uns hat die kleine Radtour jedoch gut getan und wir beschließen, dem Bürgermeister noch die Freude zu machen, seinen Platz gut frequentiert zu sehen.

Fahren Sie anschließend mit uns noch ein Stück in südlicher Richtung am Meer entlang. In ST-FROULT müssen Sie zuerst links und danach rechts abbiegen. MOËZE ist unser nächstes Ziel. Dort steht auf dem Friedhof nämlich ein Hosianna-Kreuz, das wir uns unbedingt anschauen wollen. Sie wissen nicht was ein Hosianna-Kreuz ist? Nun, wir auch nicht und deshalb wollen wir es uns anschauen. Der DuMont klärt uns auf: Es handelt sich dabei um „ein romanisches Steinkreuz auf einem mehrere Meter hohen Pfeiler." Was daran so außergewöhnlich ist und warum es sich als Hosianna-Kreuz von normalen Steinkreuzen unterscheidet, wird mir durch diese Erklärung nicht ganz klar. Also gibt's nur eins: hinfahren und selbst nachschauen. Und genau das machen wir auch.

Der Kirchturm von MOËZE ist nicht zu übersehen. Bleiben Sie auf der Durchgangsstraße, dort finden Sie auf der rechten Seite einen Parkplatz, der für Besucher des Kreuzes vorgesehen ist [GPS: N 45° 54' 15.3" W 1° 02' 12.0", Rue de

Hosianna-Kreuz in Moëze

l'Hosannière]. Von hier aus brauchen Sie nur noch die Straße zu überqueren und ein paar Meter weiter zum Friedhof zu gehen. Etwas außergewöhnlich mutet es schon an. Ein weiteres Bauwerk, das es nur in dieser Gegend FRANKREICHS gibt, ist die Totenlaterne, die wir auf unserer nächsten Tour bewundern werden können. Vom DuMont lasse ich mich belehren, dass beide miteinander verwandt sind.

Zurück auf der Straße SOUBISE — MARENNES folgen wir den Schildern „MARENNES" nach Süden. Der nächste Ort den wir erreichen heißt BROUAGE. Über ihn gibt es viel zu erzählen.

Parken Sie deshalb schon kurz vor dem Ort auf dem dort angelegten großen Parkplatz und lesen Sie erst etwas über die Geschichte der Stadt, die mit Geographie anfängt und mit einer Liebestragödie endet.

(127) WOMO-Stellplatz: Brouage

Position: N 45° 52' 05.5" W 1° 04' 01.8" (kein Straßenname)
max. WOMOs: > 5 Gebührenfrei
Ausstattung / Lage: Mülleimer / am Ortsrand
Zufahrt: Kurz vor dem Ort nach rechts auf den Parkplatz abbiegen.

Wir schreiben das Jahr 1628. Wenige Kilometer weiter nördlich belagert Richelieu gerade LA ROCHELLE. BROUAGE, das damals noch direkt am Meer liegt, lässt er zur Festung ausbauen, und wer wäre da nicht geeigneter als ...? Na, Sie wissen schon, hier hat wieder der Vauban seine Hand im Spiel! Er baut quadratisch, praktisch und mit einer Seitenlänge von 400 Metern. In die ringsum verlaufende Stadtmauer werden sieben Bastionen eingearbeitet. Trutzig und wehrhaft erscheint die Stadt seither. Alles ist noch sehr gut erhalten und zu bestaunen.

Ideal als Hintergrund für eine unglückliche Liebe. Ludwig XIV. verliebt sich, gerade mal 20-jährig, in die schöne Maria Mancini und will sie auch sofort ehelichen. Das passt deren Onkel gar nicht, was an sich nicht weiter schlimm wäre, wäre er nicht Kardinal Mazarin. Er hat mit Ludwig anderes im Sinn. Maria Theresia, die spanische Infantin war für ihn als Gattin ausgewählt worden, um endlich einen dauerhaften Frieden mit SPANIEN zu besiegeln. Maria Mancini wird entweder nach BROUAGE verbannt oder geht aus Trauer selbst dorthin. Meine

Hangars de la Porte Royale

Quellen sind sich da nicht so einig. Tatsache bleibt, dass Ludwig die Spanierin heiratete und der Dichter Racine den Stoff für eine Tragödie in der Tasche hatte.

Mit diesen Vorkenntnissen sollten Sie jetzt mit der Besichtigung des Ortes beginnen. Vom Parkplatz aus kommen Sie durch ein Tor ins Innere der Festung. Gleich darauf sehen Sie die Touristeninformation. Gehen Sie jetzt rechts davon ein paar Meter in die „Porte Royale" hinein. Dort können Sie alte Graffiti bestaunen, die wohl Seefahrer hier einritzten, handelt es sich doch hauptsächlich um Darstellungen von verschiedenen Segelschiffen. Sie merken sehr schnell, welche Zeichnungen der Langeweile der Seeleute entsprungen sind, die sich hier aufhielten, während ihre Ladung gelöscht wurde und welche Grafiken neueren Datums sind.

Von der Porte Royale aus folgen Sie uns wieder zurück in die Geborgenheit der Stadtmauern. Direkt hinter dem Fremdenverkehrsamt biegt rechts ein Weg ein, dem wir jetzt folgen wollen. Hier kommen Sie sowohl zu den ehemaligen Werkstätten als auch auf die Stadtmauer.

Wir beginnen mit den Werkstätten. Sie erreichen sie, wenn Sie direkt nach dem Office de Tourisme rechts abbiegen. Dort sind jetzt Läden in denen Kunsthandwerk und allerlei Touristenramsch zum Kauf angeboten wird. Von hier aus erreichen Sie auch die Stadtmauer, auf der Sie, wenn Sie wollen, den ganzen Ort umwandern können. Von dort oben ist es schwer, sich vorzustellen, dass die Stadt vor ein paar hundert Jahren einmal am Meer lag. Ein paar Kanäle und viel Sumpfgebiet sind das Einzige, was von hier aus noch zu sehen ist.

Der Ort steht, wie es sich für eine Festung gehört, ganz im Zeichen des Militärs. Kasernen, ein Exerzierplatz und rechtwinklige, leicht zu überblickende Straßen prägen sein Bild. Einzig die Kirche St-Pierre bringt etwas Abwechslung in das Straßenbild. Davor steht noch ein Denkmal für den berühmtesten Sohn des Städtchens: Samuel de Champlain. Er kolonisierte Teile KANADAS und gründete 1608 QUEBEC. Im Innern der Kirche waren bei meinen letzten Besuchen immer Dokumente und Bilder zur Kolonisation ausgestellt, ich vermute daher einmal, dass die Ausstellung auf Dauer bleibt. Die sollten Sie sich auf keinen Fall entgehen lassen.

Nachdem unsere Kinder für ihre Tapferkeit bei der Stadtbesichtigung mit einem Eis belohnt werden, gehen wir wieder zurück zum Wohnmobil. Wir folgen der Straße, auf der wir in den Ort kamen, weiter nach Süden.

Weiter geht's in Richtung MARENNES, der Metropole der Austernzucht, wollen aber vorher noch auf die ÎLE D'OLÉRON. Dabei kommen wir zuerst einmal nach HIERS-BROUAGE. Der

Ort wäre nicht weiter erwähnenswert, gäbe es dort nicht eine Ver- und Entsorgungsstation - Übernachtung eingeschlossen. Ich habe kein Kästchen hier eingefügt, es ist wirklich zu hässlich dort! Aber wenn der Abwassertank ruft ... Am Ortsanfang steht die Station auf der linken Seite [GPS: N 45° 51' 10.4" W 1° 04' 38.8"]. Fahren Sie aber besser nach Marennes, wenn Sie auch übernachten wollen. Der Platz dort ist zwar auch nicht besonders schön, aber besser als dieser auf jeden Fall.

(063) WOMO-Stellplatz: Marennes

Position: N 45° 49' 33.6" W 1° 05' 48.9" Rue Jean Moulin
max. WOMOs: > 5 Gebührenfrei
Ausstattung / Lage: Ver- und Entsorgung, Abfalleimer, Wertstoff-Container / Im Gewerbegebiet
Zufahrt: Auf der Umgehungsstraße Richtung Saintes fahren. Dann den Schildern zum Supermarkt folgen und rechts abbiegen. Zum Einkaufszentrum müssten Sie anschließend gleich wieder rechts abbiegen. Wir fahren jedoch noch eine Abzweigung weiter und biegen erst dort nach rechts ab. Fahren Sie dann so lange geradeaus bis links ein Parkplatz auftaucht.

Nach Marennes kommen wir gleich zweimal. Einmal bevor wir die Île d'Oléron besuchen und dann noch einmal zu einem längeren Aufenthalt auf dem Rückweg. Die Reihenfolge können Sie auch umdrehen wenn Sie sich zuerst mit Austern eindecken wollen oder den gerade erwähnten Stellplatz anfahren. Lesen Sie einfach dazu die ersten Absätze der Tour 8 durch und fahren Sie erst nach der Besichtigung der Stadt zur Île d'Oléron.

Sie würden dabei Marennes nicht wie wir auf der Umgehungsstraße umfahren, sondern den Ort schon jetzt besuchen. Am Anfang dieses Kapitels können Sie nachlesen, wann Markt ist. Das ist deshalb wichtig, damit Sie die Austern wirklich fangfrisch erwerben können.

Wir machen jetzt allerdings noch einen Bogen um Marennes und folgen den Schildern zur Île d'Oléron. Dieser Insel ist mittlerweile - im Gegensatz zur ersten Auflage - ein eigenes Kapitel gewidmet. Zu viel hat sich dort geändert und ändert sich immer noch, als dass ich mit wenigen Worten ein oder zwei Sätze einschieben könnte. Im Gegensatz zur Île de Ré wird die Île d'Oléron von Jahr zu Jahr wohnmobilfreundlicher. Es erwarten Sie auf der nächsten Tour sehr schöne Strände und jede Menge Stellplätze.

Die Île d'Oléron erreichen wir, wie auch schon Noirmoutier oder die Île de Ré über eine Brücke. Sie ist mautfrei - ein Eintritt wird nicht erhoben.

TOUR 7 (84 km)

Château d'Oléron — Phare de Chassiron — St-Pierre — St-Trojan-les-Bains

Übernachten:	Château-d'Oléron, Dolus, La Brée, St-Denis, St-Pierre-d'Oléron, La Continière, Grand-Village-Plage, St-Trojan-les-Bains
Besichtigen:	Phare de Chassiron, Totenlaterne in St-Pierre-d'Oléron
Baden:	Boyardville, St-Denis, La Cotinière, Grand-Village-Plage und Plage de Gazeau in St-Trojan-las Bains
Bahnfahren:	Kleinbahn in St-Trojan-les-Bains
Campingplatz:	Les Remparts, Les Saumonards, Camping Municipal St-Denis, Camping Municipal La Fauche-Prère, Les Martinets
Markt:	La Brée-les-Bains (tgl. während der Saison), St-Trojan-les-Bains (tgl. im Sommer, sonst Mi., Do., Sa.)

Um zur ÎLE D'OLÉRON zu kommen, fahren wir jetzt über die längste Brücke FRANKREICHS auf die zweitgrößte Insel FRANKREICHS. Lassen Sie sich von anderen Reiseführern nicht erzählen, dass sie gebührenpflichtig sei. Meine Bedenken sind vielmehr anderer Art: Der Platz auf einer Insel ist naturgemäß beschränkt und da werden Womos am ehesten verbannt. Hier hat die ÎLE D'OLÉRON einen sehr guten Weg gefunden. An jedem Ortsschild steht groß und deutlich angeschrieben, dass Wohnmobile und sonstige Fahrzeugen, die Wohnzwecken dienen, an bestimmten Plätzen zwischen 23 und 7 Uhr nicht halten dürfen. Nähere Angaben dazu sind am Bürgermeisteramt beziehungsweise dem Touristenbüro ausgehängt. Passend dazu gibt es die ausgeschilderten „Sites inscrits", Plätze an denen diese Regel greift. Selbstverständlich halten wir uns daran!

Jetzt sollte ich Ihnen eigentlich schreiben, wohin Sie zum Baden fahren können. Das fällt mir aber außerordentlich schwer. Nicht, weil es hier keine Strände gäbe, sondern weil genau das Gegenteil der Fall ist. Sie können wählen zwischen wildem Atlantik zum Surfen, riesigen (deshalb auch stark frequentierten) Sandstränden, einsamen Dünenplätzen und sanften Wellen im kinderfreundlichen Süden der Insel.

Unsere Route führt uns von der Brücke erst einmal nach rechts zum Ort CHÂTEAU D'OLÉRON. Wenn Sie in Meeresnähe bleiben, kommen Sie dann auch zum Château, dem Schloss. Parken können Sie nur tagsüber dort, denn hier lernen Sie die erste Site inscrit kennen. Ich habe aber noch einen Übernachtungsplatz im Ort für Sie. Wenn es Ihnen hier so gut gefällt, dass Sie länger bleiben wollen, liegt daneben auch ein Campingplatz. Aber wir bleiben vorerst einmal am Schloss.

Eleonore von Aquitanien ließ eine Burg und zwei Zufluchtskirchen errichten, um die Bewohner vor den Übergriffen von Seeräubern zu schützen. Zudem erließ sie in den „Rôles d'Oléron" Gesetze, in denen die Bestrafung der Piraten genau geregelt waren. „Man werfe sie ins Meer und halte sie so lange unter Wasser, bis sie halb tot sind. Dann ziehe man sie heraus, steinige und erschlage sie wie man es mit tollwütigen Hunden und Wölfen zu tun pflegt." Nun ja! Ein Schloss hatte diese Eleonore im heutigen CHÂTEAU-D'OLÉRON. Allerdings ist hiervon nicht mehr viel zu sehen. Vauban war am Werk und hat daraus — natürlich — eine Festung gebaut. Eleonore beendete übrigens ihren überaus freizügigen Lebensweg in einem Kloster: FONTEVRAUD. Trotz alledem können Sie die Festung — oder was davon übrig geblieben ist — besichtigen. Der ganze Ort hat Festungscharakter. Er ist von einer dicken Stadtmauer umgeben. Wenn Sie mit uns jetzt zum Übernachtungsplatz fahren wollen, brauchen Sie nur den Schildern zum „Plage" zu folgen. Der Weg durch den Ortskern ist etwas umständlich, aber wenn Sie das Zentrum verlassen, können Sie sich nochmals von der beeindruckenden Stärke der Stadtmauer überzeugen.

(C14) WOMO-Campingplatz-Tipp: Les Remparts **

Position: N 45° 53' 21.0" W 1° 12' 02.1" Boulevard Philippe Daste
Öffnungszeiten: März - November
Ausstattung / Lage: Ver- und Entsorgung in der Nähe, schattig, Spielplatz / direkt am Meer gelegen
Zufahrt: Der vostehenden Beschreibung folgen. Wenn Sie den Ort nicht besuchen wollen, können Sie an den ersten Schildern nach Le Château-d'Oléron vorbeifahren und erst dann abbiegen, wenn an einem Kreisel „les campings" extra ausgeschildert ist.
E-Mail: camping@les-remparts.com
Internet: www.les-remparts.com

(053) WOMO-Stellplatz: Château-d'Oléron

Position: N 45° 53' 47.3" W 1° 12' 07.0" Route des Huîtres
max. WOMOs: > 5 Hohe Gebühr
Ausstattung / Lage: Ver- und Entsorgung, Abfalleimer / am Meer
Zufahrt: Folgen Sie zuerst der Beschreibung zum Campingplatz. Dort fahren Sie geradeaus weiter bis ans Meer. Nachdem Sie links abgebogen sind, liegt der Platz bald links von Ihnen.
Sonstiges: Am Eingang mit Karte bezahlen (Schranke!). Wasser und Strom im Preis enthalten.

Zum Baden lädt der angrenzende Strand allerdings nicht ein. Wir sind hier in einem Naturschutzgebiet und Sie werden auf den nächsten Kilometern noch sehr viel Austern- und Muschelkulturen zu Gesicht bekommen. Immer wieder tauchen kleine Buden auf, wo Sie die frisch geernteten Köstlichkeiten auch käuflich erwerben können. Wir fahren vom Stellplatz aus weiter am Meer entlang, bis wir Schilder nach DOLUS sehen, denen wir folgen. Grund dafür ist ein Stellplatz, der bei meinem letzten Besuch im Sommer 2009 noch im Aufbau war.

(054) WOMO-Stellplatz: Dolus

Position: N 45° 54' 42.3" W 1° 15' 16.1" Route du Stade
max. WOMOs: > 5 Gebührenfrei
Ausstattung / Lage: Ver- und Entsorgung, Mülleimer / am Ortsrand
Zufahrt: Am ersten Kreisel im Ort nach rechts abbiegen in Richtung Boyardville. Dort ist auch „AquaPark“ ausgeschildert, ein Erlebnisbad und „Centre Ville“ (gesperrt für Fahrzeuge über 5 t). Wenn Sie geradeaus fahren, verlassen Sie Dolus wieder. Nach dem Ortsschild achten Sie auf ein Schild „Park Aquatique 150 m“, das nach rechts weist. Den Wasserpark sehen Sie auch schon bald. Kurz vorher geht es links ab, an der Ver- und Entsorgungsstation vorbei, zum Stellplatz.

Sonstiges: Der Platz war im Sommer 2009 im Aufbau. Es wird wohl nach Fertigstellung eine Gebühr erhoben werden.

Von DOLUS aus fahren wir weiter in Richtung BOYARDWILLE, biegen also nach rechts ab, wenn wir den Platz verlassen und dann nochmals rechts an der Einmündung in die Vorfahrtsstraße. In BOYARDVILLE wurde der Stellplatz geschlossen. Einerseits war er wirklich nicht schön, andererseits verfügt BOYARDVILLE aber über einen großen, schönen Strand. Es bleibt uns hier also nur der Campingplatz, der ob des fehlenden Womoplatzes sicher häufig überfüllt sein wird.

(C15) WOMO-Campingplatz-Tipp: Les Saumonards**

Position: N 45° 58' 42.0" W 1° 14' 28.3" (kein Straßenname)
Öffnungszeiten: April - September
Ausstattung / Lage: sehr schattig, Laden, Spielplatz / 100 m zum Strand
Zufahrt: In Boyardville den Schildern „Port“ oder „Plage“ folgen. An einer Ringstraße ist der Campingplatz ausgeschildert.

Vom Campingplatz aus erreichen wir einen Sandstrand, der sich über mehr als 8 Kilometer hinzieht. Bedauerlicherweise gibt es allerdings nur wenige Zugänge. Einer davon ist BOYARDVILLE. Gerüchten zufolge soll man auch lange in Strandnähe entlangfahren können. Wir haben es mehrmals probiert, sind allerdings jedesmal gescheitert. Wir sind über Forststraßen geholpert, haben uns im Wald verfahren, haben Verbotsschilder übersehen (darf ich das überhaupt schreiben?) und sind immer wieder auf der Straße BOYARDVILLE — ST-GEORGES gelandet. Mit dem Fahrrad könnte man vielleicht noch einen „Geheimweg“ finden. Mir ist es nicht gelungen. Vielleicht haben Sie ja mehr Glück.

Vom Strand aus sehen Sie das FORT BOYARD im Wasser stehen. Es gehörte zum Verteidigungsgürtel der Insel. Das

Boyardville: Blick auf Fort Boyard

CHÂTEAU D'OLÉRON haben wir in diesem Zusammenhang ja schon kennengelernt. Ich hätte ja gerne wieder Vauban ins Spiel gebracht. Klappt hier aber nicht, das Fort wurde im 19. Jahrhundert errichtet. Aber schon damals überholte der Fortschritt in der Rüstung den Baufortschritt des Forts, so dass es nach seiner Fertigstellung schon seinem Zweck nicht mehr dienlich war. Immerhin kann man heute noch Fernsehserien darin drehen. Und schön anzusehen ist es außerdem.

Auf unserer weiteren Fahrt zur Nordspitze der Insel kommen wir nach ST-GEORGES auf die Nord-Süd-Verbindung

(055) WOMO-Stellplatz: La Brée les Bains

Position: N 46° 00' 28.8" W 1° 21' 27.0" (kein Straßenname)
max. WOMOs: > 5 Gebührenfrei
Ausstattung / Lage: Ver- und Entsorgung, Mülleimer / am Ortsrand
Zufahrt: Wenn Sie auf der D 273E von St-Georges nach La Brée fahren finden Sie den Platz noch vor dem Ortsschild auf der rechten Seite. Er ist frühzeitig ausgeschildert.
Sonstiges: Der Platz ist 2-teilig. Neben der geschotterten Fläche gibt es auch noch einen asphaltierten Untergrund.

D 734. LA BRÉE-LES-BAINS soll unser nächstes Ziel sein. Dazu müssen wir nach rechts abbiegen, wenn die entsprechenden Schilder auftauchen. Dort hat man vor ein paar Jahren einen Stellplatz eingerichtet, der mittlerweile schon recht beachtlich gewachsen ist.

Der letzte Ort, durch den wir kommen, bevor der Leuchtturm von CHASSIRON erreicht ist, heißt ST-DENIS. Zuerst will ich Ihnen den Campingplatz vorstellen, dann noch einen Stellplatz. Dieser wurde, wie auch der Platz in LE CHÂTEAU-D'OLÉRON, auf dem Gelände eines ehemaligen Campingplatz eingerichtet. Die Vorteile habe ich einige Touren zuvor schon geschildert. Der Eingang ist durch eine Schranke gesichert. Sie ziehen einen Parkschein und zahlen bei der Ausfahrt an einem Automaten mit Karte oder Münzen. Ich möchte Ihnen empfehlen, zuerst einmal vor der Schranke zu parken und zu erkunden, ob es überhaupt noch freie Plätze gibt.

(C16) WOMO-Campingplatz-Tipp: Camping Municipal St-Denis **

Position: N 46° 02' 17.0" W 1° 22' 28.6" Boulevard d'Antioche
Öffnungszeiten: März - September
Ausstattung / Lage: schattig, Laden, Restaurant, Spielplatz / direkt am Meer gelegen
Zufahrt: In St-Denis sehr gut ausgeschildert.
E-Mail: camping-municipal-st-denis-doleron@wanadoo.fr
Internet: www.st-denis-oleron.com/contenu/camping.htm

(056) WOMO-Stellplatz: St-Denis

Position: N 46° 01' 39.3" W 1° 22' 59.3" Route des Huttes
max. WOMOs: > 20 Hohe Gebühr
Ausstattung / Lage: Ver- und Entsorgung, Toiletten, Mülleimer, Wertstoff-Behälter, Dusche / außerhalb einer Ortschaft 15 min zu Fuß nach St-Denis
Zufahrt: Vom Zentrum St-Denis aus folgen Sie den Schildern zum „Plage des Huttes“. Weit nach dem Ortsende finden Sie den Platz auf der rechten Straßenseite.

Den Weg zum Leuchtturm können Sie nun nicht mehr verfehlen. Die letzten paar Meter müssen Sie zu Fuß zurücklegen. Für uns Wohnmobilisten gibt es einen eigenen Parkplatz, oder sollte ich schreiben zweckenfremdeter Acker [GPS: N 46° 02' 45.4" W 1° 24' 21.7"]? Auf diesem herrscht auch noch Übernachtungsverbot.

Was schrieb ich am Anfang der Tour? Wohnmobilfreundlich? Sie zweifeln? Ab jetzt werden wir im Südwesten der Insel entschädigt. Aber zuerst sind wir ja am Leuchtturm.

Wir umrunden den 46 Meter hohen Turm zuerst einmal auf einem Weg entlang der Küste. Schließlich wagen wir die 224 Stufen hinaufzusteigen. Ich wollte mitzählen, bin allerdings bei etwa 170 durcheinandergekommen und vertraue da vollständig dem Prospekt. Bei schönem Wetter haben Sie von hier oben selbstredend eine wunderbare Aussicht.

Der Turm wurde zwischen 1834 und 1836 erbaut. Die Steine kommen aus dem Steinbruch von Crazannes. Das ist deshalb interessant, weil solche Steine auch für den Kölner Dom und den Sockel der Freiheitsstatue verwendet wurden. Noch einige Details gefällig? Der untere Durchmesser beträgt 18 Meter, bei einer Wandstärke von 3 Metern.

Öffnungszeiten Leuchtturm:
April und Juni: 10 - 12.15 und 14 - 19 Uhr
Juli und August: 10 - 20 Uhr
September: 10 - 12.15 und 14 - 19 Uhr
Oktober - März: 10 - 12.15 und 14 - 19 Uhr
täglich

Die Weiterfahrt gestaltet sich unkompliziert. Vom Parkplatz aus fahren wir erst einmal in Richtung CHAUCRE. Am Leuchtturm sehen Sie schon das entsprechende Schild. Die Straße führt uns jetzt wieder in der Nähe des Meeres entlang und bietet schöne Ausblicke.

Auf der westlichen Küstenstraße: Woher hier wohl der Wind weht?

Bald erreichen wir dann CHAUCRE. Danach folgen wir bis zur D 734 der Richtung ST-GEORGES. Wenn wir die D 734 erreicht haben folgen wir der Beschilderung nach ST-PIERRE-D'OLÉRON. Von der Umgehungsstraße fahren wir nach links zum „Centre Ville“ und erreichen einen großen Parkplatz, auf dem wir schon häufig übernachtet haben. Die Polizei fährt oft

(058) WOMO-Stellplatz: St-Pierre-d'Oléron

Position: N 45° 56' 28.0" W 1° 18' 28.7" Rue de la Bouline
max. WOMOs: > 5 Gebührenfrei
Ausstattung / Lage: Wasserhahn, Toiletten, Mülleimer / im Ortszentrum
Zufahrt: Richtung „Centre Ville“ fahren und dann am OTSI links abbiegen auf den Parkplatz.

Streife, so dass Sie sich dort recht sicher fühlen können. Das Geschäftszentrum des Ortes ist gerade mal ein paar Schritte entfernt und auch zu der nachfolgend beschriebenen Sehenswürdigkeit haben Sie nicht weit.

Erinnern Sie sich noch an das Hosianna-Kreuz in MOËZE? Eng damit verwandt ist die sogenannte Totenlaterne. Hier in ST-PIERRE sehen Sie ein besonders schönes Exemplar. Finden können Sie es ganz einfach, indem Sie zur Stadtmitte gehen und sich dann leicht nach links halten. Sehr eindrucksvoll ist die 30 Meter hohe Laterne bei Nacht, weil sie dann erleuchtet ist.

Von ST-PIERRE aus können Sie mit uns einen Abstecher nach LA COTINIÈRE machen. Hinter den Dünen finden Sie dort an der Côte sauvage viele schöne Strände. Aber zuerst will ich Ihnen noch verraten, wo Sie ver- und entsorgen können und darüber hinaus noch einen Campingplatz-Tipp abliefern. Wenn Sie in den Ort hineinfahren, sehen Sie schon bald die Schilder zu „Les Campings" nach rechts zeigen. Genau in diese Richtung müssen Sie fahren, wenn Sie zur Ver- und Entsorgungsstation wollen. Sie liegt neben dem Camping Municipal. Dort wird auch die Gebühr bezahlt.

Totenlaterne in St-Pierre

Auch ein paar Kilometer weiter südlich, in GRAND-VILLAGE-PLAGE finden Sie die Ver- und Entsorgungseinrichtung, ebenfalls

(059) WOMO-Stellplatz: La Cotinière

Position: N 45° 55' 25.4" W 1° 20' 33.9" — Avenue des Pins
max. WOMOs: 3 - 4 — Hohe Gebühr
Ausstattung / Lage: Ver- und Entsorgung / am Meer
Zufahrt: In La Cotinière den Schildern „Les Campings" folgen. Stellplatz liegt neben dem Camping Municipal.
Sonstiges: Wasser oder Elektro ohne Übernachtung je 4 €. In der Stellplatzgebühr jedoch bereits enthalten. Wird am nebenanliegenden Büro des Campingplatzes bezahlt.

(C17) WOMO-Campingplatz-Tipp: Camping Municipal La Fauche-Prère **

Position: N 45° 55.430' W 1° 20.548' Avenue des Pins
Öffnungszeiten: April - September
Ausstattung / Lage: Ver- und Entsorgung, sehr schattig / 50 Meter zum Meer
Zufahrt: Wie beim Stellplatz beschrieben.
E-Mail: camping@saint-pierre-oleron.com
Internet: über: www.saint-pierre-oleron.com

neben dem Campingplatz. Dort dürfen Sie nicht übernachten. Ein paar Meter weiter ist aber ein bescheidener Platz eingerichtet.

(060) WOMO-Stellplatz: Grand-Village-Plage

Position: N 45° 51' 46.0" W 1° 14' 13.2" Rue du Puits Neuf
max. WOMOs: > 5 Gebührenfrei
Ausstattung / Lage: Ver- und Entsorgung in der Nähe, Abfalleimer, Wertstoff-Container / in der Ortslage
Zufahrt: Beginnen möchte ich mit der Ver- und Entsorgungsstation. Sie liegt neben einem Campingplatz. Von der Durchgangsstraße nach St-Trojan ist das Womo-Schild, das nach rechts weist, gut auf der rechten Straßenseite zu sehen. Nach wenigen Metern erreichen Sie dann die Einrichtung [GPS: N 45° 51' 43.3" W 1° 14' 25.2", Allée des Pins]. Zum Stellplatz kommen Sie, wenn Sie weiterhin auf der Straße nach St-Trojan bleiben, am nächsten Kreisel geradeaus fahren und dann sofort nach links abbiegen.
Sonstiges: Wasser bzw. Elektro 4 €, am Campingplatz zu zahlen.

Wir haben Grand Village-Plage eigentlich nur durchquert, um dann St-Trojan-les-Bains zu erreichen. Ich würde ja gerne einmal über etwas Anderes schreiben als über Strände. Aber: So schöne Bademöglichkeiten wie hier werden Sie auf der Insel nicht mehr finden, wenn Sie meinen Touren folgen. Weiter geht's also nach St-Trojan-les-Bains.

St-Trojan-les-Bains: Grand Plage

Ich hätte da noch einen Strand für Sie... Er heißt GRAND PLAGE, ist dieses Namens auch durchaus würdig, und Sie erreichen ihn, wenn Sie kurz nach dem Ortsschild von ST-TROJAN rechts abbiegen. Selbstverständlich ist ein entsprechendes Schild vorhanden. Meine Landkarte am Anfang der Tour ist da nicht ganz korrekt. ST-TROJAN ist ein flächenmäßig großer Ort, aber irgendwo muss ich meinen Punkt in die Karte setzen und das mache ich gerne im Ortszentrum. Aber Sie wissen das ja jetzt. In ST-TROJAN gibt es gleich zwei offizielle Übernachtungsmöglichkeiten und dazu noch eine Ver- und Entsorgungsstation. Als Zugabe schreibe ich Ihnen noch einen Campingplatz auf.

Dazu müssen wir erst einmal vom Großen Strand wieder zurückfahren bis wir zu der Stelle kommen, an der wir abgebo-

(061) WOMO-Stellplatz: St-Trojan-les-Bains I

Position: N 45° 50' 38.3" W 1° 12' 32.3' Boulevard de la Plage
max. WOMOs: > 5 Gebührenfrei
Ausstattung / Lage: Ver- und Entsorgung im Ort, Abfalleimer, Wertstoff-Container / in Zentrumsnähe
Zufahrt: Direkt am OTSI gelegen. Großer Parkplatz auf der rechten Straßenseite mit ausgewiesenen Parkflächen für Womos. Entweder vor dem OTSI rechts abbiegen und danach links fahren oder nach dem OTSI in die nächstmögliche Straße nach rechts abbiegen und dann gleich wieder nach rechts fahren.
Sonstiges: Am OTSI gibt es die Jetons für Frischwasser.

(062) WOMO-Stellplatz: St-Trojan-les-Bains II

Position: N 45° 50' 28.5" W 1° 12' 18.7" Boulevard de la Plage
max. WOMOs: 4 - 5 Gebührenfrei
Ausstattung / Lage: Ver- und Entsorgung im Ort, Abfalleimer / in Zentrumsnähe
Zufahrt: Fahren Sie weiter in den Ort hinein. Sie erreichen dann den „Parking du Capitaine Patoiseau“ ebenfalls auf der rechten Straßenseite. Am „Centre de Secours“ rechts abbiegen.

gen sind. Zum Ortsmittelpunkt geht's jetzt natürlich nach rechts. Wenn Sie an einer Brücke auf der rechten Seite das OTSI sehen, haben Sie den ersten Platz schon gefunden.

Um nicht wieder einen Strand auf den anderen folgen zu lassen, will ich mit Ihnen ein bisschen Eisenbahn fahren. Es steht ja auch schon im Vorspann zu dieser Tour, dass wir hier „Bahnfahren". Auf dem Weg zur Ver und Entsorgungsstation und auch zum Campingplatz, von dem noch die Rede sein wird, müssen wir in Richtung „Plage de Gazeau" fahren. An einem Kreisel ist dieses Ziel ausgeschildert. Achten Sie nun auf die Beschilderung zum „Petit Train", sie zeigt nach rechts. Nachdem Sie abgebogen sind, sehen Sie dann schon den

Kleinbahn in St-Trojan

Bahnhof und fahren mit uns noch ein paar Meter weiter zu einem Parkplatz links der Straße.

Der Zug fährt Sie durch die Pinienwälder im äußersten Süden der ÎLE D'OLÉRON. Es macht Spaß, sich im gemütlichen Zuckeltrott durch die Landschaft fahren zu lassen und einmal nicht am Steuer zu sitzen.

Wir wollen anschließend noch zum Plage de Gazeau. Hier im Süden der Insel ist es besonders für Familien mit Kindern sehr angenehm, da das Meer sehr ruhig ist und der Strand überwiegend flach abfällt. Auf dem Weg dorthin finden wir

(C18) WOMO-Campingplatz-Tipp: Les Martinets **

Position: N 45° 49' 51.8" W 1° 12' 49.8" Avenue des Bris
Öffnungszeiten: Januar - November
Ausstattung / Lage: Ver- und Entsorgung, schattig, Spielplatz / 1 km zum Strand
Zufahrt: Auf dem Weg zum Plage de Gazeau nach einer Linkskurve auf der linken Seite gelegen.
E-Mail: lesmartinets@wanadoo.fr
Internet: monsite.wanadoo.fr/lesmartinets

auch noch einen Campingplatz, der Wohnmobile gern aufnimmt und schließlich die Ver- und Entsorgungsstation. Dazu müssen wir am Campingplatz vorbeifahren. Die Station liegt rechts der Straße [GPS: N 45° 49' 37.4" W 1° 13' 03.5"]. Zur Sicherheit können Sie sich auch an einem Sägewerk auf der gegenüberliegenden Straßenseite orientieren. Das werden Sie sicherlich nicht übersehen. Sie haben doch an die Jetons gedacht, die Sie am OTSI erhalten. Beim Stellplatz I habe ich darauf hingewiesen.

Unser Besuch auf der ÎLE D'OLÉRON ist damit beendet. Fahren Sie die Strecke bis zum Ortseingang von St-Trojan-les Bains wieder zurück. Wenn Sie aus dem Ort wieder herausfahren, brauchen Sie nur noch der Beschilderung zum „Continent“ zu folgen und Sie werden dann zu unserer achten Tour geleitet.

St-Trojan: Plage de Gazeau

TOUR 8 (129 km) Karte nächste Seite

Marennes — La Palmyre — Meschers — Pons — Barbezieux-St-Hilaire

Übernachten:	Marennes-Plage, Marennes, La Tremblade, Les Mathes, La Palmyre, Meschers, St-Saurin, Mortagne, Gémozac, Pons, Archiac
Besichtigen:	Zoo von La Palmyre, Höhlenwohnungen in Meschers, Pons
Campingplatz:	Soleil Levant, Camping municipal Gémozac
Baden:	Marennes-Plage, La Palmyre, Meschers, Talmont
Markt:	Marennes (Mi, Do; Sa), La Tremblade (Sa), Les Mathes (tgl. in der Saison)

Wenige Kilometer nach Überquerung der Brücke kämen wir nach MARENNES. Ja, wenn wir nicht vorher rechts abbiegen und den Hinweisschildern „MARENNES-PLAGE“ folgen würden.

(057) WOMO-Stellplatz: Marennes-Plage

Position: N 45° 49' 19.8" W 1° 08' 19.9" Avenue Bertrand
max. WOMOs: > 5 Mittlere Gebühr
Ausstattung / Lage: Mülleimer / am Meer
Zufahrt: Von der Insel kommend vorläufig immer geradeaus fahren, bis der Wasserturm von Marennes rechts in Sicht kommt. Kurz vorher rechts abbiegen. Dann den Schildern „Parking Camping Car“ folgen.
Sonstiges: Laut Navi gehört der Platz zum Ort Bourcefranc. Bezahlt wird am Horodateur.

Wenn Sie nicht schon vor dem Besuch der ÎLE D'OLÉRON in MARENNES waren, sollte ich Ihnen jetzt zuerst den Übernachtungsplatz vorstellen. Folgen Sie der 4-spurigen Umgehungsstraße in Richtung SAINTES. An einem großen Ampelkomplex treffen wir auf die Straße, die von BROUAGE her kommt. Hier treffen wir die Leser wieder, die die ÎLE D'OLÉRON noch nicht besucht haben und denen ich empfohlen habe, am Anfang der Tour 8 nachzulesen wie sie den Platz finden. Die Zufahrtsbeschreibung beginnt also an dieser Ampel.

Sie sollten jetzt die Gelegenheit nutzen sich mit Austern zu versorgen. Die *Seudre* bildet an dieser Stelle ein weitverzweigtes Mündungsgebiet in dem diese Meeresfrüchte prächtig gedeihen. Bei einer Größe von 4000 ha haben wir es hier mit dem größten Austernzuchtgebiet FRANKREICHS zu tun. Lassen Sie mich deshalb ein paar Worte über diese Delikatesse verlieren. Im Frühjahr legen die Austern bis zu einer MillionEier aus denen winzig kleine Larven schlüpfen. Diese Larven werden mithilfe weißgekalkter Ziegeln aufgefangen und können

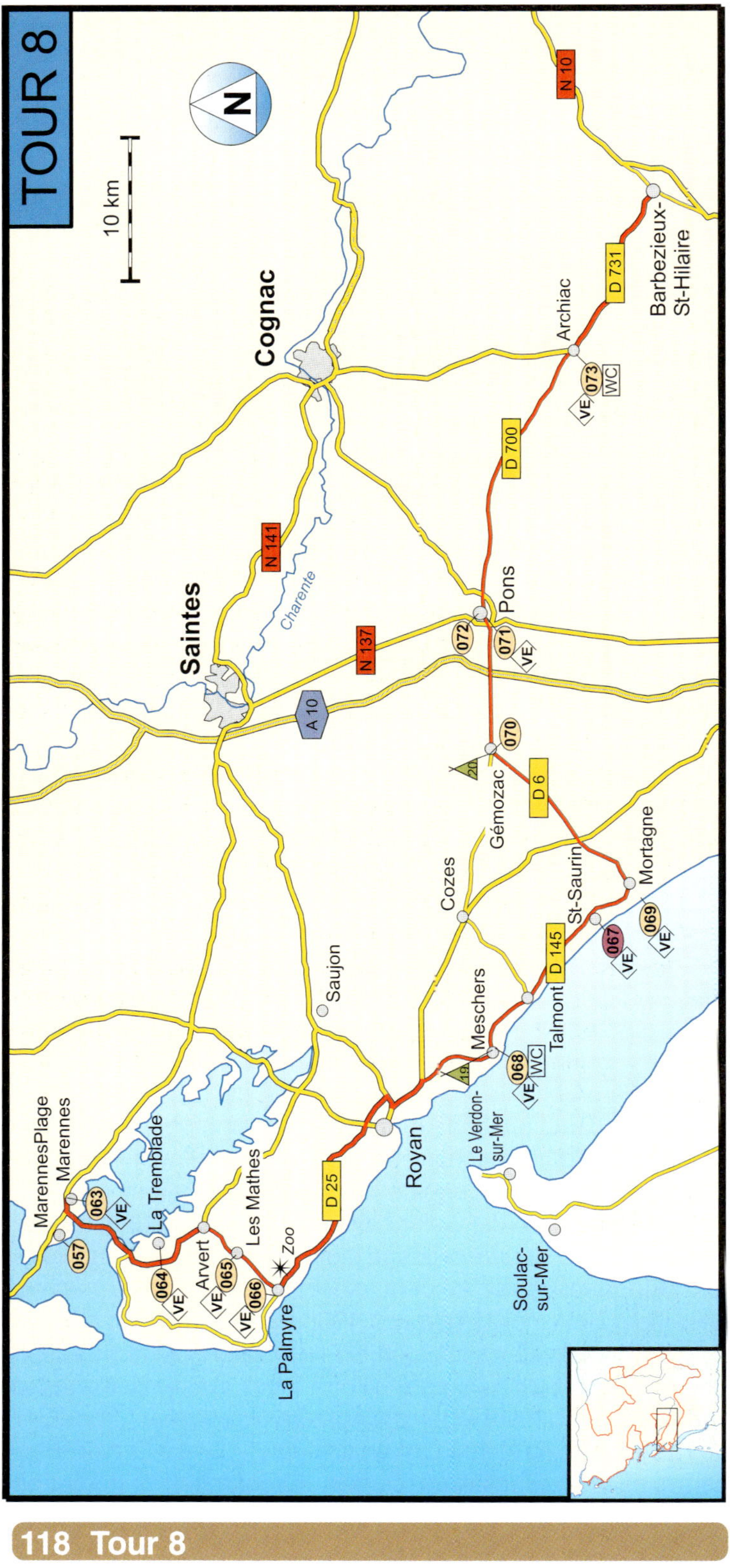
TOUR 8
10 km
N
Cognac
Saintes
Charente
N 141
N 137
A 10
N 10
Pons
D 700
D 731
Archiac
Barbezieux-
St-Hilaire
073
WC
VE
072
071
VE
070
20
Gémozac
D 6
Mortagne
St-Saurin
D 145
067
VE
069
VE
Cozes
Saujon
Meschers
Talmont
068
WC
VE
19
Le Verdon-
sur-Mer
Soulac-
sur-Mer
Royan
D 25
Zoo
La Palmyre
Les Mathes
Arvert
La Tremblade
Marennes
MarennesPlage
057
063
VE
064
VE
065
VE
066
VE

(063) WOMO-Stellplatz: Marennes

Position: N 45° 49' 33.6" W 1° 05' 48.9" Rue Jean Moulin
max. WOMOs: > 5 Gebührenfrei
Ausstattung / Lage: Ver- und Entsorgung, Mülleimer, Wertstoff-Container / Im Gewerbegebiet
Zufahrt: Auf der Umgehungsstraße Richtung Saintes fahren. Dann den Schildern zum Supermarkt folgen und rechts abbiegen. Zum Einkaufszentrum müssten Sie anschließend gleich wieder rechts abbiegen. Wir fahren jedoch noch eine Abzweigung weiter und biegen erst dort nach rechts ab. Fahren Sie dann so lange geradeaus bis links ein Parkplatz auftaucht.

heran wachsen. Nach einem dreiviertel Jahr werden die jungen Austern in die sogenannten Parcs ausgesetzt, wo sie ihr Wachstum fortsetzen können. Drei Jahre später sind die Muscheln ausgewachsen und ein neuer Kreislauf kann beginnen. Damit sich die Tiere von Schlamm und Schmutz befreien können werden sie in Klärbecken umgesetzt. Und dabei muss die Auster auch noch die Schulbank drücken. Das Wasser wird dort regelmäßig abgelassen, damit sie lernt sich in Mangelzeiten nicht zu öffnen. Sie kann dadurch auch längere Transportwege unbeschadet überstehen.

Auf dem Markt in MARENNES finden Sie ein unüberschaubares Angebot dieser Meeresfrüchte. Sie können jedoch auch im Ort den Wegweisern nach LA CAYENNE folgen und auf einer kleinen Straße in das Mündungsgebiet der *Seudre* fahren. Dort finden Sie viele Zuchtbetriebe, bei denen Sie die Austern direkt beim Erzeuger kaufen können.

Was aber, wenn Sie gar keine Austern mögen? Dann kann Ihnen MARENNES nicht viel bieten. Sie können höchstens noch auf den Kirchturm in der Ortsmitte klettern und die Aussicht genießen. Oder Sie können hier übernachten und auch ver-

Der Touristenzug in La Tremblade

(064) WOMO-Stellplatz: La Tremblade

Position: N 45° 45' 54.8" W 1° 08' 22.3" Rue de la Résinerie
max. WOMOs: > 5 Mittlere Gebühr 23-8 Uhr
Ausstattung / Lage: Ver- und Entsorgung, Mülleimer, Wertstoff-Behälter / am Ortsrand, aber schnell im Zentrum
Zufahrt: Fahren Sie Richtung Zentrum und folgen Sie dann dem Schild „Parking 130 pl." Sie müssen dazu an einem Kreisel abbiegen, dann liegt der Parkplatz schon bald auf Ihrer rechten Seite. Umrunden Sie ihn an 2 Seiten und überqueren Sie dann die Bahnschienen. Danach geht's zwei mal rechts ab auf den Stellplatz.
Sonstiges: Kein Strom

und entsorgen.

Folgen Sie uns weiter nach Süden. Die *Seudre*, die an dieser Stelle recht breit ist, überqueren wir auf einer imposanten Brücke. Wir halten uns an die Beschilderung nach LA TREMBLADE. Hier gibt es ebenfalls einen Übernachtungsplatz. Der Stellplatz liegt an einem stillgelegten Bahnhof. Allerdings herrscht dort durchaus noch Zugverkehr. Zwei Mal am Tag trifft zwischen Mitte März und Mitte November eine Touristenbahn ein und fährt nach 20-minütigem Aufenthalt wieder zurück. Fahrkarten gibt es am Pavillon an der Einfahrt zum Platz.

Wir fahren deshalb weiter und verlassen LA TREMBLADE in Richtung SAUJON. Aber schon im nächsten Ort, ARVERT, folgen wir den Schildern nach LES MATHES und LA PALMYRE. In LES MATHES gibt es, wie bereits erwähnt, einen weiteren Übernachtungsplatz.

(065) WOMO-Stellplatz: Les Mathes

Position: N 45° 42' 51.6" W 1° 08' 53.2" Rue de la Garenne
max. WOMOs: > 5 Hohe Gebühr 31.3. - 29.9.
Ausstattung / Lage: Ver- und Entsorgung, Mülleimer, Wertstoff-Behälter / am Ortsrand
Zufahrt: Im Ort erreichen Sie den Kreisel an der Kirche. Dort fahren Sie geradeaus. Am nächsten Kreisel biegen Sie links ab und sehen dann schon die Schilder.
Sonstiges: Kein Strom, Wasser 4 €

Unser nächstes Ziel heißt LA PALMYRE. Ein Touristenort erster Klasse. Dazu gibt es einen Stellplätze und einen der größten Zoos Frankreichs.

Die Richtung ist eindeutig, die Schilder nach LA PALMYRE kann man nicht übersehen. Der Dreh- und Angelpunkt im Ort

(066) WOMO-Stellplatz: La Palmyre

Position: N 45° 41' 30.5" W 1° 11' 20.9"
max. WOMOs: > 5
Ausstattung / Lage: Ver- und Entsorgung, Toiletten, Mülleimer / Am Ortsrand
Zufahrt: Vom Kreisel aus folgen Sie den Schildern „Pique-Nique“ und fahren so lange geradeaus weiter, bis das Ortsende schon in Sicht ist. Kurz vor dem Ortsendeschild biegen Sie nach links ab und fahren dann rechts auf den Parkplatz.

Avenue de l'Atlantique
Hohe Gebühr

Strand in La Palmyre

ist der Kreisel im Zentrum. Deshalb werde ich bei allen Richtungsangaben darauf Bezug nehmen. Da kann ich schon mal gleich bei dem Stellplatz anfangen. Diesen finden Sie, wenn Sie vom Kreisel aus in Richtung „pique-nique“ fahren.

Zum Zoo von La Palmyre kommen Sie ganz einfach, wenn Sie den Hinweisschildern „Zoo“ folgen. Einen Parkplatz am Zoo zu finden ist in der Saison schon weit schwieriger. Der Andrang ist dermaßen stark, dass selbst die vielen „Parkings“ nicht ausreichen. Tipp: Stehen Sie früh auf und versuchen Sie, um 9 Uhr schon an der Kasse zu stehen.

Ich habe den Zoo im Herbst besucht, da ist der Andrang weniger groß. Obwohl ich zwar Tierfreund, nicht aber Zoofreund bin, ließ ich mich von Bekannten zu einem Besuch überreden. Ich war angenehm überrascht von der Gestaltung der Anlagen, über die ausführlichen Beschreibungen und die artgerechte Haltung der Tiere. Nach einem ausführlichen Gespräch mit „Monsieur le Directeur“ kann ich mich sogar mit den Shows mit Robben und diversen Papageien anfreunden. Es macht den Tieren Spaß, etwas zu lernen auch wenn das Erlernte nicht unbedingt typisch für das natürliche Verhalten der Tiere ist. Aber es gibt nun einmal Zoos und da ist es wohl besser, wenn die Tiere gefordert werden als nur monoton in ihrem Käfig dahinzuvegetieren. Show also nicht nur fürs Publikum, sondern auch als pädagogische Maßnahme für die Tiere? Urteilen Sie selbst!

Tango im Zoo von La Palmyre

Die Richtung zum Zoo müssen Sie auch einschlagen, wenn Sie unserer Route weiter folgen wollen. Nach ROYAN zeigen die Wegweiser, an denen wir uns jetzt orientieren. Die Stadt hat an Sehenswürdigkeiten außer einem riesigen Sandstrand nichts zu bieten, weswegen wir sie auf der gut ausgebauten Umgehungsstraße umfahren. Im weiter südöstlich in der Girondemündung liegenden MESCHERS haben Sie die letzte Möglichkeit auf unserer Reise im Meer zu baden. Wobei der Begriff Meer eigentlich nicht mehr ganz richtig ist. Die Wasserqualität wird stark von der *Gironde* beeinflusst.

In MESCHERS, unserem nächsten Ziel, sind vier Strände ausgeschildert. Uns interessieren hier allerdings mehr die Höhlenwohnungen. Sie sind mittlerweile gut ausgeschildert. Irrfahrten durch die Gemeinde bleiben uns jetzt - im Gegensatz zu unseren ersten Besuchen - erspart.

Die Höhlenwohnungen, die bis in unser Jahrhundert noch bewohnt waren, sind für uns alle sehr interessant. Die Führung ist jedoch eine Katastrophe. Erstens werden zu viele Menschen pro Rundgang durchgeschleust und zweitens habe ich, obwohl ich mich mit dem Hinweis ich sei Journalist, immer in der Nähe der Führerin aufhielt, jegliches Konzept bei ihren Erklärungen vermisst. Es geht bei der Besichtigung räumlich sehr beengt her. Viele schmale Treppen und Stege müssen

Höhlenwohnungen in Meschers

überquert werden und die einzelnen Zimmer bieten noch nicht einmal einem Viertel der Gruppe Platz, sodass der Großteil der Besucher die Erläuterungen gar nicht hört. Dermaßen vorgewarnt sollten Sie trotzdem auf einen Besuch der Höhlenwohnungen nicht verzichten. Eine Übernachtungsmöglichkeit und einen Campingplatz gibt es von hier noch zu vermelden.

(068) WOMO-Stellplatz: Meschers

Position: N 45° 33' 22.4" W 0° 56' 41.7" — Route des Salines
max. WOMOs: > 5 — Mittlere Gebühr
Ausstattung / Lage: Ver- und Entsorgung, Toiletten, Mülleimer, Wertstoff-Behälter, Stadtplan / am Ortsrand
Zufahrt: Vom Ortszentrum aus den Schildern zum „Port de Plaisance" oder „Camping Soleil Levant" folgen. Am Campingplatz vorbeifahren und bei der nächsten Querstraße rechts abbiegen.
Sonstiges: Wasser im Preis enthalten, kein Strom. Der Platz wird noch in die andere Richtung (also links nach er Einmündung) erweitert. 2009 waren das allerdings lediglich provisorische Stellflächen.

(C19) WOMO-Campingplatz-Tipp: Soleil Levant ***

Position: N 45° 33' 26.6" W 0° 56' 47.1" — Allée de la Longée
Öffnungszeiten: April - September
Ausstattung / Lage: Ver- und Entsorgung in der Nähe (siehe Stellplatz) schattig, Laden, Spielplatz, Pool / 1 km bis zum Meer
Zufahrt: Wie beim Stellplatz beschrieben.
E-Mail: info@camping-soleillevant.com
Internet: www.camping-soleillevant.com (deutsche Textversion)

Wir fahren noch weiter an der *Gironde* entlang in Richtung TALMONT. Den Ort könnten wir umfahren, aber es gibt hier wirklich schöne Strände, die einen kurzen Aufenthalt durchaus rechtfertigen. Weiter geht's dann in Richtung MORTAGNE. Wenige Kilometer vor dem Ort kommen wir durch ST-SAURIN-D'UZET. Hier gibt es einen beschaulichen Stellplatz für wenige

(067) WOMO-Picknickplatz: St-Saurin-d'Uzet

Position: N 45° 30' 02.9" W 0° 50' 03.1" — Place du Créac
max. WOMOs: 4 — Gebührenfrei
Ausstattung / Lage: Ver- und Entsorgung, Mülleimer, Tische und Bänke / am Rand eines winzigen Ortes
Zufahrt: Nachdem Sie in den Ort gefahren sind, geht gleich rechts die Straße zum Campingplatz ab. Jetzt geht es über eine kleine Brücke bis zur Linkskurve weiter. Unmittelbar vor der Kurve biegen Sie zwei Mal rechts ab und erreichen am Ende der Straße den Stellplatz.
Sonstiges: Wasser und Strom frei.

Wohnmobile. Er liegt direkt neben dem Festplatz des Örtchens. Hier hatte ich das Glück, nur wenige Schritte von meiner Haustür aus, dem örtlichen Hammelfest beizuwohnen.

Es war ein rauschendes Fest mit allerlei lokalen Spezialitäten - neben dem gegrillten Hammel - und Tanz bis in den frühen Morgen.

Wir folgen jetzt weiter unserer Tour nach MORTAGNE. Im Ort richten wir uns nach der Beschilderung zum „Port“. Dort gibt es nämlich einen Übernachtungsplatz.

(069) WOMO-Stellplatz: Mortagne

Position: N 45° 28' 30.5" W 0° 47' 49.2"
max. WOMOs: > 20

Quai des Pêcheurs
Mittlere Gebühr

Ausstattung / Lage: Ver- und Entsorgung, Mülleimer, Tische und Bänke / in der Nähe des Hafens
Zufahrt: In Mortagne den Schildern nach Mortagne-Plage folgen. Nach einer Brücke geht es rechts ab zum Stellplatz, der sich längs des Hafens hinzieht.
Sonstiges: Wasser und Strom in der Stellplatzgebühr enthalten

Blick vom Ortszentrum aus auf den WOMO-Stellplatz in Mortagne

Ab jetzt ist Salzwasser für den Rest der Touren kein Thema mehr. Es liegt auch eine gewaltige Strecke vor uns, bis wir unseren nächsten größeren Aufenthalt in ANGOULÊME haben. Zuvor kommen wir jedoch, den Wegweisern nach ANGOULÊME folgend, noch durch GÉMOZAC und PONS.

Zwischen MORTAGNE und GÉMOZAC begleiten uns Weinberge links und rechts der Straße. Wir sind wieder in der Region um COGNAC. Aus diesen Trauben wird der Wein hergestellt, der später in den großen Brennereien zu erlesenem Cognac wird. In GÉMOZAC erwartet uns ein Stellplatz und ein Campingplatz.

Der nächste größere Ort heißt PONS. Darüber gibt es schon einiges zu erzählen. Hier treffen wir nämlich wieder auf die Spur der Jakobspilger. Hier in PONS stand ein Hospiz in dem

(070) WOMO-Stellplatz: Gémozac

Position: N 45° 34' 08.2" W 0° 40' 52.0" Rue Carnot
max. WOMOs: 2 - 3 Gebührenfrei
Ausstattung / Lage: Mülleimer, Schwimmbad / Am Ortsrand
Zufahrt: Fahren Sie im Ort an der Kirche vorbei. Sie kommen dann in einen verkehrsberuhigten Bereich. Dort fahren Sie wieder geradeaus weiter. Dann sollten Sie sich an die Schilder „Camping Municipal" halten.

(C20) WOMO-Campingplatz-Tipp: Camping Municipal Gémozac **

Position: N 45° 34' 06.0" W 0° 40' 54.1 Place du Champ-de-Foire
Öffnungszeiten: Mitte Juni - Ende August
Ausstattung / Lage: schattig, Spielplatz, beheizter Pool / in Zentrumsnähe gelegen
Zufahrt: Ab Kirche gut beschildert.

die Pilger medizinisch versorgt wurden. Das Hospital steht allerdings nicht mehr, die Vorhalle ist jedoch sehr sehenswert.

Der Torbogen „Passage voûté" in Pons

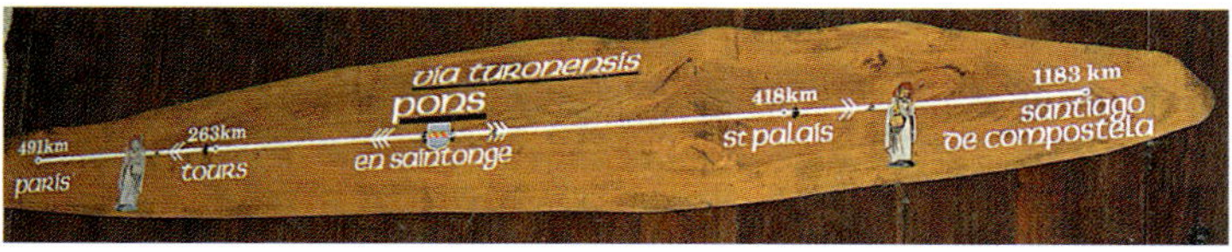

Der Weg der Jakobspilger

Dort haben die Pilger ihre Graffiti hinterlassen. Meist wurden Hufeisen in den Stein eingeritzt. Hoffnung auf Glück während der langen Reise - oder der Wunsch nach einem Pferd?

Das ehemalige Hospiz finden Sie, wenn Sie am ersten Kreisel im Ort die Richtung einschlagen, die Ihnen von den Pilgern in dessen Mittelpunkt gezeigt wird. Es geht nach rechts ab. Hinter einem Torbogen namens Passage voûté, der die Kirche Notre-Dame mit dem neuen Hospital verbindet, können Sie parken. Allerdings ist die Durchfahrt durch das Tor mittlerweile verboten. Deshalb werden Sie am „Pilgerkreisel" schon auf eine Alternativstrecke gelotst, an deren Ende Sie gemeinerweise über eine Spitzkehre zum Parkplatz kommen. Von dort aus ist die Stätte zu besichtigen, die den Pilgern oder auch anderen Reisenden als Unterkunft diente, wenn sie bei ihrer Ankunft die Stadttore bereits geschlossen vorfanden. Das war die schon weiter vorn erwähnte Vorhalle.

Öffnungszeiten Hospiz:
Juni - September: 9.30 - 12 und 15 - 18 Uhr täglich

Hier im Ort kann ich Ihnen auch noch einen Übernachtungsplatz präsentieren. Fahren Sie dazu wieder zurück zum Krei-

(072) WOMO-Stellplatz: Pons I

Position: N 45° 34' 41.4" W 0° 32' 55.4" Place de la République
max. WOMOs: > 5
Gebührenfrei
Ausstattung / Lage: Mülleimer, Stadtplan / in Zentrumsnähe
Zufahrt: Am Kreisel mit den Jakobspilgern müssen Sie, von Gémozac kommend, links abbiegen. Dann folgen Sie einfach den Schildern zum Donjon. Direkt daneben finden Sie den Platz.

(071) WOMO-Stellplatz: Pons II

Position: N 45° 34' 39.7" W 0° 33' 19.9" Avenue du Poitou
max. WOMOs: 4 - 5 Gebührenfrei
Ausstattung / Lage: Ver- und Entsorgung, Toiletten, Mülleimer / am Ortsrand
Zufahrt: Von der Ausfahrt des Stellplatzes Pons I aus, fahren Sie nach links und dann so lange geradeaus, bis Schilder nach links zum Campingplatz bzw. zur Womo-Station auftauchen, denen Sie dann folgen.

sel mit den Jakobspilgern im Mittelpunkt und folgen Sie der Beschilderung zum Ortszentrum. Nachdem Sie eine recht

Donjon in Pons

steile Straße hochgefahren sind, erreichen Sie den Donjon, der rechts der Straße liegt und von dem aus Sie eine schöne Aussicht über die Stadt haben. Nebenan sind Straßencafés und kleine Restaurants. Wir haben dort einen schönen Abend verbracht. Am nächsten Morgen haben Sie nicht weit zur Bäckerei. Überhaupt sind alle Läden von hier aus ganz leicht zu Fuß erreichbar. Für nähere Informationen finden Sie das OTSI auch gleich daneben.

Um die Tour zu Ende zu bringen, müssen wir allerdings wieder ins Womo steigen. Alle Wege führen uns zum „Pilgerkreisel" in Pons zurück. Er ist ein „Großverteiler"! Hauptrichtung ist jetzt natürlich eindeutig ANGOULÊME.

ARCHIAC und BARBEZIEUX-ST-HILAIRE sind unsere nächsten Nahziele.

In dem hügeligen Ort ARCHIAC gibt es einen Übernachtungsplatz im Ortszentrum. Steil steigen die Straßen an bis wir schließlich zum Mittelpunkt des Dorfes kommen. Von hier aus lohnt es sich, ein bisschen herumzuschlendern.

(073) WOMO-Stellplatz: Archiac

Position: N 45° 31' 13.8" W 0° 18' 17.4" Place du Champ de Foire
max. WOMOs: 4 - 5 Gebührenfrei
Ausstattung / Lage: Ver- und Entsorgung, Toiletten, Mülleimer, Wertstoff-Behälter / Im Zentrum
Zufahrt: Zu Beginn Richtung „Centre Ville" fahren, dann den Schildern zur „Poste" bzw. „Gendarmerie" folgen. Es geht kurvig und steil hoch. Wenn Sie dann auf die Kirche zufahren, sehen Sie den Platz direkt vor dem Postamt. Vom Platz aus gesehen ist die Ver- und Entsorgungsstation schräg hinter der Post.

Auch hier sehen wir wieder Weinberge entlang der Straße. Schließlich fahren wir durch das Herz der „Petite Champagne" und der Region „Les Fins Bois". Das sind zwei der sechs offiziellen Weinbaugebiete aus denen die Trauben für den Cognac stammen. Neben dem Cognac wird in dieser Gegend auch Pineau in den Geschäften angeboten. Das ist ein Likörwein, der aus Traubenmost und Cognac hergestellt wird. Dem Most gibt man Cognac zu, damit die Gärung gestoppt wird. Dann wandert das Gemisch für mindestens ein Jahr in ein Eichenfass, wo es dann seiner endgültigen Reife entgegensieht.

Diese Tour möchte ich in BARBEZIEUX-ST-HILAIRE mit Ihnen beenden. Unser nächstes Ziel, ANGOULÊME, ist von hier aus nicht zu verfehlen. Sie werden auf die Umgehungsstraße geleitet und erreichen über die gut ausgebaute N 10, die Stadt in einer knappen halben Stunde. Auf der nächsten Tour möchte ich Sie zuerst zu einem Stellplatz in Zentrumsnähe führen, von dem aus Sie ANGOULÊME besichtigen können. Dazu müssen Sie aber eine Seite weiter blättern.

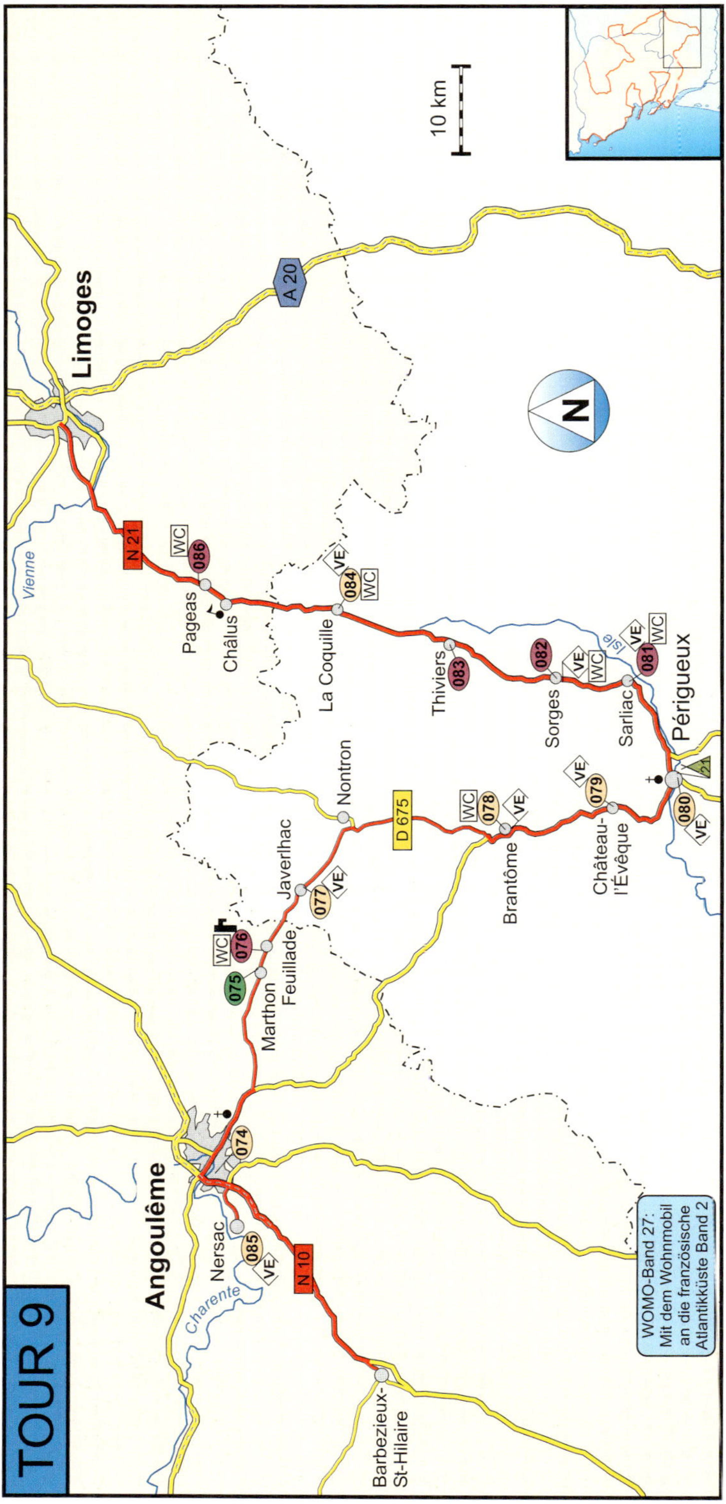
TOUR 9
Limoges
Angoulême
Périgueux
N 21
N 10
D 675
A 20
10 km
N
Vienne
Charente
Isle
Pageas
Châlus
La Coquille
Thiviers
Sorges
Sarliac
Nontron
Javerlhac
Feuillade
Marthon
Brantôme
Château-
l'Évêque
Nersac
Barbezieux-
St-Hilaire
074
075
076
077
078
079
080
081
082
083
084
085
086
WC
VE
WOMO-Band 27:
Mit dem Wohnmobil
an die französische
Atlantikküste Band 2

TOUR 9 (216 km)

Barbezieux — Angoulême — Brantôme — Périgueux — Châlus — Limoges

Übernachten:	Nersac, Angoulême, Marthon, Feuillade, Javerlhac, Brantôme, Château-l'Évêque, Périgueux, Sarliac, Sorges, Thiviers, La Coquille, Pageas
Besichtigen:	Angoulême, Brantôme, Kathedrale und Altstadt von Périgueux, Trüffelmuseum in Sorges, Burg des Richard Löwenherz in Châlus
Campingplatz:	Barnabé
Wandern:	Marthon
Markt:	Brantôme (Fr.), Périgueux (Mi., Sa.) Thiviers (Sa.)

Auf der nebenstehenden Karte bemerken Sie an der unterschiedlichen Färbung bereits, dass wir die Départements, die ich zu „Atlantikküste Nord“ zähle, verlassen. In der Tat ist auch unser südlichster Punkt, PÉRIGUEUX, ein Übergang zu meinem Buch „Mit dem Wohnmobil an die französische Altantikküste Band 2, der Süden“.

Bevor wir die Stadt erreichen, möchte ich Ihnen noch einen kleinen charmanten Stellplatz in einem kleinen charmanten Dorf vorstellen. NERSAC liegt etwas abseits der N 10. Um den Stellplatz zu erreichen, nehmen Sie am besten die Abfahrt „LA COURONNE“ und folgen dann weiter der Beschilderung nach NERSAC. Unser nächster Stellplatz in ANGOULÊME ist etwas für kleine bis mittlere Wohnmobile. Schon die Zufahrt ist etwas eng geraten. Da stehen Sie mit größeren Fahrzeugen in NERSAC besser. Aufgrund der geringen Anzahl der Plätze ist es im Sommer nötig, frühzeitig anzukommen.

(085) WOMO-Stellplatz: Nersac

Position: N 45° 37' 33.9" E 0° 03' 00.8" Rue de la Foucaudie
max. WOMOs: 5 Gebührenfrei
Ausstattung / Lage: Ver- und Entsorgung, Mülleimer / in Zentrumsnähe
Zufahrt: Fahren Sie in den Ort hinein. In der Ortsmitte folgen Sie der Beschilderung „mairie, église“. Biegen Sie zwischen Bürgermeisteramt und Kirche in die „Rue d'Epagnac“ ein und umrunden Sie anschließend einen Park. Indem Sie immer rechts abbiegen, erreichen Sie den Stellplatz.

Sonstiges: Wasser und Strom frei. Französische Steckdosen! Deutsche Stecker mit Loch passen.

Wir beginnen bei der Abfahrt von der N 10. Sie heißt „ANGOULÊME Centre". Dann fahren Sie so lange in Richtung Zentrum, bis Sie die *Charente* überqueren. Ordnen Sie sich dann links ein. Wenn die Straße nicht mehr weiter geradeaus geht, biegen Sie nach links ab. Ab jetzt müssen Sie aufpassen! Bei der nächsten Möglichkeit geht's rechts hoch. Dort stehen Schilder zum „Parking les Halles". Sie fahren jetzt die Avenue de COGNAC entlang. Rechts von Ihnen sollten Sie die Stadtmauer sehen. Fahrer größerer Mobile müssen etwa in der Hälfte der Steigung nach links auf einen Parkplatz fahren und das Stück, das wir noch weiterfahren, zu Fuß gehen. Da ich später einen Rundgang mit Ihnen machen will, ist das nicht weiter schlimm, Sie sind dann eben wieder früher an Ihrem Fahrzeug. Zurück zur weiteren Beschreibung: Sobald es eine Möglichkeit gibt rechts abzubiegen, tun Sie das und zwar in einem sehr spitzen Winkel. Sie fahren jetzt also fast in die selbe Richtung aus der Sie eben gekommen sind, allerdings ein Stockwerk höher, nämlich auf der Stadtmauer. Ein Schild weist zum „Jardin Vert". Sie erreichen schließlich ein Denkmal, die Straße macht einen Knick nach links und Sie stehen direkt vor dem versprochenen Parkplatz, der auf der rechten Seite zu sehen ist. Jetzt verstehen Sie auch, warum Sie mit einem großen Wohnmobil hier nicht stehen können.

(074) WOMO-Stellplatz: Angoulême

Position: N 45° 39' 05.3" E 0° 08' 48.7" Rue des Anciens Combattants
max. WOMOs: 3 - 4 Gebührenfrei
Ausstattung / Lage: Mülleimer / zentrumsnah
Zufahrt: Den Schildern zum „Jardin Vert" folgen und nach dem Denkmal rechts auf den Parkplatz fahren. Der Stellplatz ist jedoch nur für kleine, höchsten mittelgroße Mobile geeignet.
Sonstiges: Das Gelände ist sehr sauber und gepflegt.

Schreiten wir nun zur Stadtbesichtigung! Die Stadtmauer, auf der wir uns immer noch befinden, ist wie geschaffen dafür, ihr weiterhin ein Stück zu folgen. Nach wenigen Minuten erreichen wir auf diese Weise die Kathedrale St-Pierre, bei der mich das Hauptportal am meisten beeindruckt. Von der Stadtmauer kommend, haben Sie auch gleich den richtigen Blickwinkel, um die Kirche zu bestaunen. Eine wahre Figurenflut ist dort abgebildet, wie Sie beim Näherkommen leicht selbst feststellen werden.

Aber auch das Innere dieser Kathedrale ist sehenswert und beeindruckt allein schon durch seine Größe. Wir halten uns recht lange hier auf, wobei ich gestehen muss, dass dafür außer Kulturinteresse auch die hier herrschende Temperatur verantwortlich ist.

Unseren Stadtrundgang setzen wir auf der rechten Seite der Kathedrale fort, wobei wir immer noch an der Stadtmauer entlang gehen. Bald biegt rechtwinklig links eine Straße ab, der wir bis zum Rathaus folgen. Sie erkennen das Gebäude an einem kleinen Park auf dessen Rückseite.

Genau auf der entgegengesetzten Seite des Rathauses beginnt die Fußgängerzone. Hier können Sie sich einem eventuell aufgestauten Kaufrausch hingeben. Wir waren schließ-

Angoulême: Kathedrale St-Pierre

Kathedrale St-Pierre, Detail

lich bisher nur in kleineren Städten unterwegs. Schlendern Sie einfach durch die Straßen und schauen Sie sich in dem einen oder anderen Geschäft um.

Am Ende des verkehrsberuhigten Bereichs kommen Sie zur Kirche St-Martial, die auf jeden Fall auch einen Besuch wert ist. Leider müssen Sie jetzt den Weg zum Rathaus wieder zurück gehen. Biegen Sie dann, wenn Sie die verkehrsberuhigte Zone verlassen, nach rechts ein, um die Markthallen zu erreichen. Hier können Sie jetzt noch ein bisschen in den kleinen Seitenstraßen flanieren oder einfach in einem der zahlreichen Straßencafés etwas trinken.

Eine weitere Attraktion in ANGOULÊME ist das CNBDI, ausgeschrieben „Centre National de la Bande Dessinée et de

l'Image", zu deutsch Comic-Zentrum. In diesem Museum finden Sie alles, was mit Comics und Zeichentrick zu tun hat. In einem riesigen Archiv werden alle französischen und die wichtigsten ausländischen Comic-Hefte gesammelt. Doch selbst wenn Sie sich nicht dafür interessieren, sollten Sie den kleinen Umweg nicht scheuen und sich die Architektur dieses Gebäudes anschauen.

Neben den Markthallen ist das OTSI. Das Büro zu Ihrer Linken und die Hallen zur Rechten, gehen Sie jetzt auf die Stadtmauer zu. Von hier aus sollten Sie noch die Aussicht von der Stadtmauer genießen. Vor einigen Jahren noch wiesen Pfotenabdrücke auf dem Bürgersteig den Weg zum CNBDI. Leider sind diese mittlerweile nur noch an wenigen Stellen erhalten geblieben, stellen also nicht wirklich eine Hilfe dar. Biegen Sie links ab und folgen wieder einmal dem Verlauf der Stadtmauer. Sie werden bald erkennen, wo Sie im spitzen Winkel zum Stellplatz abgebogen sind. Folgen Sie der Straße, Sie sind immer noch auf der Stadtmauer.

Kurz bevor Sie Ihr Fahrzeug erreichen, sehen Sie eine Gedenktafel in der Stadtmauer. Hier erprobte ein gewisser General Resnier 1806 ein selbsterfundenes Segelflugzeug indem er sich mitsamt seiner Konstruktion von der Mauer hinunterstürzte. Er hat sich bei dieser Aktion glücklicherweise nur ein Bein gebrochen.

Von hier oben haben Sie jetzt auch einen schönen Blick auf einen Park und können das CNBDI halbrechts sehen. Es ist schon auffällig! Links von Ihnen sehen Sie eine Tür durch die Sie die Grünanlage erreichen. In Zick-Zack-Kurven können Sie langsam hinabsteigen und unterwegs noch einige Kunstwerke bestaunen.

Angoulême: CNBDI

Selbst wenn Sie nicht hineingehen wollen, sollten Sie um den Komplex herumgehen. Er ist schon sehenswert. Nicht nur wegen seiner außergewöhnlichen Architektur. In einem Hof haben die bekanntesten Comic-Autoren und -Zeichner eine Visitenkarte in Form einer Bodenplatte hinterlassen. Damit Sie zu Ihrem Womo kommen, müssen sie leider den Weg, auf dem Sie heruntergekommen sind, wieder hinaufgehen.

Öffnungszeiten CNBDI:
September - Juni:
Dienstag - Freitag: 10 - 18 Uhr
Sa, So, Feiertag: 14 - 18 Uhr
Juli und August:
Dienstag - Freitag: 10 - 19 Uhr
Sa, So, Feiertag: 14 - 19 Uhr

Wenn Sie auf der Stadtmauer angekommen sind und die letzten

Meter zu Ihrem Fahrzeug zurücklegen, entschädigt Sie vielleicht der Blick über die *Charente* für die Überwindung des Höhenunterschieds.

Haben Sie sich von dem Stadtrundgang erholt? Dann können Sie uns jetzt in Richtung PÉRIGUEUX folgen, dort werden Ihre Füße ebenfalls beansprucht werden. Es gibt einiges an römische Kultur zu entdecken - und einen schönen Stellplatz. Zuvor sollten sie jedoch in dem idyllischen Ort BRANTÔME ausspannen.

Es ist recht einfach, aus ANGOULÊME wieder herauszufinden. Unübersehbar sind die grünen Schilder mit der Aufschrift „PÉRIGUEUX". Etwa sieben bis acht Kilometer hinter der Stadt entscheiden wir uns jedoch, die N 939 zu verlassen und statt dessen die Route über NONTRON einzuschlagen. Grund dafür

Blick von der Stadtmauer auf die Charente

ist eine grüne Markierung auf der Straßenkarte, die für eine landschaftlich reizvolle Wegstrecke steht.

Wir erreichen den Ort MARTHON und wollen ein bisschen wandern. Lachen Sie nicht! Der Unterschied zwischen einer Stadtbesichtigung und dem Wandern auf federndem Wald- und Wiesenboden ist schon enorm. Fast am Ortsende finden wir auf der linken Seite gegenüber der Mairie einen Parkplatz. Er liegt zwischen schattenspendenden Bäumen und ist gleichzeitig der Ausgangspunkt für mehrere Wanderwege, von denen wir uns einen aussuchen wollen.

(075) WOMO-Wanderparkplatz: Marthon

Position: N 45° 36' 43.7" E 0° 26' 51.3" Grand Rue

max. WOMOs: 3 - 4

Gebührenfrei

Ausstattung / Lage: Tische und Bänke / am Ortsrand

Zufahrt: Marthon durchqueren bis fast zum Ortsausgang, Parkplatz auf der linken Seite gegenüber der Mairie. Vorsicht vor tiefhängenden Ästen. Ausgangspunkt von Wanderwegen.

Direkt am Bürgermeisteramt steht eine Tafel mit verschiedenen Wanderwegen. Wir haben uns für den „Circuit des Lavoirs“ entschieden.

WOMO-Wandertipp: Circuit des Lavoirs

Unsere kleine Wanderung beginnt hinter dem Bürgermeisteramt und führt dann zuerst leicht abwärts. Der Tafel entnehmen wir, dass wir dem Weg Nummer 2 und der blauen Markierung folgen müssen. Darauf sollten Sie jedoch nicht allein vertrauen. Auf weiten Strecken des Weges können Sie aber der gelben Markierung des GR 8 folgen, die konsequenter angegeben ist.

Unser Weg führt uns hauptsächlich über Feld- und Waldwege und nur ein kleines Stück über Verkehrsstraßen. Dabei laufen wir parallel zu unserer weiteren Fahrtroute. Schließlich erreichen wir den nächsten Ort: Feuillade. Hoch über dem Bürgermeisteramt kommen wir dort aus dem Wald heraus und müssen über die Wiese nach unten klettern. Ab hier beginnt eigentlich der Rückweg, wir müssen jedoch noch ein bisschen in die entgegengesetzte Richtung laufen. Wenn Sie vor der Orientierungstafel an der Mairie stehen also nach links. Auch hier hilft uns die gelbe Markierung weiter.

Wir überqueren dann ein Flüsschen namens Bandiat und biegen gleich nach der Brücke links ab. Ein ganz kleines Stückchen geht's jetzt am Wasser entlang, bis der Weg nach rechts abknickt. Jetzt ist erhöhte Aufmerksamkeit geboten. An einem Wegkreuz gehen wir nach links und verabschieden uns damit von der gelben Markierung! Wir kürzen an dieser Stelle gegenüber dem GR 8 knappe 35 km ab.

Der blaue Streifen taucht jetzt auch hin und wieder auf. Nach kurzer Zeit begleitet uns auch der gelbe Balken wieder und bald darauf kommen wir wieder in Marthon an.

Wenn Sie mich jetzt fragen, warum der Rundweg „Circuit des Lavoirs“ heißt, was ja etwas mit Waschen zu tun hat, kann ich Ihnen nur sagen, dass kurz bevor wir Marthon erreichen ein altes Waschhäuschen steht.

Der nächste Ort, FEUILLADE, ist den Wanderern ja schon bekannt. Hier ist wieder eine Möglichkeit zum Übernachten.

(076) WOMO-Picknickplatz: Feuillade

Position: N 45° 36' 33.5" E 0° 28' 10.6" (kein Straßenname)
max. WOMOs: 4 - 5 Gebührenfrei
Ausstattung / Lage: Toiletten, Abfalleimer, Tische und Bänke, Wasser, Strom / am Ortsrand
Zufahrt: Am Ortseingang von Feuillade nach links auf einen Parkplatz fahren. Im vorderem Bereich für LKW. Fahren Sie den Parkweg weiter durch bis Sie im hinteren Bereich die oben genannte Ausstattung vorfinden.
Sonstiges: Tiefhängende Zweige im hinteren Bereich.

Bei unserer Weiterfahrt kommen wir nach knapp 10 Kilometer in den Ort JAVERLHAC-ET-LA-CHAPELLE-ST-ROBERT. Sie merken schon, wenn ich einen so kleinen Ort erwähne, gibt es dort einen Stellplatz. Das ist natürlich auch hier der Fall.

(077) WOMO-Stellplatz: Javerlhac

Position: N 45° 34' 05.0" E 0° 33' 44.8" (kein Straßenname)
max. WOMOs: 4 - 5 Gebührenfrei
Ausstattung / Lage: Ver- und Entsorgung, Abfalleimer / im Ort
Zufahrt: Wir fahren geradeaus durch den Ort und biegen direkt nach der Total-Tankstelle nach links auf den Platz ab.

Auf dem weiteren Weg nach PÉRIGUEUX brauchen Sie nicht nach NONTRON hineinzufahren. Folgen Sie gleich mit uns den Schildern nach BRANTÔME. In diesen Ort hingegen müssen Sie unbedingt hineinfahren, gehört er doch zu meinen Lieblingsorten und ich hoffe, nach einem Besuch, auch zu den Ihren.

Direkt neben dem Parkplatz liegt ein Park, in dem es sich wunderschön picknicken lässt. Gehen Sie anschließend noch an der *Dronne* spazieren. Über verschiedene Brücken erreichen Sie dann das malerische Ortszentrum.

Dort steht eine alte Abtei aus dem Jahr 769, die von Karl dem Großen gegründet wurde. Nach mehreren Zerstörungen

(078) WOMO-Stellplatz: Brantôme

Position: N 45° 21' 40.7" E 0° 38' 52.9" Chemin du Vert Galant
max. WOMOs: > 5 Gebührenfrei
Ausstattung / Lage: Ver- und Entsorgung, Toiletten in der Nähe, Mülleimer / Wiese am Ortsrand
Zufahrt: Folgen Sie im Ort den Schildern nach Périgueux. Biegen Sie nach der zweiten Brücke über die Dronne rechts in Richtung Parkplatz ab, fahren Sie jedoch nicht auf den Platz sondern bleiben Sie noch ein Stückchen auf dem geradeaus führenden Weg. Dort werden Sie einen schönen Stellplatz auf der rechten Seite finden.

Sonstiges: Der Stellplatz war bei einigen meiner Besuchen auch durch Wohnwagen und LKW von Kirmesbeschickern belegt, die vorn auf dem kleinen Parkplatz einen Jahrmarkt aufgebaut hatten.

Dronne-Brücke in Brantôme

und Plünderungen wurde sie im 19. Jahrhundert zum letzten Mal restauriert. Der Glokkenturm steht etwas abseits und kann, ebenso wie die danebenliegenden Grotten, besichtigt werden. Nichts liegt mir ferner, als Sie von einem Besuch abzuhalten, allerdings finde ich den Rest des Ortes wesentlich sympathischer.

Schlendern Sie also auf jeden Fall noch ein wenig mit uns durch den Ort, trinken Sie

Brantôme: Idylle an der Dronne

etwas in einem Bistro oder essen Sie in einem Straßencafé ein Eis. Da zwei Arme der *Dronne* das Städtchen einschließen, können Sie auch immer wieder einen Spaziergang am Fluss entlang machen.

Ein kleines bisschen tut es mir immer leid, wenn wir BRANTÔME verlassen. Vom Parkplatz aus fahren Sie, noch bevor Sie ins Ortszentrum kommen und die *Dronne* überqueren, nach rechts. Am nächsten Kreisel ist PÉRIGUEUX ausgeschildert.

Unterwegs kommen wir noch durch CHÂTEAU-L'ÉVÊQUE, hier gibt es einen Stellplatz.

(079) WOMO-Stellplatz: Château-l'Évêque

Position: N 45° 14' 39.9" E 0° 41' 14.2"
max. WOMOs: 3 - 4

Place du Jardin Public
Gebührenfrei

Ausstattung / Lage: Ver- und Entsorgung, Toiletten, Mülleimer / am Ortsrand
Zufahrt: Fast am Ortsende von Château-l'Évêque, aber noch vor dem Bahnübergang nach links abbiegen.
Sonstiges: Wasser und Strom 2 EUR

Da ich Sie in PÉRIGUEUX auf einen ganz bestimmten Parkplatz lotsen will, sollte Sie ein Beifahrer anhand der folgenden Beschreibung dirigieren.

Achten Sie auf das Ortsschild „Agglomération de PÉRIGUEUX" und fahren Sie weiter in Richtung „Centre Ville". Nach einer größeren Kreuzung kommt das eigentliche Ortsschild von PÉRIGUEUX. Ab jetzt folgen wir den Schildern „Toutes directions". Wir fahren jetzt auf der D 939, rechts von uns plätschert die *Isle*. Das geht noch eine ganze Zeit so, bis die Straße sich von selbst vom Fluß entfernt und Sie sich einem länglichen Verkehrskreisel nähern, der mit Mosaiksteinen belegt ist. Folgen Sie nun den Schildern nach „LIMOGES, Ville renaissance, Cité romaine". Wenn Sie jetzt in der „Rue Chanzy" sind, hat alles geklappt. An der nächsten Ampel sehen Sie schon einen Parkplatz direkt neben der Straße, auf den Sie jetzt zielstrebig zufahren sollten.

Zuerst möchte ich mit Ihnen das „römische PÉRIGUEUX" besichtigen. Und dazu haben wir auf diesem Parkplatz eine gute Ausgangsposition. Ich hatte weiter vorn schon erwähnt, dass ich nicht gern mit einem Buch in der Hand eine Stadtbesichtigung mache. Hier ist es jedoch zweckmäßig, wenn Sie meiner Route folgen. Im „Michelin" ist die Tour mit anderem Ausgangspunkt in umgekehrter Reihenfolge beschrieben. Ich bin jedoch der Meinung, dass der von mir gewählte Ablauf schöner ist, weil die interessantesten Gebäude dann nämlich am Schluss kommen.

Wir wollen bei der ehemaligen Arena beginnen. Dazu überqueren wir die „Rue Chanzy" an der Ampel und sehen auch schon gleich die „Rue de l'Amphithéatre", in die wir nach rechts einbiegen. Nach wenigen Metern kommen wir schon zu dem Park in dem sich noch Reste des Amphitheaters aus dem 1. Jahrhundert finden. Wie die ganze Anlage einmal ausgesehen haben mag, lässt sich aber nur noch schwer erahnen.

Den Park verlassen wir auf der entgegengesetzten Seite und können schon gleich unser nächstes Ziel sehen: Die Kirche St-Étienne-de-la-Cité. Zugegeben, sie passt nicht ganz in das römische Umfeld, steht aber trotzdem damit in Zusammenhang. An ihrer Stelle stand nämlich früher ein Marstempel hier. Im Laufe der Jahrhunderte teilte sie das Schicksal vieler anderer Kirchen in dieser Gegend: Zerstörung, Wiederaufbau, erneute Zerstörung und erneuter Wiederaufbau. Sie war früher doppelt so groß. Aber trotzdem hat sie nichts von ihrer Ausdruckskraft verloren. Schauen Sie sich die Kuppeln von innen an! Sind sie nicht riesig? Mich persönlich stört etwas der düstere Altaraufsatz auf der rechten Seite, dafür gefallen mir die Kreuzwegbilder recht gut. Sie sind zumindest etwas anders, als man das gewöhnt ist. Wenn sie nach der Kirchenbesichtigung nach links in die „Rue romaine" einbiegen, erreichen Sie nach kurzer Zeit einen Park, in dem der „Tour de Vésone" steht. Er war ursprünglich Teil einer Tempelanlage, die der Schutzgöttin von PÉRIGUEUX, Vesunna, geweiht war. Der gewaltige Riss an einer Seite stammt der Legende nach von St-Front, einem eifrigen Bekehrer der Heiden. Die Letzten, die von seinem Glauben nicht überzeugt waren, flüchteten

Périgueux: Tour de Vésone

in den Turm, worauf der Heilige sein Kreuz erhob und damit eine Seite der Zufluchtsstätte zum Einsturz brachte, was schließlich das Ende der Besetzer bedeutete.

Wenn sie jetzt in den kleinen Park hinuntergehen, können Sie auf der gegenüberliegenden Seite des Risses im Turm Ausgrabungsarbeiten sehen. Um diesen ganzen Komplex wurde mittlerweile ein Museum gebaut, das Musée Vesunna. Hier können Sie den Archäologen bei ihrer Arbeit zuschauen. Zumindest war das bei meinem letzten Besuch so.

Verlassen sie den Park indem Sie vom Ausgang des Museums nach links gehen. Anschließend überqueren Sie rechts einen Parkplatz und eine Eisenbahnlinie. Dann biegen Sie links in die „Rue Turenne" ein und sehen das Château Barrière vor sich, das auf Teilen der römischen Stadtmauer errichtet wurde. Direkt daneben finden sich noch Überreste eines römischen Hauses, die allerdings stark mitgenommen sind. An einem weiteren Relikt der alten Stadtmauer, der „Porte Normande", vorbeigehend, kommen wir wieder auf den Parkplatz, auf dem unser Womo bereits wartet.

Öffnungszeiten Museum:
Außer Juli und August: Mo. geschlossen
Anf. Feb. - Anf. Apr. : 10 - 12.30 und 14 - 17.30 Uhr
Anf. Apr. - Anf. Jul. : 10 - 12.30 und 14 - 18 Uhr
Anf. Jul. - Anf. Sep. : 10 - 19 Uhr
Anf. Sep. - Mitte Nov. : 10 - 12.30 und 14 - 18 Uhr
Mitte Nov. - Anf. Jan. : 10 - 12.30 und 14 - 17.30 Uhr

Der zweite Teil unserer Stadtbesichtigung soll der Gegend um die Kathedrale St-Front gelten. Von unserem jetzigen Parkplatz aus fahren wir auf der „Rue Chanzy", auf der wir hergekommen sind, einfach zur Stadtmitte weiter. Jetzt wird es Zeit einen Stellplatz zu erwähnen, von dem aus Sie die Altstadt leicht erreichen können. Wenn ich schon dabei bin: Es gibt auch einen Campingplatz direkt am Isle-Ufer.

Château Barrière

(080) WOMO-Stellplatz: Périgueux

Position: N 45° 10' 54.3" E 0° 43' 24.2" Rue Nouvelle des Quais
max. WOMOs: > 5 Gebührenfrei
Ausstattung / Lage: Ver- und Entsorgung, Mülleimer / zentrumsnah, direkt am Ufer der Isle
Zufahrt: Wie oben beschrieben fahren Sie jetzt in Richtung Stadtmitte. Wenn Sie eine 30-km-Zone erreichen, müssen Sie zwangsläufig einmal rechts abbiegen. Sie fahren dann um ein Kino herum und biegen vor einem Turm rechts ab in Richtung „Toutes Directions" bzw. „Limoges". Biegen Sie danach in die zweite Linksabbiegerspur auf dieser Straße ein und fahren sofort an deren Beginn (nicht erst am Ende!) links ab. Auf der linken Seite finden Sie dann die Ver- und Entsorgungsstation. Fahren Sie weiter unter der Brücke durch, dann kommen Sie zu den Übernachtungsplätzen am Ufer der Isle.

(C21) WOMO-Campingplatz-Tipp: Barnabé Plage **

Position: N 45° 11' 12.5" E 0° 44' 31.5" Rue des Bains / Boulazac
Öffnungszeiten: 1.3. - 31.10.
Ausstattung / Lage: sehr schattig, Imbiss, beheizter Pool / im Nachbarort Boulazac knapp 2 km außerhalb Périgueux am Ufer der Isle
Zufahrt: Den Stellplatz in Périgueux, an der Isle entlangfahrend, über eine schräg nach oben führende Straße verlassen. An der nächsten Ampel rechts Richtung „Brives". Am nächsten Kreisel Richtung „Brives" beibehalten bis Sie ein großes Schild „Camping" sehen, das nach links weist.
E-Mail: contact@barnabe-perigord.com
Internet: www.barnabe-perigord.com

Vom Stellplatz aus brauchen Sie keine Wegbeschreibung mehr für eine Stadtbesichtigung. Gehen Sie auf die Kathedrale St-Front zu, nach deren Besichtigung kommen Sie von dort aus ganz leicht in die Altstadt. Die Bischofskirche mit ihren byzantinischen Kuppeln dürfen Sie allerdings keinesfalls aus Ihrem Programm streichen. Sie ist ganz einfach die Sehenswürdigkeit in PÉRIGUEUX.

Beim Betreten der Kirche wird Ihnen schon auffallen, dass die gesamte Anordnung des Innenraumes völlig anders gestaltet ist, als bei den bisher besuchten Gotteshäusern. Das fängt beim Grundriss an und hört bei der Dachform auf. Nicht das lateinische Kreuz, wie es in der Saintonge als Grundform für den Aufbau der Kirchen selbstverständlich war, sondern das griechische Kreuz diente den früheren Architekten der größten Kuppelkirche FRANKREICHS als Basis für ihren Bauplan. Die riesigen Kuppeln waren wohl bei dem ursprünglichen Bau im 12. Jahrhundert etwas weniger „byzantinisch". Der Architekt Abadie hat sie bei der Restaurierung der Kirche, von der Mitte bis zum Ende des vorigen Jahrhunderts, etwas

Son et Lumière: St-Front in Périgueux

überbetont. Dieser Herr hatte übrigens auch seine Hand bei der Restaurierung der Kathedrale von ANGOULÊME und der Kirche von AULNAY, die Sie mittlerweile ja beide schon kennen, im Spiel.

Von der Kathedrale aus erreichen Sie leicht die Altstadt. Spazieren Sie einfach durch die Gassen und lassen Sie sich von weiteren Sehenswürdigkeiten überraschen. Sie wissen ja: Ein Café in einem Straßencafé gehört ganz einfach dazu. Zur Kirche werden Sie immer wieder zurückfinden, und von da aus zu Ihrem Womo ist es ja nur ein Katzensprung.

In der Altstadt von Périgueux

Wir verlassen den Stellplatz jetzt so, dass die *Isle* auf unserer rechten Seite zu sehen ist. Dann brauchen wir nur noch den überall präsenten und gut sichtbaren Schildern nach LIMOGES zu folgen. Sie erreichen jetzt die N 21 und brauchen sich keine Sorgen um den weiteren Verlauf der Tour zu machen, wenn Sie auf dieser Straße bleiben.

Bevor wir nach SARLIAC kommen muss ich noch einiges nachholen, was ich bisher versäumt habe zu erwähnen. Wir befinden uns seit geraumer Zeit in einem Landstrich, der grünes PÉRIGORD genannt wird. Grün deshalb, weil er von vielen Flussläufen durchzogen und daher besonders fruchtbar ist. Über die anderen drei „PÉRIGORDS" können Sie im Buch „Mit dem Wohnmobil an die Französische Atlantikküste Teil 2 — Der Süden" nachlesen. PÉRIGUEUX ist als Hauptstadt des PÉRIGORD zugleich der Schnittpunkt zwischen den beiden Bänden.

Das PÉRIGORD hat allerdings auch einen sehr guten kulinarischen Ruf, ist es doch die Heimat von Gänseleber und Trüffel. Über die Gänseleber möchte ich nichts schreiben, sie ist einfach in zweierlei Hinsicht eine Geschmacksfrage, aber mit den Trüffeln habe ich einen Übergang zu unserem nächsten Ziel gefunden: SORGES.

Zuvor kommen wir noch durch SARLIAC. Er wird deshalb erwähnt - Sie ahnen es schon - weil es da eine Ver- und Entsorgungseinrichtung gibt.

(081) WOMO-Picknickplatz: Sarliac

Position: N 45° 14' 08.2" E 0° 52' 25.9" (kein Straßenname)
max. WOMOs: 4 Gebührenfrei
Ausstattung / Lage: Ver- und Entsorgung, Toiletten, Mülleimer, Wertstoff-Behälter, Tische und Bänke / am Ortseingang
Zufahrt: Direkt am Kreisel im Ort.

SORGES liegt direkt an der Nationalstraße, ist also nicht zu verfehlen. Was den Ort interessant macht, ist neben seiner Ver- und Entsorgungsstation ein Trüffelmuseum.

Das Museum ist im Office de Tourisme zu finden und von der Nationalstraße aus gut ausgeschildert. Hier können Sie alles über diese unterirdisch wachsenden kostbaren Speise-

Das ist er also: Überdimensionierter Trüffel am OTSI in Sorges

pilze erfahren. Selbst mit geringen Französischkenntnissen können Sie mit etwas Mühe die Aussage der meisten Grafiken, Bilder und Exponate verstehen. In einem kleinen Raum werden Sie noch zu einer Diaschau eingeladen. Auf keinen Fall sollten Sie auf den leckeren Trüffeltoast verzichten, den Sie dort erhalten können.

Öffnungszeiten Trüffelmuseum:
Juli - August: täglich 9 - 12 und 14 - 18.30 Uhr
September - Juni: täglich außer Montag
10 - 12 und 14 - 17 Uhr

(082) WOMO-Picknickplatz: Sorges

Position: N 45° 18' 24.6" E 0° 52' 24.4" (kein Straßenname)
max. WOMOs: 4 - 5 Gebührenfrei
Ausstattung / Lage: Ver- und Entsorgung in der Nähe, Toiletten, Mülleimer, Wertstoff-Behälter, Tische und Bänke / in einem Park nahe der Ortsmitte
Zufahrt: Von der Nationalstraße aus in den Busparkplatz des Trüffelmuseums links einbiegen, jedoch noch ein Stückchen weiter fahren und den Schildern „Camping Car“ folgen.
Sonstiges: Die Ver- und Entsorgungsstation liegt ebenfalls auf der linken Seite der Nationalstraße [GPS: N 45° 18' 14.1" E 0° 52' 22:4"]. Dazu müssen Sie jedoch schon früher abbiegen. Geschwindigkeit stark reduzieren, wenn der Ort in Sicht kommt!

Unser Weg führt uns weiter nach Norden. THIVIERS umfahren wir auf der N 21.

(083) WOMO-Picknickplatz: Thiviers

Position: N 45° 25' 03.9" E 0° 55' 19.0" (kein Straßenname)
max. WOMOs: 3 - 4 Gebührenfrei
Ausstattung / Lage: Mülleimer, Tische und Bänke / am Ortsrand
Zufahrt: Obwohl wir den Ort auf der N 21 umfahren, steht ein Ortsschild an der Nationalstraße. Zwischen Schild und 1. Ampel nach links abbiegen.

Nur wenige Kilometer trennen uns von LA COQUILLE, das mit einem vollwertigen Stellplatz aufwartet.

(084) WOMO-Stellplatz: La Coquille

Position: N 45° 32' 34.3" E 0° 58' 41.1"
Place St-Jacques de Compostelle
max. WOMOs: 4
Gebührenfrei
Ausstattung / Lage: Ver- und Entsorgung, Toiletten, Abfalleimer / im Ortszentrum
Zufahrt: An der Kirche rechts abbiegen, sehr gut ausgeschildert.

Als nächstes kommen wir nach CHÂLUS, der Stadt in der Richard Löwenherz starb. Er ist zu jener Zeit König von ENGLAND und damit auch Herrscher über WESTFRANKREICH. Während seiner langjährigen Gefangenschaft auf Burg Trifels sieht er mehr und mehr Teile seines Reiches abbröckeln. In CHÂLUS will er nun ein Exempel statuieren. Während sich Richard Löwenherz in höchsteigener Person der letzten Bastion der Rebellen nähert wird er von einem Armbrustpfeil getroffen. Die Wunde ist so tief, dass Richard stirbt. Auf dem Sterbebett lässt er noch seine Mutter kommen, es ist dies Eleonore von Aquitanien, die uns bereits auf der ÎLE D'OLÉRON begegnet ist. Gleichzeitig bestellt er seinen Todesschützen zu sich und vergibt ihm, was diesem allerdings wenig nützt, denn kaum ist Richard tot, wird jener gehäutet und gehängt.

So viel zur Geschichte. Kommen wir zurück zur Gegenwart. Die Burg auf der sich das ganze Drama abgespielt hat ist bei der Einfahrt in den Ort gut zu sehen, aber schwer zu erreichen. Wir haben uns zuerst mit dem Wohnmobil durch

Auf dem Donjon in Châlus

Donjon der Burg von Châlus

die engen Straßen gequält und uns anschließend zu Fuß auf die Suche nach einer Zufahrt gemacht. Damit Sie sich nicht noch einmal die selbe Arbeit zu machen brauchen, verrate ich Ihnen den Weg ganz einfach: Sie fahren auf einer abschüssigen Straße nach CHÂLUS hinein. Am tiefsten Punkt befindet sich eine Ampel. Dort fahren Sie geradeaus. An der nächsten Ampel biegen Sie allerdings links ab.. Dann fahren Sie immer weiter geradeaus auf das Schloss zu. Den Fahrern großer Wohnmobilen möchte ich diese Strecke nicht zumuten. Sie bleiben besser auf den Parkplatz am Ortsanfang [GPS: N 45° 39' 05.3" E 0° 58' 47.9"] stehen und gehen zu Fuß zur Burg. Fahren Sie bei der vierten Einmündung im Ort links auf den Parkplatz.

Besonders hat es uns der Turm angetan. Es ist schon verblüffend, was sich die Ritter alles ausdachten, um dem Feind eine Eroberung so schwer wie möglich zu machen. Das reicht hier von einem Eingang in 6 Metern Höhe bis zu Pechnasen, die ursprünglich am oberen Geschoss angebracht waren. Das obere Stockwerk ist allerdings 1870 eingestürzt. Trotzdem hat der Turm noch die stattliche Höhe von 25 Metern. Von ganz oben hat man eine sehr schöne Aussicht.

Auf unserem weiteren Weg nach LIMOGES kommen wir an dem kleinen Ort PAGEAS vorbei und wir wären wirklich vorbei gefahren, wenn da nicht schon kilometerweit vorher Schilder zu einer „Aire de PAGEAS" aufgetaucht wären. Da auf diesen Wegweisern auch ein Wohnmobilsymbol abgebildet ist, muss ich mir den Platz natürlich ansehen.

Er ist, das sei vorweggeschickt, wunderschön. Die Picknickplätze liegen unter Bäumen auf gepflegtem Rasen, eine ganz neue Toilettenanlage steht in einer Ecke und ein Kinderspielplatz fehlt auch nicht. Im Sommer gibt es an einer Ecke des Platzes auch immer mal Obst und Gemüse zu kaufen. An der anderen Ecke hat sich ein kleines Restaurant niedergelassen. Und nicht zu vergessen: Sie können hier vor LIMOGES noch einmal übernachten, denn in der Stadt selbst geht das absolut nicht.

(086) WOMO-Picknickplatz: Pageas

Position: N 45° 40' 42.0" E 1° 00' 07.4" (kein Straßenname)
max. WOMOs: 5 Gebührenfrei
Ausstattung / Lage: Ver- und Entsorgung, Toiletten, Mülleimer, Tische und Bänke, Spielplatz / am Ortsrand
Zufahrt: An der N 21 sehr gut ausgeschildert.

TOUR 10 (121 km)

Limoges — Monts Blond — Lussac-les-Châteaux — Chauvigny

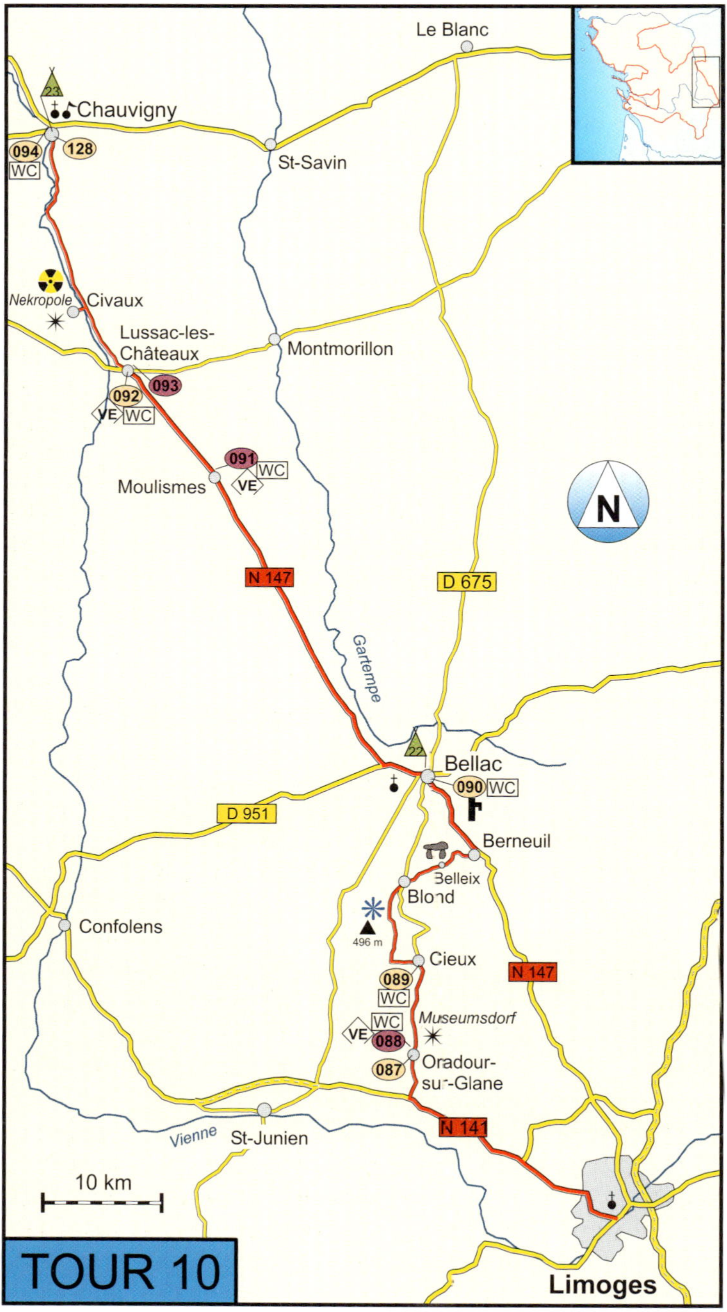

Übernachten:	Oradour-sur-Glane, Cieux, Bellac, Moulismes, Lussac-les-Châteaux, Chauvigny
Besichtigen:	Kathedrale und Botanischer Garten in Limoges, Oradour-sur-Glane, Reliquienschrein in Bellac, Nekropole von Civaux, Oberstadt von Chauvigny
Spazieren:	In den Monts Blond, am Stausee von Lussac
Campingplatz:	Les Rochets, Camping Municipal de la Fontaine
Markt:	Bellac (Mi, Do, Sa), Chauvigny (Di, Do, Sa)

In LIMOGES gibt es Porzellan, eine Kathedrale, Emailarbeiten, einen Jugendstilbahnhof, Porzellan, einen wunderschönen botanischen Garten und Emailarbeiten. Ach ja, nicht zu vergessen das Porzellan und die Emailarbeiten!

Zuerst müssen wir jedoch einen Parkplatz finden, was überhaupt nicht einfach ist. Er soll schließlich zentral liegen, damit die Sehenswürdigkeiten ohne langen Fußmarsch zu bewältigen sind. Ich mache Ihnen deshalb folgenden Vorschlag: Bleiben Sie möglichst lange auf der N 21, so lange bis Sie Schilder nach links zur Kathedrale sehen. Wenn Sie diesen folgen, brauchen Sie nur noch zweimal rechts abzubiegen und fahren dann genau auf die Kirche zu. Es gibt da etliche Parkplätze ohne Zeitlimit und dazu noch gebührenfrei. Wenn Sie hier allerdings nichts finden, kann ich Ihnen nur raten in der näheren Umgebung der Kathedrale und der Kirche „St-Michel-des-Lions", nicht weit davon entfernt, zu suchen. Misstrauen Sie den großen Parkplatzschildern, sie führen meist zu Tiefgaragen.

Nehmen wir einmal an, Sie hätten einen Parkplatz an der Kathedrale gefunden, dann sollten Sie natürlich zuerst mit deren Besichtigung beginnen. Hier ist es vor allem die Größe und das reich geschmückte Äußere, was uns sofort auffällt. Wenn Sie durch das Hauptportal treten, werden Ihnen die Ausmaße noch deutlicher vor Augen geführt. Es ist außerdem bemerkenswert, dass sich der Bau über sechs Jahrhunderte hinzog und sich scheinbar alle am Bau Beteiligten an die Originalpläne des Baumeisters Jean Deschamps hielten. Näheres zur Architektur der Kathedrale können Sie dem DuMont „Périgord und Atlantikküste" entnehmen.

Durch einen Seiteneingang kommen wir in die Gärten des Bischofspalastes. Hier könnte ich mich stundenlang aufhalten. Die Gärten sind nach verschiedenen Systemen angelegt. Einmal werden die Gewächse wissenschaftlich genau nach Gattung und Art angeordnet, ein anderes Mal die Flora eines bestimmten Lebensraumes in Beeten zusammengefasst. Werden hier die Gewächse nach ihrem Verwendungszweck in Heil- und Giftpflanzen, Gewürz- und Duftkräuter unterschieden, wird in anderen Teilen des Gartens mehr auf einen schönen optischen Eindruck geachtet.

Wenn sie der Blumen und Bäume überdrüssig geworden sind, sollten Sie die „Jardins" zur Kathedrale hin wieder verlassen. An der Chorseite beginnt der „Circuit de la Cité", was mit Rundweg durch die Altstadt zu übersetzen wäre, jedoch nicht stimmt, weil der „Circuit" irgend wann einmal aufhört und Sie dann am Ufer der *Vienne* stehen. Trotzdem sollten Sie sich die

Limoges: Nordportal der Kathedrale

In den „Jardins de l'Évêché"

Mühe machen, diesem Weg ein Stück weit zu folgen. An den gewundenen Gässchen stehen schöne alte Häuser. Die Sträßchen führen bergab und enden schließlich an der N 21.

Wenn Sie noch etwas weiter bummeln möchten, können Sie vom Parkplatz an der Kathedrale in die entgegengesetzte Richtung gehen. Sie überqueren anschließend den Place Wilson und biegen, wenn rechts eine Kirche auftaucht, nach links ab um dann schließlich die Kirche St-Michel-des-Lions zu erreichen. Es lohnt sich, auch in deren Umgebung einen Blick auf die umstehenden Häuser zu werfen. Eine besonders schöne Straße ist die „Rue de la Boucherie", die bei den Markthallen abzweigt.

Ein Museum, das kein Reiseführer auslässt, ist das „Musée Adrien-Dubouché" am Place Winston Churchill. Da ich mich jedoch nicht mit Porzellan und Keramik anfreunden kann, sei es nur der Vollständigkeit halber erwähnt.

Auf der anderen Seite habe auch ich meine Vorlieben, die manche meiner Leser eventuell nicht teilen. Es zieht mich nämlich zum „Gare des Bénédictins", einem Bahnhof mit einer schönen Jugendstilfassade. Er ist leicht zu finden, „Gare SNCF" steht auf den Hinweisschildern. Nehmen Sie aber schon mal Ihr Womo mit, er liegt etwas außerhalb des Stadtzentrums. Dazu fahren Sie vom Hauptportal der Kathedrale immer geradeaus von der Kirche weg, bis Sie an einem Parkhaus auf eine große Straße stoßen, der Sie nach rechts

Bahnhof in Limoges

folgen. Jetzt geht's weiter Richtung Poitiers, und wenn Sie möchten, biegen sie noch zwischendurch zum Bahnhof ab.

Mit Angoulême, Périgueux und Limoges haben wir jetzt innerhalb kurzer Zeit drei Städte besichtigt. Erholung und unberührte Natur sind jetzt angesagt - aber auch ein dunkles Kapitel deutscher Geschichte.

Limoges verlassen wir in Richtung Angoulême. Nachdem wir am Flughafen vorbeigefahren sind, müssen wir aufpassen,

Oradour-sur-Glane

die Abzweigung nach ORADOUR-SUR-GLANE nicht zu verpassen. Es geht nach rechts ab. Dieser Ort hat eine traurige Vergangenheit.

Grundlos wird 1944 an den Einwohnern des Dörfchens ein Exempel statuiert. Die SS-Division „Das Reich" marschiert ein, trennt Männer von Frauen und Kindern. Die Männer werden auf dem Dorfplatz zusammengetrieben, Frauen und Kinder in der Kirche. 640 Einwohner des friedlichen kleinen Dorfes im LIMOUSIN werden getötet. Die Männer werden nacheinander erschossen. Frauen und Kinder in der Kirche bei lebendigem Leib verbrannt. Das Dorf wird völlig verwüstet und zerstört.

Oradour-sur-Glane

Überreste in der ehemaligen Kirche von Oradcur

ORADOUR wurde in seinen damaligen Ausmaßen mit allen Resten der Zerstörung als Museum konserviert. Ganz in der Nähe des ersten Kreisels im Ort ist der Eingang. Ein paar Meter weiter können Sie parken, wenn Sie am erwähnten Kreisel links abbiegen. Auf diesem Parkplatz dürfen Sie ausdrücklich nicht übernachten. Weiter hinten im Text finden Sie allerdings noch zwei Stellplätze.

Öffnungszeiten Museum:
1. Februar - 28. Februar 9 - 17 Uhr
1. März - 14. Mai 9 - 18 Uhr
15. Mai - 15. September 9 - 19 Uhr
16. September - 31. Oktober 9 - 18 Uhr
1. November - 15. Dezember 9 - 17 Uhr

Der Eingang zum Museumsdorf liegt ganz in der Nähe des Parkplatzes und führt erst einmal durch eine Gedenkstätte.

Oradour-sur-Glane

Die meisten Hinweise auf die Ereignisse von 1944, die Sie dort finden, können Sie in deutscher Sprache lesen. Lediglich der Film, der Ihnen vorgeführt wird ist in Französisch. Sie erhalten jedoch am Eingang eine Art „Walkman“, den Sie während der Vorführung benutzen können. Sie hören damit den Ton in Ihrer Muttersprache.

Nach dem Besuch des unterirdisch gelegenen Dokumentationszentrums erreichen Sie auf der anderen Straßenseite wieder das Tageslicht. Wir beginnen dann mit der eigentlichen Besichtigung des Dorfes ORADOUR. Es ist entsetzlich zu sehen, was Menschen Menschen antun können. Es bleibt zu hoffen, dass sich eine solch düstere Zeit nicht wiederholt.

Ich hatte Ihnen ja hier noch Stellplätze versprochen. Fahren Sie am ersten Kreisel in ORADOUR (dort wo Sie zum Parkplatz abgebogen sind) in Richtung BELLAC weiter. Das ist die Richtung, die wir sowieso einschlagen müssen. Am zweiten Kreisel geht's weiter in Richtung CIEUX. Auch in diese Richtung müssen wir später fahren. Dann sehen Sie auf der linken Seite das OTSI. Hinter dem Gebäude finden Sie einen Parkplatz. Von hier aus ist es nicht weit zum Geschäftszentrum des Ortes.

(087) WOMO-Stellplatz: Oradour I

Position: N 45° 55' 56.3" E 1° 02' 00.6" Rue de la Lande
max. WOMOs: 3 - 4 Gebührenfrei
Ausstattung / Lage: Mülleimer / zentrumsnah
Zufahrt: Direkt am OTSI in Oradour

(088) WOMO-Picknickplatz: Oradour II

Position: N 45° 56' 05.9" E 1° 01' 30.7" Rue du Stade
max. WOMOs: > 5 Gebührenfrei
Ausstattung / Lage: Ver- und Entsorgung, Toiletten, Mülleimer, Tische und Bänke, Spielplatz, Grillplatz / am Ortsrand in einem Naherholungsgebiet
Zufahrt: Vom Stellplatz Oradour I aus weiter unserer Route folgen und die Schilder zur „Aire de Repos“ beachten.
Sonstiges: Wasser und Strom 2 EUR

Wenn Sie danach weiterfahren erreichen Sie als nächstes CIEUX. Sie fahren noch vor dem Ort an einem kleinen See vorbei. In diesem Dorf können Sie übernachten.

(089) WOMO-Stellplatz: Cieux

Position: N 45° 59' 27.6" E 1° 02' 48.3" Avenue du Lac
max. WOMOs: 3 - 4
Gebührenfrei
Ausstattung / Lage: Toiletten, Mülleimer / am Ortsrand
Zufahrt: Bei der Einfahrt in den Ort noch vor ersten Stop-Schild auf der linken Seite.
Sonstiges: Alle Plätze schief, lässt sich aber mit Keilen ausgleichen.

Der weitere Verlauf unserer Tour wird etwas schwierig. Nicht schwierig vom Fahren her, sondern schwierig für mich

Pierre Branlante

die Straßenführung zu erklären. Ich möchte Sie durch die Monts Blond führen. Unser Weg führt uns am Stop-Schild von CIEUX (Sie kennen das inzwischen) nach links. Dann noch einmal nach links zur D 711.

Wir folgen ab jetzt dem Symbol, das die „Route du Haut Limousin" kennzeichnet. Über die D 204 erreichen wir den Weiler PUYMENIER, biegen dann rechts ab und fahren jetzt in Richtung BLOND. Wenn es links nach BOSCARTUS abgeht, kommt auf der rechten Seite ein kleiner Parkplatz in Sicht [GPS: N 46° 00' 09.8" E 1° 00' 19.6"], von dem aus Sie zu Fuß leicht den „Pierre Branlante" besuchen können.

Dazu gehen Sie vom Parkplatz geradeaus in den Wald und biegen beim ersten Papierkorb rechts ab. Falls Sie im Herbst unterwegs sein sollten, nehmen Sie ein Tütchen mit, es gibt dort jede Menge Esskastanien. Ja, es war schon fast beängstigend zwischen all diesen fallenden Maronen spazieren zu gehen. Der massive Stein steht auf einer kleinen Lichtung rechts des Weges.

Wenn Sie unserer Route weiter folgen, sollten Sie in der Nähe des Ortes VILLERAJOUZE kurz anhalten und das Panorama genießen. Beim Weiterfahren sehen Sie auf der rechten Seite einen kleinen Parkplatz [GPS: N 46° 01' 40:5" E 1° 00' 43.9"]. Noch Lust auf Steine? Nach wenigen Minuten erreichen Sie von hier aus die ROCHERS DE PUYCHAUD. An dieser Stelle können Sie auch eine Gedenktafel für den Dichter Fréderic Mistral bewundern. Ich muss gestehen, dass mir dieser Literatur-Nobelpreisträger bisher unbekannt war, was wiederum beweist, dass Reisen bildet. Sie können dann versuchen mit Hilfe eventuell vorhandener Französisch-, Spanisch- und Lateinkenntnisse die Inschrift in Okzitanischer Sprache zu entziffern, die auf der Gedenktafel steht. Nehmen Sie die Gelegenheit wahr, einfach ein bisschen spazieren zu gehen, denn wirklich interessant sind die Rochers eigentlich nicht.

Dolmen in der Nähe von Berneuil

Schließlich kommen wir in BLOND an und fahren dann in Richtung BERNEUIL. Nun ja... ich hätte da noch einen Megalithen zu präsentieren. An einer Abzweigung nach rechts steht auch schon ein erstes Schild zum Dolmen. Hinter dem Weiler BELLEIX überqueren wir eine Bahnlinie. Nach dem Verkehrszeichen, das eine Kreuzung ankündigt, geht es links ab zum Megalithen. Lassen Sie Ihr Fahrzeug in der Nähe der Kreuzung am Fahrbahnrand stehen und laufen Sie die paar Meter zu Fuß weiter. Er ist leicht zu finden, und Sie müssen auch gar nicht weit laufen.

Um wieder die N 147 zu erreichen, müssen Sie sowieso geradeaus fahren. Die Nationalstraße erreichen wir in der Nähe des Ortes BERNEUIL und biegen dort nach links in Richtung BELLAC ein.

BELLAC kann in dreierlei Hinsicht für Sie interessant sein. Ich beginne mit den Womo-spezifischen Gegebenheiten: sind Sie müde oder brauchen Sie Wasser? Dann ist der Parking „Carnot" für Sie interessant.

(090) WOMO-Stellplatz: Bellac

Position: N 46° 07' 06.7" E 1° 02' 56.4" Parking Carnot
max. WOMOs: 2 Gebührenfrei
Ausstattung / Lage: Wasser, Toiletten, Mülleimer / in Zentrumsnähe aber ruhig gelegen
Zufahrt: In Bellac den Hinweisschildern zum „Parking Carnot" folgen. Im unteren Teil des Platzes sind Übernachtungsmöglichkeiten, wenn nicht gerade Markttag ist.

Wenn Sie nun schon einmal hier sind, müssen Sie auch die ganz in der Nähe liegende Kirche „Notre Dame" besuchen. Wenn Sie sakrale Kunst interessiert, ist der dortige Reliquienschrein allein schon einen Abstecher wert. Es wundert mich eigentlich, warum er in kaum einem Reiseführer erwähnt ist. Den Weg zur Kirche finden Sie auf einem kleinen Ortsplan am Parkplatz. Der Schrein selbst ist, gleich wenn Sie die Kirche betreten, auf der linken Seite in die Wand eingelassen. Auf Knopfdruck schiebt sich eine Stahlplatte vor dem vergoldeten Behälter zur Seite und gibt den Blick auf die Kostbarkeit aus dem 12. Jahrhundert frei. Gleichzeitig wird die Nische erleuchtet.

Reliquienschrein in Bellac

Wir können jetzt weiter den Wegweisern nach POITIERS folgen. In der Ortsmitte von Bellac können Sie noch zu einem Campingplatz abbiegen.

(C22) WOMO-Campingplatz-Tipp: Camping Municipal „Les Rochettes“ **

Position: N 46° 07' 32.4" E 1° 02' 56.5" Rue des Rochettes
Öffnungszeiten: Ganzjährig
Ausstattung / Lage: Ver- und Entsorgung, Spielplatz / am Ortsrand
Zufahrt: Im Zentrum von Bellac, unserer weiteren Route folgend, auf die Beschilderung zum Campingplatz nach rechts achten und abbiegen. Nach etwa 200 Meter dann links abbiegen. Gute Beschilderung.
E-Mail: camping.bellac@wanadoo.fr

Nach etwa 30 Kilometern erreichen wir den kleinen Ort MOULISMES. Interessant für uns, weil dort ein schöner Stellplatz eingerichtet wurde. Der Platz liegt an einem Freizeitgelände. Tipp: Fahren Sie weit von der Straße weg, dann hören Sie den nächtlichen LKW-Verkehr nicht.

(091) WOMO-Picknickplatz: Moulismes

Position: N 46° 19' 58.7" E 0° 48' 39.5" L'Étang
max. WOMOs: > 5 Gebührenfrei
Ausstattung / Lage: Ver- und Entsorgung, Toiletten, Mülleimer, Wertstoff-Behälter, Telefonzelle, Tische und Bänke, Babywickelraum / am Ortsrand in einem Naherholungsgebiet
Zufahrt: Am Ortsende ist auf der rechten Seite eine „Aire de repos" ausgeschildert. Die Entsorgung ist kostenlos, für Wasser und Strom brauchen Sie einen Chip. Die Jetons erhalten Sie sowohl am Imbiss als auch an der Total-Tankstelle an der N 147 noch etwa 300 Meter weiter Richtung Ortsausgang.
Sonstiges: Chip kostete 2009 3 EUR. Erhältlich an der Imbissbude.

Nach weiteren 10 Kilometer kommen wir dann nach LUSSAC-LES-CHÂTEAUX. Ich lenke unser Womo auf den Parkplatz im Ortszentrum, weil wir eine kleine Zwischenmahlzeit zu uns

(092) WOMO-Stellplatz: Lussac-les-Châteaux I

Position: N 46° 24' 10.3" E 0° 43' 33.2" Place de l'Amitié entre les Peuples
max. WOMOs: 3 - 4
Gebührenfrei
Ausstattung / Lage: Ver- und Entsorgung, Toiletten, Mülleimer, Tische und Bänke, Spielplatz / in der Ortsmitte
Zufahrt: Im Ortszentrum beim OTSI auf den Parkplatz fahren. Übernachtungsplätze erreichbar durch eine Zufahrt neben der Ver- und Entsorgungsstation. Wasser kostenlos, kein Strom

nehmen wollen. Auf einer Seite des Platzes finden Sie die Ver- und Entsorgungsstation.

Zufällig sehe ich an einer Ecke des Platzes Hinweisschilder zu einer prähistorischen Grotte und einer alten Brücke.

(093) WOMO-Picknickplatz: Lussac-les-Châteaux II

Position: N 46° 24' 16.0" E 0° 43' 42.5" Rue de l'Étang
max. WOMOs: 3 - 4
Gebührenfrei
Ausstattung / Lage: Toiletten, Mülleimer / in einem Freizeitgelände am Ortsrand
Zufahrt: Vom Stellplatz Lussac-les-Châteaux I aus den Schildern in Richtung „Grotte" bzw. „Picknickplatz" fahren.

Nach unserer Zwischenmahlzeit folgen wir dem Wegweiser und werden unterwegs noch davon unterrichtet, dass wir auch in Richtung Picknickplatz und Kinderspielplatz unterwegs sind. Na, das passt ja prima. Der Weg ist stellenweise etwas eng, aber durchaus passierbar. Direkt am See parken wir und informieren uns an einer Tafel über die Freizeitmöglichkeiten. Etwas verlassen stehen die Pfeiler einer alten Brücke im See. Verschiedene Grotten, die auf einem Plan angegeben sind, interessieren uns, und wir beschließen, um den Weiher herum zu gehen. Ich möchte allerdings vorwegschicken, dass wir etwas enttäuscht von unserem Rundweg zurück kommen. Keine der Grotten ist zugänglich, es handelt sich meist auch nur um kleine Aushöhlungen im Fels. Trotzdem hat dieses Freizeitgelände seine Vorzüge: Es eignet sich hervorragend um sich ins Gras zu legen und sich die Sonne auf den Bauch scheinen zu lassen. Und unser Imbiss hätte hier sicher besser geschmeckt als auf dem Parkplatz in der Ortsmitte. Dorthin müssen wir allerdings wieder zurück, um unsere Tour fortzusetzen.

Von hier aus folgen wir erst einmal ein Stück den Schildern „Alle Richtungen", dann allerdings geht's nicht mehr, wie bisher, nach POITIERS, sondern nach CHÂTELLERAULT beziehungsweise nach CHAUVIGNY. Links von uns fließt jetzt die *Vienne*, die wir überqueren wollen um nach CIVAUX zu kommen. Die Schilder sind gut zu sehen. Auf unserem Besuchsprogramm steht noch eine merowingische Nekropole. Die möchte ich mir deshalb anschauen, weil mir die Merowinger nur sehr vage aus dem Geschichtsunterricht in Erinnerung sind und ich mit dem Ausdruck Nekropole nichts anfangen kann, außer dass ich ihn mit dem Tod in Zusammenhang bringe. Mit dem Atomkraftwerk direkt neben dem Ort kann er jedoch aus zeitlichen Gründen nichts zu tun haben.

Auf dem Friedhof von Civaux

Wir richten uns also nach den Schildern nach CIVAUX, fahren über die *Vienne* und folgen dann der Beschilderung zur „Nécropole". Ein kleiner Weg führt uns in das Dorf. Wenn Sie am Ende der Straße zwischen links und rechts wählen müssen, sind beide Richtungen nicht verkehrt. Sie können nach links ins Zentrum abbiegen. Hier steht eine Kirche, die an der Stelle weitaus älterer Tempel erbaut wurde, was Ausgrabungen belegen. Ihr Wohnmobil können Sie in der Nähe der Kirche auf einem großen Parkplatz abstellen. Nachdem Sie sich die Grabungsstätten um die Kirche angesehen haben, sollten Sie mir zu Fuß auf den Friedhof folgen. Ein entsprechendes Schild steht in der Nähe der Kirche. Dort stehen einige hundert Sarkophage aus der Zeit der Merowinger, womit das Wort Nekropole hinreichend erklärt ist. Die heutige Einfriedung des Friedhofes entspricht allerdings nicht ihrem ursprünglichen Ausmaß. 15 000 bis 20 000 Grabstätten soll die Anlage einmal umfasst haben.

Sie können an der oben genannten Stelle auch nach rechts abbiegen, erreichen kurz darauf einen Parkplatz am Friedhof [GPS: N 46° 26' 47.6" E 0° 39' 50.3", Rue de la Nécropole] und gehen dann zu Fuß zur Kirche und zu den Ausgrabungsstätten.

Um von hier aus nach CHAUVIGNY zu kommen, ist es zweckmäßig, wieder über die Brücke zurückzufahren und anschließend links abzubiegen.

In CHAUVIGNY brauchen Sie sich gar nicht erst in der Unterstadt aufzuhalten. Folgen sie zuerst den Schildern „Centre Ville" und dann gleich den Schildern zur "Cité médiévale". Dazu geht's den Berg hinauf. Sie kommen zudem noch an einem Campingplatz vorbei.

(C23) WOMO-Campingplatz-Tipp:
Camping Municipal de la Fontaine ***

Position: N 46° 34' 15.0" E 0° 39' 12.9" Rue de la Fontaine
Öffnungszeiten: Mitte April - Mitte November
Ausstattung / Lage: schattig, Spielplatz / am Ortsrand
Zufahrt: Auf dem Weg zur „Cité médiévale" auf die Schilder achten.

In der Oberstadt gibt es nicht nur viele Sehenswürdigkeiten, sondern auch einen Stellplatz für Wohnmobile. Er liegt nicht gerade zentral, aber nach wenigen Minuten sind von dort aus die wichtigsten Punkte zu erreichen. Beim Hochfahren sehen Sie schon die ersten Ruinen von insgesamt fünf Burgen. Sie brauchen sich jetzt nur noch nach der Beschilderung zum Parkplatz mit dem Womo-Symbol zu richten.

(094) WOMO-Stellplatz: Chauvigny

Position: N 46° 34' 22.4" E 0° 38' 47.0" Rue de Bretagne
max. WOMOs: 3 Gebührenfrei
Ausstattung / Lage: Toiletten, Mülleimer, Wertstoff-Behälter, Tische und Bänke / in der Nähe der Oberstadt
Zufahrt: Richtung "Cité médiévale" fahren und dann den Schildern mit dem Womo-Symbol folgen.

Zur Besichtigung schlage ich Ihnen vor, zuerst mit den Burgen zu beginnen. Sie stammen aus dem 11. bis 15. Jahrhundert und gehörten hohen kirchlichen und weltlichen Würdenträgern, wie dem Bischof von POITIERS. Er hat im Château Baronnial residiert, da er im Mittelalter gleichzeitig Baron war. Wenn Sie sich die ganzen Bauten und die Lage der Burgen anschauen, können Sie sich leicht vorstellen, dass CHAUVIGNY in Verbindung mit der in jenen Tagen noch vorhandenen Stadtmauer zu einer der widerstandsfähigsten Festungen im damaligen Königreich gehörte.

Ruine in der Oberstadt von Chauvigny

Burgruine in der Oberstadt von Chauvigny

Kapitell in der Kirche St-Pierre

Zwischen all diesen Festungsanlagen liegt die Kirche St-Pierre. Ein Besuch dieses Gotteshauses dürfen Sie keinesfalls auslassen. Gehen Sie in St-Pierre gleich durch bis zum Chor. Dort finden Sie Kapitelle, die sowohl den tiefen Glauben als auch die blühende Phantasie der Bildhauer zum Ausdruck bringen. Neben den kirchenüblichen Darstellungen aus dem Leben Jesu sind hier auch Bilder zu finden, die Gut und Böse sehr anschaulich illustrieren.

Bisher hatte ich solche deftigen Motive nur in Kirchen der BRETAGNE gesehen. Glücklicherweise können Sie über eine Holztreppe den Altarraum betreten und sich die Skulpturen aus der Nähe anschauen. Insgesamt sind nicht weniger als 32 Motive zu bewundern. Da werden nackte Menschen verschlungen, Monster tauchen auf, Dämonen quälen auf bestialische Weise. Aber auch weniger blutrünstige Szenen sind zu sehen: Die Verkündigung der Geburt Christi an die Hirten und die

Kapitell in der Kirche St-Pierre

Anbetung der Heiligen drei Könige sind mir noch in Erinnerung.

Direkt neben der Kirche ist noch ein Industriemuseum untergebracht. Hier werden die Zusammenhänge in traditionellen Gewerbebetrieben wie Mühlen, Ziegelbrennereien und Kalköfen veranschaulicht. Für die senkrechte Beförderung im Innern des Museums sorgt ein Aufzug, ein sehenswertes Kunstwerk an sich.

Ansonsten gibt es hier in der Oberstadt natürlich noch die üblichen Andenkenläden und Restaurants. Das, was halt jeder Touristenort zu bieten hat. Hierzu kommt allerdings die Möglichkeit immer mal wieder den Blick über die Unterstadt von CHAUVIGNY und das *Vienne*-Tal schweifen zu lassen.

Nach unten gibt es wegen einer Einbahnstraßen-Regelung nur einen einzigen Weg. Wenn Sie möchten, kann ich Ihnen auch in der Unterstadt einen Platz zum Übernachten zeigen. Vielleicht erinnern Sie sich an den großen Kreisel, an dem Sie Abbiegen mussten, um zur Oberstadt zu kommen. Ab dort beginnt die Zufahrtsbeschreibung

(128) WOMO-Stellplatz: Chauvigny II

Position: N 46° 34' 04.4" E 0° 38' 40.8" Rue de Banfora
max. WOMOs: 5 Gebührenfrei
Ausstattung / Lage: Mülleimer / zentrumsnah
Zufahrt: Wenn der oben erwähnte Kreisel in Sicht kommt, müssen Sie links abbiegen. Wahlweise können Sie den Kreisel fast einmal umrunden und rechts abbiegen. In beiden Fällen erreichen Sie einen Parkplatz mit zeitlicher Begrenzung. Fahren Sie geradeaus weiter, bis zu Ihrer Linken (bzw. Rechten, wenn Sie um den Kreisel gefahren sind) ein weiterer Platz auftaucht. Dort sind Sie richtig.
Sonstiges: Der Platz ist in der Nähe des Geschäftszentrums des Ortes.

Um meiner weiteren Route zu folgen, müssen Sie jetzt den Wegweisern nach ST-SAVIN folgen, die Sie allerdings erst in der Unterstadt finden. Für eine Übernachtung waren uns beide Plätze in CHAUVIGNY nicht schön genug.

TOUR 11 (120 km) Karte nächste Seite

St-Savin — Angles-sur-l'Anglin — Châtellerault — Poitiers

Übernachten:	St-Savin, Nailliers, Angles-sur-l'Anglin, Val de Clain
Besichtigen:	Kirche in St-Savin, Ruinen in Angles-sur-l'Anglin, Futuroscope, Poitiers
Spazierengehen:	Am Ufer der Gartempe in St-Savin
Campingplatz:	Camping Municipal du Moulin, Camping Municipal „Le Riveau"
Markt:	La Roche-Posay (Di. u. Fr.), Châtellerault (Di. u. Sa.)

Im Zentrum von CHAUVIGNY folgen wir den Wegweisern nach ST-SAVIN. Bereits vor dem Ort ist eine Ver- und Entsorgungsstation ausgeschildert. Diese Beschilderung können Sie getrost vergessen, es sei denn, Sie wollen die Feldwege rings um den Ort eingehend erforschen. Folgen Sie statt dessen lieber meiner Beschreibung vom Ortszentrum aus.

Hier in ST-SAVIN wollen wir eine Abteikirche besuchen, die berühmt für ihre Wandmalerei ist. Außerdem verrate ich Ihnen einen Übernachtungsplatz, wenn Sie mir versprechen gleich weiterzufahren, wenn schon zwei Wohnmobile dort stehen. Ich möchte nämlich auch in einigen Jahren dort noch ohne Verbotsschilder eine geruhsame Nacht verbringen. Schließlich zeige ich Ihnen einen einfachen Weg zur Ver- und Entsorgungsstation, die vor den Türen eines Campingplatzes zu finden ist.

Beginnen wir mit der Kirche. Sie steht neben dem Marktplatz, ist aber nicht ganz einfach zu erreichen, weil sich die Stadtväter ein Einbahnstraßensystem haben einfallen lassen. Auf keinen Fall dürfen Sie eine der Brücken überqueren. Sie kommen über einen weiten Bogen von Süden her in den Ort und biegen dann kurz **vor** der abknickenden Vorfahrtsstraße schon nach rechts ab. Ich weiß, dass diese Beschreibung nicht gerade hilfreich ist, wenn Sie die Kreuzung in der Ortsmitte schon erreicht haben, aber auch in diesem Fall sollten Sie sich nach rechts orientieren. Wenn Sie den Marktplatz erreicht haben, sehen Sie auf einer Seite die Abtei und daneben die zugehörige Kirche.

Die Legende erzählt uns, dass im 5. Jahrhundert die Brüder Savinus und Cyprianus in Mazedonien als bekennende Christen zum Tode verurteilt werden. Es gelingt ihnen aber,

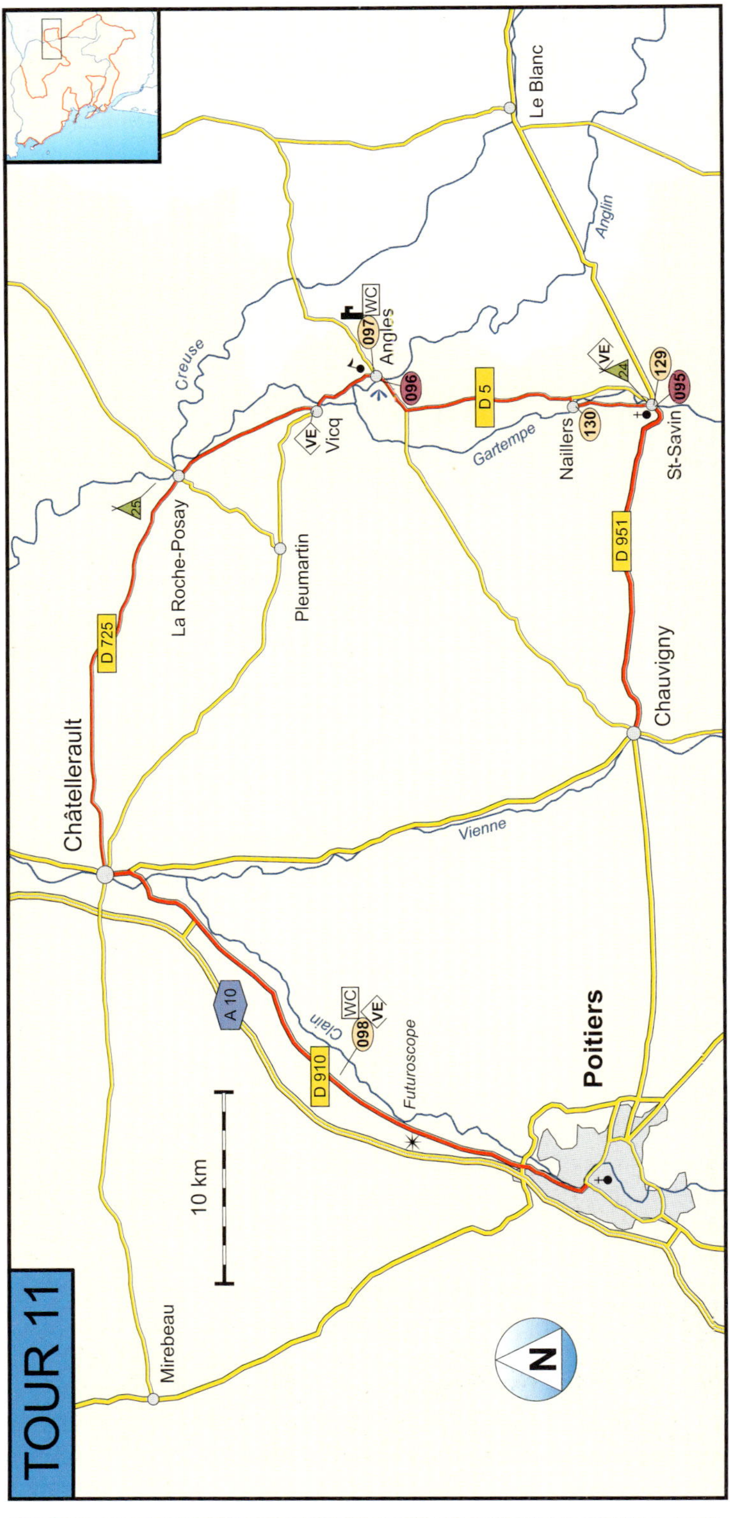
TOUR 11
Châtellerault
La Roche-Posay
Pleumartin
Vicq
Angles
Le Blanc
Naillers
St-Savin
Chauvigny
Poitiers
Mirebeau
Futuroscope
Creuse
Anglin
Gartempe
Vienne
Clain
D 725
D 5
D 951
D 910
A 10
097
096
095
129
130
098
25
24
WC
VE
10 km
N

Abteikirche in St-Savin: Arche Noah

aus der Gefangenschaft zu fliehen und nach Gallien zu gelangen. Sie werden jedoch bis hierher verfolgt und in der Nähe des heutigen St-Savin geköpft. Auf einem Hügel werden Sie schließlich von Priestern beigesetzt. Grund genug, hier an dieser heiligen Stelle eine Kirche zu errichten.

Die Malereien wurden leider zum Teil während verschiedener Plünderungen zerstört. Was noch erhalten ist, ist jedoch beeindruckend genug. In mehr als 30 Bildern wird das Alte Testament in Szene gesetzt.

Sie können anschließend am Fluss entlang spazieren gehen und erreichen sicher auch die „Vieux Pont" über die *Gartempe.* Wenn Sie diese Brücke aus dem 13. und 14. Jahrhundert überqueren, haben Sie eine wunderbare Aussicht

Vieux Pont in St-Savin

(129) WOMO-Stellplatz: St-Savin I

Position: N 46° 33' 51.3" E 0° 51' 56.7" (kein Straßenname)
max. WOMOs: 5 Gebührenfrei
Ausstattung / Lage: Mülleimer / am Marktplatz
Zufahrt: siehe Beschreibung zur Kirche im Text.

(095) WOMO-Picknickplatz: St-Savin II

Position: N 46° 33' 45.8" E 0° 51' 55.3" Promenade du Rochengout
max. WOMOs: 2 - 3 Gebührenfrei
Ausstattung / Lage: Ver- und Entsorgung vor dem Campingplatz, Mülleimer, Tische und Bänke / am Ufer der Gartempe
Zufahrt: Fahren sie um den Marktplatz herum bis Sie an einer Ecke das Schild zu einer „Aire de Pique Nique" sehen. Sie kommen dann direkt zu einem Uferweg, der an der Gartempe entlang verläuft. Hier haben wir auch schon in idyllischer Umgebung übernachtet. Bedenken Sie jedoch, dass dieser Platz nicht offiziell freigegeben ist, und gehen Sie mit sehr viel Fingerspitzengefühl bei der Wahl Ihres Stellplatzes vor.
Sonstiges: Nur für kleinere Wohnmobile geeignet.

(C24) WOMO-Campingplatz-Tipp: Camping Municipal du Moulin **

Position: N 46° 34' 09.2" E 0° 52' 06.6" Rue du 8 Mai 1945
Öffnungszeiten: Mitte Mai - Mitte September
Ausstattung / Lage: Ver- und Entsorgung, schattig, Spielplatz, beheizter Pool, Hundeverbot / direkt am Fluss
Zufahrt: In der Ortsmitte, von Chauvigny aus kommend, nicht der abknickenden Vorfahrtsstraße nach rechts folgen, sondern mehr oder weniger geradeaus fahren. Ab dann sehr gut ausgeschildert.
E-Mail: saint-savin@cg86.fr

auf das gesamte Ensemble aus Abtei, Kirche und Fluss. Ich wünsche Ihnen eine gute Nacht. Morgen wollen wir einen der schönsten Orte Frankreichs besuchen.

Um unserer weiteren Route zu folgen, müssen Sie in Richtung des Campingplatzes fahren. Dort geht es geradeaus weiter. Wir folgen jetzt den Schildern nach NAILLIERS. In dem kleinen Ort geht rechts eine Straße ab zur „Aire de Loisir", in die wir einbiegen. Keine Angst vor dem Hinweis „Sackgasse", es gibt großflächige Möglichkeiten zum Wenden. Wenn Sie an der *Gartempe* angekommen sind, können Sie dort eine ruhige Nacht verbringen.

(130) WOMO-Stellplatz: Nailliers

Position: N 46° 36' 00.1" E 0° 51' 55.4" Rue du Moulin
max. WOMOs: 5 Gebührenfrei
Ausstattung / Lage: Mülleimer / direkt am Fluss
Zufahrt: Im Ort der Beschilderung „Aire de Loisir" folgen.
Sonstiges: Teilweise tiefhängende Äste.

Wir verlassen den Stellplatz und biegen an der Hauptstraße nach rechts ab. Nach 150 m geht es wieder nach rechts. Jetzt überqueren wir die *Gartempe* und achten auf die Schilder, die uns nach ANGLES lotsen. Sie brauchen dann eigentlich immer nur die D 5 entlang zu fahren und, wenn sich die Straße gabelt, nach ANGLES-SUR-L'ANGLIN abzubiegen.

Dieser Ort nimmt für sich in Anspruch einer der Schönsten in FRANKREICH zu sein und hat das auch auf einer Tafel am Ortseingang hochoffiziell dokumentiert. Wir sind eigentlich eher durch Zufall hierher gekommen, waren aber bei der Einfahrt

(096) WOMO-Picknickplatz: Angles-sur-l'Anglin I

Position: N 46° 41' 40.0" E 0° 52' 52.8" Quai du 1er Président Perivier
max. WOMOs: 2 - 3 Gebührenfrei
Ausstattung / Lage: Mülleimer, Tische und Bänke / am Ortseingang direkt am Fluss

Zufahrt: Nach der Überquerung der Brücke geht's bei der nächsten Möglichkeit links ab. Da die Straße jedoch in einem sehr spitzen Winkel abzweigt, ist es ratsam ein Stück weiter zu fahren und zu wenden. Wenn wir schließlich das Flussufer erreicht haben, biegen wir rechts ab und parken seitlich neben der Uferstraße.
Sonstiges: Nur für kleinere Wohnmobile geeignet.

(097) WOMO-Stellplatz: Angles-sur-l'Anglin II

Position: N 46° 41' 37.6" E 0° 53' 16.1" (kein Straßenname)
max. WOMOs: 4 - 5 Gebührenfrei
Ausstattung / Lage: Wasserhahn, Toiletten, Mülleimer / am Ortsrand
Zufahrt: Nach der Überquerung des Anglin führt die Straße den Berg hoch. Nach einer Rechtskurve kommen Sie an der Burg vorbei, danach folgt eine weit geschwungene Linkskurve. In dieser Kurve biegen Sie rechts ab, fahren aber gleich darauf nach links auf den Parkplatz.

Burg von Angles-sur-l'Anglin

nach ANGLES schon von der Silhouette der alten Burg fasziniert. Keine Frage, hier wollen wir uns näher umsehen.

Vom Stellplatz (II) aus haben Sie einen geeigneten Ausgangspunkt um den Ort zu besichtigen. Im oberen Teil des 400-Seelen-Dorfes finden sich noch einige alte Häuser. Wesentlich interessanter wird es allerdings, wenn Sie zur Burg gehen und von dort oben die Aussicht genießen. Auch der untere Teil des Ortes in der Nähe des Picknickplatzes (I) direkt am Fluss ist recht reizvoll. Dort können Sie oft Malern über die Schulter blicken.

Angles-sur-l'Anglin

Egal wo Sie stehen, um unserem weiteren Weg zu folgen müssen wir in den Ort hinein fahren und dann den Wegweisern nach LA-ROCHE-POSAY folgen. Nach wenigen Kilometern erreichen wir VICQ-SUR-GARTEMPE, wo Sie am Ortsende ver- und entsorgen können. Den Ort verlassen wir auf einer langen geraden Straße. Fahren Sie dort langsam und achten Sie auf das Womo-Symbol auf der linken Straßenseite in der Nähe eines Sportzentrums. Dann müssten Sie den Platz finden [GPS: N 46° 43' 27.1" E 0° 51' 44.3", Rue de la Roche-Posay]. Die Ver- und Entsorgung ist kostenlos. In LA-ROCHE-POSAY orientieren wir uns an den Schildern nach CHÂTELLERAULT. Einen Campingplatz hätte ich Ihnen allerdings hier noch anzubieten

(C25) WOMO-Campingplatz-Tipp:
Camping Municipal „Le Riveau" ***

Position: N 46° 47' 58.3" E 0° 48' 32.9" Route de Lésigny
Öffnungszeiten: März - Oktober
Ausstattung / Lage: Ver- und Entsorgung, sehr schattig, Spielplatz / am Flussufer
Zufahrt: Folgen Sie unserer weiteren Tour bis zum ersten Kreisel außerhalb des Ortes. Biegen Sie dort rechts ab. Der Platz ist dann gut ausgeschildert.
E-Mail: info@camping-le-riveau.com
Internet: www.camping-le-riveau.com

In CHÂTELLERAULT wiederum leiten uns die Wegweiser nach POITIERS. Wie ein Raubtier haben wir diese Stadt bisher umkreist. Es wird Zeit endlich zuzuschlagen!

Zuvor habe ich noch zwei kleine Appetithappen für Sie. Direkt an der N 10 liegt eine „Aire de Repos" namens „Val de Clain".

(098) WOMO-Stellplatz: Val de Clain

Position: N 46° 42' 44.5" E 0° 24' 48.0" (kein Straßenname)
max. WOMOs: > 5 Gebührenfrei
Ausstattung / Lage: Ver- und Entsorgung, Toiletten, Mülleimer, Tische und Bänke / an der N 10
Zufahrt: Von Châtellerault kommend liegt die Raststätte „Val de Clain" auf der linken Seite der N 10. Sie ist frühzeitig ausgeschildert, kann jedoch nicht auf dem direkten Weg erreicht werden. Sie müssen bis zum nächsten Kreisel weiterfahren und dann wieder ein kurzes Stück zurück. In einer Ecke der Rastanlage steht die Ver- und Entsorgungssäule. Wenn Sie die Rastanlage verlassen, fahren Sie wieder in die verkehrte Richtung. Sie müssen das Spielchen mit dem nächsten Kreisel also noch einmal wiederholen.
Sonstiges: Tourist Info und Kartenverkauf für das Futuroscope

Der zweite Happen ist wohl **das** Mekka für alle Cineasten und Multimedia-Freaks. Gemeint ist das Futuroscope. Der

Futuroscope

Michelin vergibt zwei Sterne, das würde ich nicht tun, da ich allen freizeitparkähnlichen Großprojekten von vornherein skeptisch gegenüberstehe. Der Vollständigkeit halber darf ich dieses Disneyland für Filmbegeisterte natürlich nicht unerwähnt lassen.

Das Futuroscope hat eine eigene Abfahrt von der Nationalstraße und von den Parkplätzen ist einer sogar eigens für Wohnmobile reserviert. Das macht mir diesen Komplex im ersten Moment sogar sympathisch. Gleichzeitig lese ich jedoch, dass der Platz nachts den Womos selbstverständlich nicht zur Verfügung steht. Warum das so ist bleibt mir unverständlich, denn der Platz ist groß genug um ganze Heerscharen von Wohnmobilisten aufzunehmen. Und das macht mir den Komplex wieder unsympathisch. Für Eintrittsgelder um die schlappe 30 EUR dürfen Sie sich in die zukünftige Welt des Kinos hineinversetzen. Egal ob Sie Kino dreidimensional oder auf einer 600 m² großen Leinwand erleben wollen, ob Sie unbedingt einen 360° Rundumblick schätzen oder lieber einen Teil der Leinwand unter Ihren Füßen brauchen, kein Wunsch wird Ihnen verwehrt werden. Viele weitere optische Spielereien werden Ihnen bei einem Besuch präsentiert. Aber ebenso, wie ich Ihnen manche Sehenswürdigkeiten, die mir besonders zusagen, ans Herz legen möchte, darf ich hier auch sagen, dass ich vom Besuch des Futuroscope nicht sehr überzeugt war..

Öffnungszeiten Futuroscope:
Anfang Februar - Mitte November
täglich 10 Uhr - Einbruch der Dunkelheit

Nur noch wenige Kilometer trennen uns von der Metropole Poitiers. Hier habe ich wieder, wie bei allen großen Städten, die undankbare Aufgabe, Sie zu einem Parkplatz zu lotsen.

Um den Stadtkern führt eine Ringstraße, die Sie als erstes einmal finden sollten. Fahren Sie dazu einmal so lange in Richtung "Centre Ville" bis Sie unter einer Eisenbahnunterführung hindurch kommen. Jetzt müssen sie gleich rechts abbiegen zum Bahnhof (Gare). Die Parkplätze am Bahnhof sind jedoch alle wegen einer Höhenbeschränkung untauglich. Also geht's weiter geradeaus. Wenn Sie jetzt den Berg hinauf fahren, sollten Sie sich schon darauf vorbereiten links (Richtung Limoges) abzubiegen. Auf dem höchsten Punkt wird's unter Umständen etwas eng. Ab hier fahren Sie wieder bergab und bleiben noch eine Zeitlang auf dieser Straße. Links sehen Sie bald ein Parkhaus, dann rechts die erste Brücke über den *Clain*. Ab der dritten Brücke können Sie rechts der Straße auf Parkplätze achten.

Jetzt ist es sehr einfach ins Zentrum zu kommen. Sie brauchen nur die Straße, auf der Sie hergekommen sind, zu

Poitiers: Notre-Dame-la-Grande

überqueren und dann nach links zu gehen, bis Sie zur „Grand Rue" kommen. Der folgen Sie dann bergauf und erreichen in der Nähe der Kirche Notre-Dame-la-Grande das Zentrum der Stadt.

Bemerkenswert ist hier vor allem die Fassade aus dem 12. Jahrhundert. Wir haben schon eine sehr lange Zeit vor den einzelnen Szenen verbracht und immer wieder neue Anregungen zum Schmunzeln gefunden.

Schauen Sie sich das Bild an, in dem das Jesuskind gebadet wird. Sie finden es über dem rechten Arkadenbogen.

Notre-Dame-la-Grande: Jesus wird gebadet

Heute würde man sagen, die Eltern haben zu sehr in die Kamera geschaut. Auf jeden Fall scheinen Sie ihre eigentliche Aufgabe während der Bildhauerarbeit vergessen zu haben. Es bleibt zu hoffen, das dem Kleinen nichts passiert ist. Obwohl Notre-Dame-la-Grande unbestritten eine der Hauptsehenswürdigkeiten Poitiers ist, gibt es noch jede Menge hier zu entdecken. Zuerst jedoch sollten Sie mit uns das Innere der Kathedrale besichtigen.

Wenn Sie ein wenig durch die Fußgängerzone bummeln, finden Sie sicherlich auch den Justizpalast. Hier tagte zur Zeit Karls VII das Parlament. Ein Stückchen weiter kommen Sie am ehemaligen Rathaus (Hôtel de l'Échevinage) vorbei. Gleich darauf sehen Sie die Reste der Église St-Porchaire aus dem 11. Jahrhundert.

Die Kathedrale St-Pierre ist in erster Linie nur groß. Mit Notre-Dame-la-Grande kann sie meiner Meinung nach als Sehenswürdigkeit nicht mithalten. Sie liegt von der Fußgängerzone aus gesehen in Richtung des *Clain*, also auch in Richtung unseres Parkplatzes. In unmittelbarer Umgebung finden Sie noch das Baptisterium St-Jean und das Musée Ste-Croix.

POITIERS ist eine Universitätsstadt und deshalb finden Sie viele Möglichkeiten kulturelle Veranstaltungen zu besuchen.

TOUR 12 (129 km)

Poitiers —Lusignan — Bougon — Sanxay — Parthenay — Bressuire

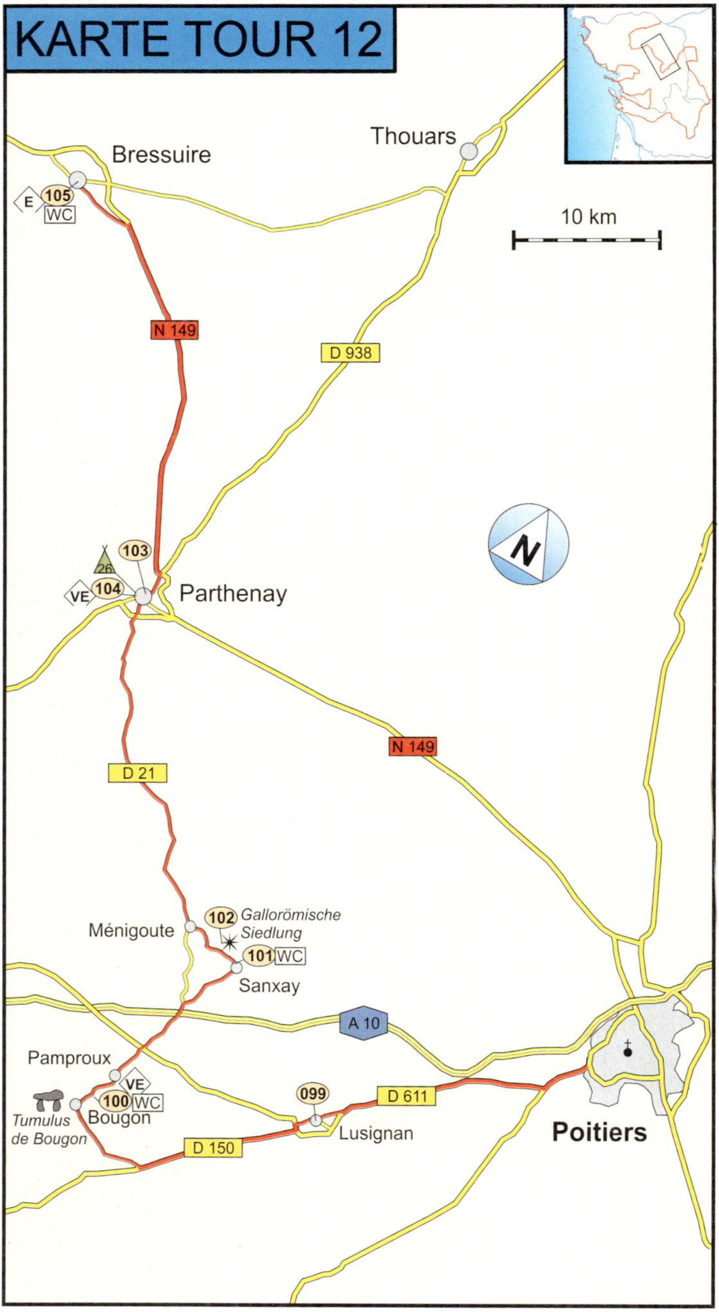

Übernachten:	Lusignan, am Tumulus von Bougon, Sanxay, Parthenay, Bressuire
Besichtigen:	Museum und Tumuli von Bougon, Galloromanische Siedlung in Sanxay, Altstadt von Parthenay
Campingplatz:	Du Bois Vert
Markt:	Parthenay (Mi.), Bressuire (Di.)

Wenn Sie POITIERS jetzt verlassen wollen, geht das etwas einfacher als die Parkplatzsuche. Fahren Sie einfach auf der Ringstraße zurück. Wenn auf der rechten Seite die Stadtmauer auftaucht und die Straße rechtwinklig nach rechts abknickt, müssen Sie bei der nächsten Kreuzung nach links in Richtung NIORT fahren.

Unser nächstes Ziel heißt LUSIGNAN. In diesem Ort ist Melusine zu Hause. Sie kennen sie nicht? Sie ist eine Fee und zeigt, bis in die Kirche hinein, eine starke Präsenz im Ort. In der Markthalle steht eine überlebensgroße Skulptur. Kein Wunder, denn die Burg von LUSIGNAN hat sie mit ihrer Zauberei ebenso entstehen lassen, wie die beiden Festungen von POU-

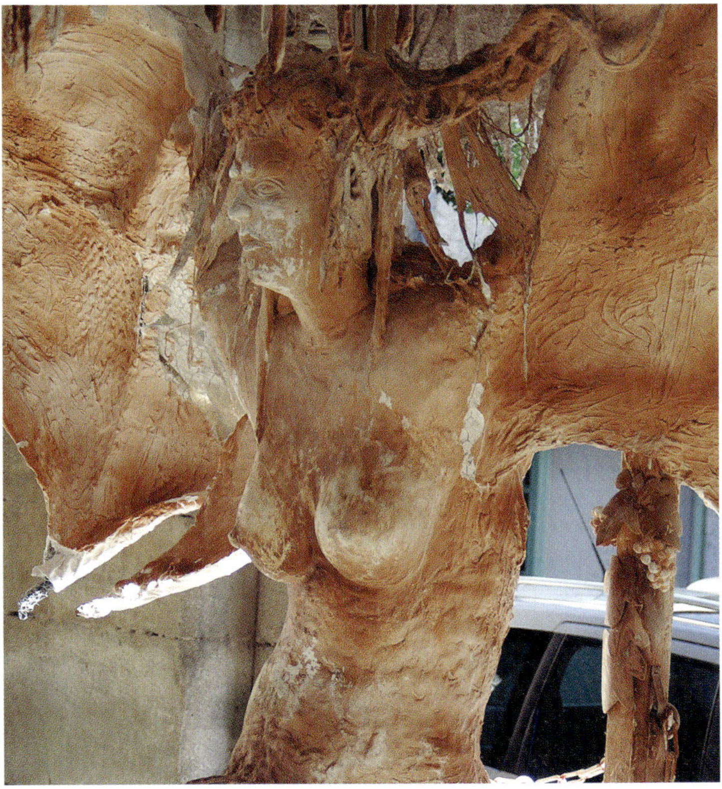

Melusine, in Lusignan beheimatete Fee

Die Geschichte von Melusine

Mit einem Jagdunfall, bei dem der Graf Raymond von Poitiers versehentlich seinen Onkel tötet, beginnt die Tragödie. Der Graf streift daraufhin ziellos durch die Wälder und sieht an einer Quelle drei schemenhafte Gestalten. Eine davon ist Melusine und so schön, dass sich Raymond sofort in sie verliebt. Bald darauf wird geheiratet und darüber der Tod des Onkels vergessen. Aber auch Melusine ist kein unbeschriebenes Blatt. Sie ist Vatermörderin und muss zur Strafe jedes Wochenende mit einem Unterleib in Fischgestalt vorlieb nehmen. Selbstredend möchte sie das vor ihrem Gatten geheim halten. Ich weiß nicht, wie es Ihnen erginge, wenn Ihr Partner Samstag für Samstag Unpässlichkeit vortäuschen würde, Raymond wird jedenfalls misstrauisch. Von Eifersucht getrieben stürmt er eines Samstags ihr Gemach und sieht sie in ihrer Nixengestalt. Das ist in der Halbwelt der Zauberei nicht vorgesehen. Melusine bleibt nichts anderes übrig, als sich in einen Drachen zu verwandeln und auf Nimmerwiedersehen zu verschwinden.

ZAUGES und PARTHENAY, die bei dieser Tour noch auf unserem Besuchsprogramm stehen.

Zu besichtigen gibt es hier die bereits erwähnte Burg (besonders wegen der Aussicht!) und eine interessante Kirche. Sogar dieser Sakralbau steht unter dem allgegenwärtigen Einfluss der Melusine. Wenn Sie genau hinschauen, finden Sie sie von einem Bildhauer verewigt. Damit Sie das alles in Ruhe besichtigen können, habe ich noch einen Stellplatz-Tipp für Sie.

(099) WOMO-Stellplatz: Lusignan

Position: N 46° 26' 07.1" E 0° 07' 19.3" Rue Carnot
max. WOMOs: 2 - 3 Gebührenfrei
Ausstattung / Lage: Mülleimer, Stadtplan / im Ortszentrum
Zufahrt: In der Ortsmitte von Lusignan finden Sie einen großen Parkplatz am Rathaus. Selbst wenn der belegt sein sollte, fahren Sie einfach ein paar Meter weiter, dort finden Sie den Nächsten.
Sonstiges: Mittwochs ist Markttag auf dem erstgenannten Platz.

Unser nächstes Ziel führt uns weit, sehr weit in die Vergangenheit. Machen Sie sich schon mal für eine Reise in die Steinzeit bereit. In der Gegenwart müssen wir dazu den Schildern nach MELLE folgen. Um zum Tumulus von BOUGON zu kommen, brauchen Sie dann nur der Beschilderung zu folgen. Die Wegweiser sind gut zu erkennen und in hinreichender Anzahl vorhanden. Wir erreichen schließlich einen Parkplatz am Museum, der für uns Womo-Fahrer noch mit einigen

(100) WOMO-Stellplatz: Tumulus de Bougon

Position: N 46° 22' 40.2" W 0° 04' 08.8" (kein Straßenname)
max. WOMOs: 4 - 5 Gebührenfrei
Ausstattung / Lage: Ver- und Entsorgung, Toiletten, Mülleimer, Wertstoff-Behälter / am Tumulus
Zufahrt: Den Hinweisschildern zum Tumulus folgen.
Sonstiges: Wasser und Strom kostenlos

Einer der Tumuli von Bougon

Besonderheiten aufwarten kann. Außer einer Entsorgungsstation für Grauwasser gibt es auch Frischwasser. Die Toilette kann nicht entsorgt werden.

Auf dem Fußweg zum Museum kommen wir an einer interessanten Reliefdarstellung aller archäologischen Sehenswürdigkeiten der Gegend vorbei. Vielleicht wird hier ja Ihre Neugier geweckt, an der einen oder anderen Stätte noch vorbeizufahren.

Der Komplex besteht aus einem Gebäude, das ein interessantes Museum beherbergt, und einer großen Außenanlage. Beginnen Sie Ihren Besuch im Freien und lassen Sie sich anschließend Zeit, um das soeben Gesehene ausführlich im Museum zu rekapitulieren. Im Sommer widmen sich Studenten im Freigelände steinzeitlicher Handwerkskunst. Während einer von ihnen damit beschäftigt ist, aus einem Feuerstein kleine Spitzen herzustellen, bearbeitet der nächste mit diesen Steinspitzen schon ein Stück Holz und fertigt einen Suppenlöffel. Die Frauen sind mit einer raffinierten Webtechnik beschäftigt oder färben Wolle mit zuvor aus Beeren gewonnenem Farbstoff. Zudem werden Tongefäße hergestellt, Körbe geflochten und vieles mehr. Scheuen Sie sich nicht, mit den jungen Leuten zu reden. Wir haben sehr viel interessante Dinge erfahren. Die Sprache sollte kein Problem sein. Auch wir konnten mit vielen französischen Fachbegriffen nichts anfangen. (Oder wissen Sie etwa, was Kette und Schuss auf Französisch heißt?) Englisch hilft fast immer, wenn nicht sogar jemand deutsch spricht.

Öffnungszeiten Tumulus:
Feb. - Apr.: tgl. 10 - 17.30 Uhr
Mi., Sa., So. erst ab 13 Uhr
Mai - Sept.: tgl. 10 - 18.30 Uhr
Mi. erst ab 13 Uhr
Okt. - Dez.: tgl. 10 - 17.30 Uhr
Mi., Sa., So. erst ab 13 Uhr

Falls Sie kein solcher Steine-Fan sind wie ich, sollte ich ein paar Worte erklärend vorausschicken. Ein Menhir ist ein aufrecht stehender sehr großer Stein, oft auch Findling genannt. Wenn Sie zwei Reihen solcher Menhire parallel nebeneinander aufstellen und einen noch größeren Stein als Deckel darauf legen, haben Sie einen Dolmen. Darin können Sie zum Beispiel einen Toten bestatten. Das ganze Ensemble füllen Sie jetzt mit Erde und Steinen auf, damit ein ordentlicher Hügel entsteht - schon haben Sie einen Tumulus, die im Plural Tumuli heißen.

Webstuhl im Museum am Tumulus de Bougon

Diese Grabkammern befinden sich am Ende der Anlage. Erläuterungen stehen jeweils auf kleinen Tafeln davor. Fünf Tumuli, in die Sie zum Teil hineingehen können, umfasst das Gräberfeld, dazwischen liegt eine Mauer, die das Ensemble in zwei Teile trennt. Das älteste Grab, der Tumulus B, wurde im Jahr 5000 v. Chr. angelegt, was durch Tonscherben belegt wurde.

Damit Sie das richtige Steinzeit-Gefühl ergreift, gibt es noch einen botanischen Garten. Dort finden Sie die Pflanzen, die zu jener Zeit typisch waren. In dem weitläufigen Gelände werden Sie sicher auch dem einen oder anderen der Urschafe begegnen, die hier gezüchtet werden.

Auf keinen Fall sollten Sie anschließend einen Besuch des Museums versäumen. Zu Beginn wird auf einer Leinwand die Entstehungsgeschichte der Erde im Zeitraffertempo gezeigt. Die Zeit vom Urknall bis heute ist auf ein Jahr komprimiert. Von Januar bis November explodieren hauptsächlich Galaxien. Im Dezember wird es etwas interessanter. Am 31. Dezember wird die Geschwindigkeit reduziert. Kurz vor Mitternacht taucht da so etwas wie ein Mensch auf. Steinzeit, Pyramiden, Mittelalter und Neuzeit haben in den letzten Sekunden gerade noch Platz. Punkt 0 Uhr am 1. Januar sind wir in der Gegenwart und können jetzt mit dem Besuch des Museums fortfahren. Im Hinterkopf haben wir immer noch die unvorstellbaren Zeiträume in denen sich galaktische Geschichte abspielt. Welche Bedeutung haben angesichts dieser Dimensionen noch Termine? Übermorgen 15.30 Uhr zum Zahnarzt? Angesichts dieser Zeitskala darf das Date locker um 5000 Jahre verschoben werden, ohne dass der Lauf der Geschichte dadurch beeinflusst würde. Lösen wir uns vom Zeitgefüge und kehren zurück in den Raum.

Im Museum finden Sie außer den Funden aus den Gräbern noch Nachbildungen anderer Dolmen und Tumuli, vor allem aus der BRETAGNE. Steinzeitliche Besiedlungsformen werden ebenso erklärt wie Handwerkstechniken aus dem Neolithikum. Sollten Sie hier Ihre Vorliebe für Megalithen entdecken, empfehle ich Ihnen, Ihren nächsten Urlaub in der Bretagne zu verbringen. Hierzu gibt es im Womo-Verlag einen geeigneten Reiseführer. Der heißt natürlich „Mit dem Wohnmobil in die BRETAGNE“ und stammt ebenfalls aus meiner Feder.

Unser nächstes Ziel liegt ebenfalls in der Vergangenheit, wenn Sie auch nicht ganz so weit in der Zeit mit uns zurückreisen müssen. Die Wegweiser nach SANXAY sehen Sie schon, wenn sie den Parkplatz am Tumulus verlassen. Es ist daher nicht nötig, dass ich Ihnen eine Wegbeschreibung liefere. Ich möchte Sie allerdings auf eine Höhenbeschränkung von 3,40 m zwischen PAMPROUX und SANXAY hinweisen. In PAMPROUX sollten Sie aufpassen, dass Sie nach der Eisenbahnunterführung die Abzweigung nach links nicht verpassen, und in SANXAY selbst ist die Straße zu den Ausgrabungsstätten leicht zu übersehen. Fahren Sie ganz langsam, es geht ohne Vorwegweiser plötzlich nach links ab!

(101) WOMO-Stellplatz: Sanxay I

Position: N 46° 29' 38.5" W 0° 00' 32.5" Rue du Pont des Bergers
max. WOMOs: 2 - 3 Gebührenfrei

Ausstattung / Lage: Toiletten, Mülleimer, Tische und Bänke, Park, OTSI / am Ortsrand
Zufahrt: Nachdem Sie in Sanxay links abgebogen sind, fahren Sie über eine Brücke. Direkt dahinter ist der Stellplatz auf der linken Seite.
Sonstiges: Campingplatz nebenan

(102) WOMO-Stellplatz: Sanxay II

Position: N 46° 29' 37.4" W 0° 01' 22.6" (kein Straßenname)
max. WOMOs: 3 - 4 Gebührenfrei
Ausstattung / Lage: Mülleimer / an der Ausgrabungsstätte
Zufahrt: Vom Stellplatz Sanxay I aus weiter den Schildern zur galloromanischen Siedlung folgen.

Hier in SANXAY wurden die Überreste einer gallorömischen Siedlung ausgegraben. Rechts der Straße finden Sie einen großen Parkplatz, der sich auch zum Übernachten eignet.

Torbogen in Sanxay

Reste des Amphitheaters in Sanxay

Insgesamt sind es drei Komplexe, die Sie vorfinden. Theater, Thermen und Tempel erwarten Sie hier und sie sind einen Besuch auf jeden Fall wert.

An der Eintrittskasse sollten Sie erwähnen, dass Sie Deutscher sind, dann erhalten Sie nämlich eine Dokumentationsmappe in Ihrer Muttersprache. Als erstes kommen wir zu dem ehemaligen Theater. Platz war hier für 10 000 Zuschauer. Allein das unterstreicht schon die Bedeutung dieser Stätte. Wenn Sie jetzt weitergehen, kommen Sie zu den Thermen. Sie sind von all den Bauwerken noch am besten erhalten. Schließlich erreichen Sie die ehemalige Tempelanlage. Davon sind allerdings nur noch rudimentäre Reste erhalten.

Öffnungszeiten Freilichtmuseum:
15. Mai - 15. September:
9.30 - 12.30 und 14 - 18.30 Uhr täglich
16. September - 14. Mai:
10 - 12.30 und 14 - 17.30 Uhr täglich außer Samstag

Vom Parkplatz aus fahren Sie einfach die Straße weiter bis Sie Ménigoute erreichen. Jetzt ist Parthenay Ihr nächstes Ziel. Dort müssen Sie sich zuerst nach den Wegweisern nach Saumur, dann nach „Centre Ville" richten. Im Stadtzentrum finden Sie auf der linken Seite einen Parkplatz, auf dem Sie übernachten können. Er liegt unmittelbar an einem Kreisel, so dass Sie Fehler beim Abbiegen korrigieren können.

Parthenay war, wie schon so viele Orte, die wir besuchten, ein Rastplatz der Jakobspilger. Deshalb weisen auch noch zahlreiche Bauten und vor allem deren Namen auf die Gläubigen des Mittelalters hin. Allerdings hatte auch unsere bereits bekannte Melusine die Hand bei der Gründung der Stadt im Spiel. Es werden hier also einmal mehr Geschichte und Geschichten miteinander verflochten.

(103) WOMO-Stellplatz: Parthenay I

Position: N 46° 38' 49.6" W 0° 14' 53.4" Boulevard de la Meilleraye
max. WOMOs: > 5 Gebührenfrei
Ausstattung / Lage: Mülleimer / im Zentrum
Zufahrt: Wenn Sie den Schildern zum „Centre Ville" folgen sehen Sie direkt an einem der vielen Kreisel einen großen Parkplatz. Das ist gleichzeitig der Marktplatz. Daher: Keine Übernachtung von Dienstag auf Mittwoch möglich.

Jetzt ist ein kleiner Fußmarsch angesagt. Den Parkplatz verlassen Sie mit uns an der gegenüberliegenden Ecke Ihrer Einfahrt. Gehen Sie weiter in die Rue Jean Jaurès und dann immer mehr oder weniger geradeaus. Wenn Sie das Schild „Cité Médiévale" sehen, folgen Sie ihm.

Sie erreichen schließlich die Rue de la Vaux St-Jacques, der Sie nach rechts folgen. Hier gingen vor einigen hundert Jahren auch die Pilger auf ihrem beschwerlichen Weg nach SANTIAGO DE COMPOSTELA entlang. Selbst Pilger können nicht immer nur beten, und so war eine Stadt wie PARTHENAY schon mal Grund genug, einen auf die bisher bewältigte Strecke zu trinken. Vielleicht auch mal Zwei oder Drei... Die zahlreichen Tavernen in der Straße, die wir im Moment entlangschlendern, belegen das.

Die Rue de la Vaux St-Jacques führt uns bis zur Porte St-Jacques. Hier können sie über eine Treppe bis zu den Zinnen hinaufsteigen. Von dort oben sehen Sie auch schon unser nächstes Ziel, die Burg. Wenn Sie die Rue de la Vaux St-Jacques entlangschauen, liegt die Burg rechts davon. Den Weg dorthin brauche ich jetzt nicht mehr zu erklären, Sie sehen ja, wo's langgeht.

Recht steil führt die Straße zum Château hoch. Über eine Brücke können Sie den ehemaligen Burggraben überqueren. Leider ist nicht mehr allzuviel zum Besichtigen übriggeblieben. Zwei Türme stehen noch, der „Tour de la Poudrière" und der „Tour d'Harcourt". Vom ersten Turm haben Sie einen schönen Ausblick auf das Tal des *Thouet*.

Beim Rückweg zum Wohnmobil bleiben Sie im oberen Teil der Stadt und schlagen den Weg durch die „Rue de la Citadelle" ein. An den beiden Kirchen „Notre Dame de la Couldre" und „Ste-Croix" vorbeigehend, erreichen sie eine Aussichtsterrasse auf der linken Seite, die Ihnen einen schönen Blick auf die unter Ihnen liegende Rue de la Vaux St-Jacques bietet. Wir gehen auf das Rathaus zu, auf der linken Seite sehen wir jetzt die mächtige „Porte de la Citadelle". Noch wollen wir jedoch nicht hindurchgehen. Durch einen Garten neben dem Rathaus erreichen wir die Stadtmauer. Auch von hier oben wollen wir noch etwas die Aussicht genießen.

Pont und Porte St-Jacques

Jetzt können wir uns der bereits oben genannten Eingangspforte zuwenden. Im Inneren dieses Tores hängt eine große Glocke, zu der Sie hinaufsteigen können. Für unsere Kinder war das natürlich ein tolles Erlebnis. Wenn Sie von Höhenunterschieden jedoch genug haben, verlassen Sie jetzt den Bereich der „Citadelle" durch dieses Portal. Über einen kleinen Vorplatz gehen wir halb links weiter und erreichen dann bald wieder die Rue Jean Jaurès der wir weiter bis zum Parkplatz folgen. Mittwochs ist in PARTHENAY Markt. Der Platz selbst ist dann bis zum Nachmittag wieder frei, die Händler in der Straße daneben haben ihre Stände jedoch noch bis in die Abendstunden aufgeschlagen.

Ein paar Straßenzüge weiter gibt es einen wesentlich schöneren Platz und in dessen Nähe noch einen Campingplatz.

(104) WOMO-Stellplatz: Parthenay II

Position: N 46° 38' 26.5" W 0° 15' 59.2" Rue de Bretagne
max. WOMOs: > 5 Hohe, mittlere Gebühr
Ausstattung / Lage: Ver- und Entsorgung, Mülleimer, Wertstoff-Behälter / am Ortsrand in einem Naherholungsgebiet
Zufahrt: Vom Stadtzentrum aus folgen Sie zuerst den Schildern nach La-Roche-sur-Yon. Nachdem Sie ein kleines Flüsschen überquert haben, biegen Sie gleich rechts ab in Richtung Campingplatz. Bald darauf sehen Sie auf der rechten Seite ein Schild mit der Aufschrift „Aire camping-car". Hier kann man recht schön inmitten eines Naherholungsgebietes stehen.
Sonstiges: Die Gebühr wird am Campingplatz bezahlt. Sie ist je nach Jahreszeit unterschiedlich und in den letzten 3 Jahren gewaltig gestiegen.

(C26) WOMO-Campingplatz-Tipp: Du Bois Vert ****

Position: N 46° 38' 29.2" W 0° 16' 02.6" Rue de Boisseau
Öffnungszeiten: April - September
Ausstattung / Lage: Ver- und Entsorgung, schattig, Restaurant, Spielplatz / direkter Zugang zum Fluss, 1 km zum Ortszentrum
Zufahrt: Am Stellplatz Parthenay II vorbeifahren, immer geradeaus weiter.
E-Mail: campingboisvert@orange.fr
Internet: www.camping-boisvert.com

Den Parkplatz verlassen wir schließlich nach links, um unser nächstes Ziel, Bressuire, zu finden. Die Wegweiser sind eindeutig und so kommen Sie völlig unkompliziert in den etwas mehr als 30 Kilometer entfernten Ort. Auch die Weiterfahrt gestaltet sich recht einfach.

Einen Stellplatz gibt es in Bressuire natürlich auch. Wie Sie hinfinden, können Sie auf der nächsten Seite nachlesen.

(105) WOMO-Stellplatz: Bressuire

Position: N 46° 50' 06.9" W 0° 29' 32.7" Place de la Libération
max. WOMOs: > 5 Gebührenfrei
Ausstattung / Lage: Ver- und Entsorgung, Toiletten, Mülleimer, Wertstoff-Behälter / zentrumsnah
Zufahrt: Folgen Sie in der Ortsmitte den Schildern die zum Bahnhof (gare) weisen. Biegen Sie dort so ab, dass Sie den Bahnhof im Rücken haben. Die Straße steigt leicht an und rechts von Ihnen sollte, etwas erhöht, ein Parkplatz sein. Oben angekommen biegen Sie halbrechts ab und sehen dann schon die Ver- und Entsorgungsstation. Der Übernachtungsplatz ist noch ein Stück weiter bergan.

Wer noch den Platz aus der letzten Auflage kennt, muss sich neu orientieren. Der alte Stellplatz ist mittlerweile durch eine Höhenbegrenzung abgesperrt. Noch etwas möchte ich Ihnen nicht vorenthalten: Dienstags morgens fährt vom unteren Platz aus alle 30 Minuten ein kostenloser Bus zum Marktplatz!

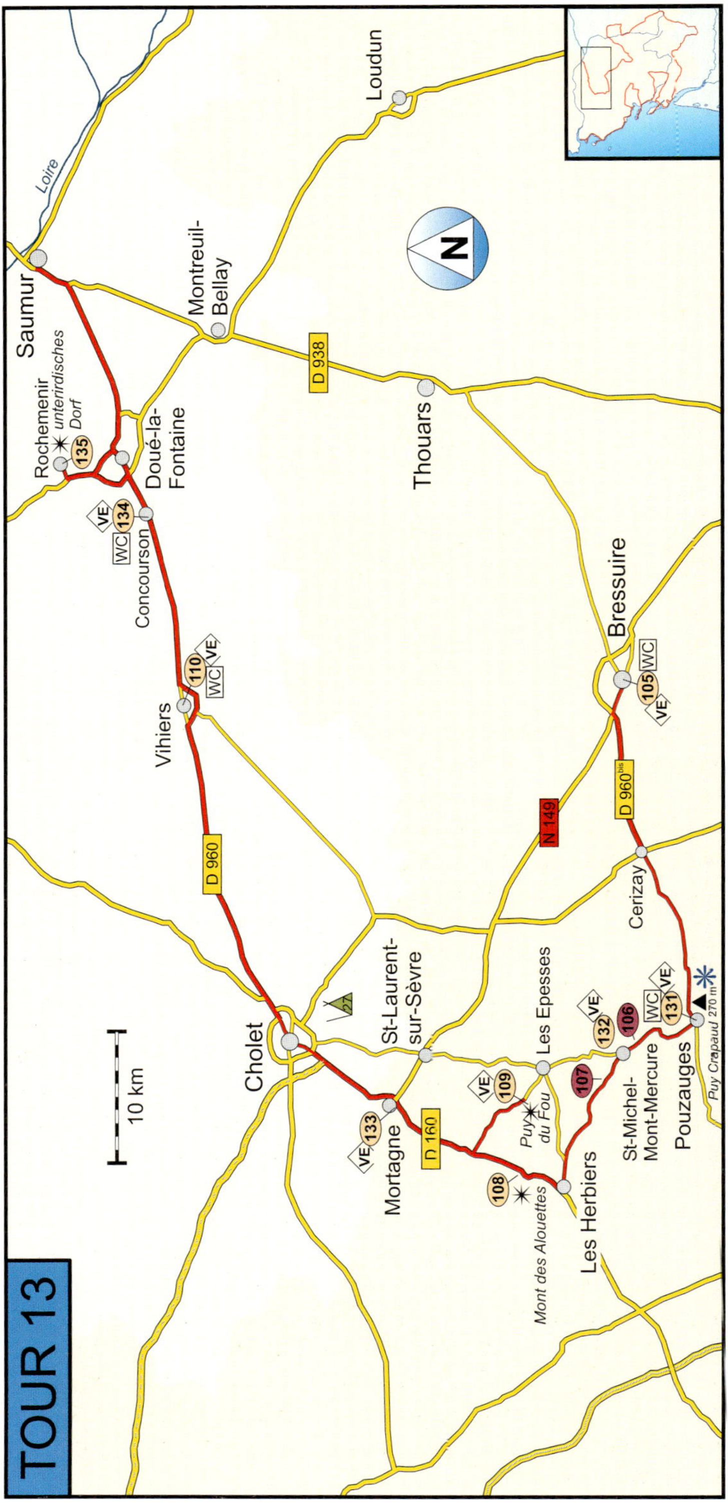
TOUR 13
Saumur
Loire
Loudun
Montreuil-
Bellay
Rochemenir
unterirdisches
Dorf
135
Doué-la-
Fontaine
D 938
Thouars
134
VE
WC
Concourson
110
VE
WC
Vihiers
Bressuire
105
WC
VE
D 960bis
N 149
D 960
Cerizay
St-Laurent-
sur-Sèvre
Les Epesses
27
Cholet
10 km
133
VE
Mortagne
D 160
109
VE
Puy
du Fou
108
Mont des Alouettes
Les Herbiers
107
106
132
VE
131
WC
VE
St-Michel-
Mont-Mercure
Pouzauges
Puy Crapaud 270 m

TOUR 13 (155 km)

Bressuire — Pouzauges — Mont des Alouettes — Cholet — Saumur

Übernachten:	Bressuire, Pouzauges, Puy Lambert, St-Michel-Mont-Mercure, Moulin des Justices, Mont des Alouettes, Puy du Fou, Mortagne, Vihiers, Concourson, Rochemenier
Besichtigen:	Mont des Alouettes, Moulin des Justices, Château du Puy du Fou, Höhlenwohnungen in Rochemenier
Campingplatz:	Le Lac de Ribou
Markt:	Les Herbiers (Do. u. Sa.), Vihiers (Mi.)

Zu Beginn unserer letzten Tour möchte ich Sie in BRESSUIRE auf dem Übernachtungsplatz abholen. Fahren Sie von dem erhöht liegenden Parkplatz wieder auf den Bahnhof zu und biegen Sie dort rechts ab. An der nächsten Ampel geht's dann nach links. Diejenigen, die nicht übernachtet haben fahren im Ortszentrum an der gleichen Ampel geradeaus weiter in Richtung POUZAUGES.

Kurz vor diesem Ort ist erhöhte Aufmerksamkeit geboten: Wenn an einem Kreisel „POUZAUGES par la Corniche" und „POUZAUGES Centre" ausgeschildert ist, fahren wir an beiden Ausfahrten vorbei und nehmen die dritte Abfahrt. Direkt danach ordnen wir uns nach links ein und fahren einen kleinen Weg zum PUY CRAPAUD hoch. Die Straße ist zwar recht eng, aber trotzdem gut befahrbar. Wenn Ihnen nicht gerade ein Reisebus entgegenkommt, sollten Sie keine Schwierigkeiten haben. Aber deshalb gibt's ja ab und zu kleine Ausweichstellen am Wegesrand.

Bevor Sie mich fragen, warum ich Sie ausgerechnet hier hoch schicke, darf ich Ihnen kurz berichten, dass wir mittlerweile wieder einen völlig neuen Landstrich erreicht haben: die Heckenlandschaft der BOCAGE. Einen Blick über diese Gegend können Sie am besten von oben genießen, und das gelingt Ihnen auf dem 270 Meter hohen PUY CRAPAUD sehr gut. Am Ende der Straße steht eine Mühle, die mittlerweile zum Restaurant umgebaut wurde. Gehen Sie ruhig hinein und fragen Sie den Wirt nach dem Weg zur „Table d'Orientation". Er wird Ihnen gern zeigen, wie Sie über zwei Wendeltreppen auf das Dach des Gebäudes kommen. Von hier oben aus haben Sie jetzt die versprochene Aussicht. Vielleicht sehen Sie ja auch den Stellplatz, den ich Ihnen auf der nächsten Seite vorstellen will.

Im Frühjahr oder Herbst kann der Wind allerdings kräftig wehen. Dann ist es natürlich anschließend schön, gemütlich an der Bar noch einen Kaffee zu trinken. Es bleibt Ihnen nicht erspart, auf dem selben Weg wieder zurück zu fahren.

(131) WOMO-Stellplatz: Pouzauges

Position: N 46° 46' 35.4" W 0° 49' 42.4" Rue du Pré de Foire
max. WOMOs: > 5 Gebührenfrei
Ausstattung / Lage: Ver- und Entsorgung, Toiletten, Mülleimer / am Ortsrand
Zufahrt: Wie bei der Zufahrt zum Puy Crapaud biegen Sie am Kreisel links ab, ordnen sich dann aber nicht auf der Linksabbiegerspur ein, sondern fahren geradeaus weiter bis zum nächsten Kreisel. Genau dort finden Sie den Stellplatz.
Sonstiges: Wasser kostenlos, kein Strom

Wählen Sie bei der Rückfahrt an dem bereits mehrfach erwähnten Kreisel am besten die direkte Route nach POUZAUGES. Der Weg über die „corniche" ist zwar etwas schöner, Sie kommen jedoch dabei im Ort in ein weitverzweigtes Einbahnstraßennetz, das uns schon viele Nerven gekostet hat.

Der direkte Weg führt zu einer Ampel im Ortszentrum an der „LES HERBIERS" auf den Wegweisern steht. Das ist schön, denn dort wollen wir hin.

Gleich nach der Ausfahrt aus POUZAUGES stehen rechts der Straße zwei Mühlen. Hiervon werden wir im weiteren Verlauf unserer Tour noch mehr sehen. Sie waren in den Vendée-Kriegen nicht nur zum Mahlen des Getreides zuständig, sondern übermittelten auch auf weite Entfernung durch die verschiedenen Stellungen der Flügel wichtige Informationen. Über die Vendée-Kriege können Sie im Kapitel „Geschichte" des Allgemeinen Teils mehr nachlesen.

Auf der rechten Seite der Straße taucht auf einer Anhöhe ein großes Kreuz auf. Der Hügel heißt Puy Lambert. Dort oben gibt es neben dem Kreuz auch einen Picknickplatz. Zwei Wohnmobile treffe ich dort an, einen Iren und einen Schotten in trauter Zweisamkeit. Mit mir gesellt sich noch ein Deutscher

(106) WOMO-Picknickplatz: Puy Lambert

Position: N 46° 49' 30.5 W 0° 52' 30.0" (kein Straßenname)
max. WOMOs: 2 - 3
Gebührenfrei
Ausstattung / Lage: Mülleimer, Tische und Bänke / außerhalb jeder Besiedlung
Zufahrt: Wenn Sie hinter Pouzauges das große Kreuz rechts auf einer Anhöhe sehen, achten Sie auf die „Pique-Nique"-Beschilderung. Die Straße geht rechts ab.

dazu. Da gibt es natürlich eine Menge zu erzählen. Der Ire hatte die letzte Nacht hier verbracht, der Schotte will diese Nacht hier bleiben. Der Deutsche macht ein Bild und zeichnet einen Picknickplatz in sein Manuskript.

Der nächste Ort, den wir erreichen ist ST-MICHEL-MONT-MERCURE. Von weitem ist schon die 9 Meter hohe Statue des Heiligen Michael auf der Kirchturmspitze zu sehen. Wir fahren die paar Meter zur Kirche hinauf und wollen den Kirchturm besteigen. Waren wir auf dem PUY CRAPAUD in 270 Meter

(132) WOMO-Stellplatz: St-Michel-Mont-Mercure

Position: N 46° 49' 56.6" W 0° 52' 57.5" Rue de l'Orbrie
max. WOMOs: > 20 Gebührenfrei
Ausstattung / Lage: Ver- und Entsorgung, Mülleimer, Wertstoff-Behälter / an der Kirche
Zufahrt: Fahren Sie zuerst zur Kirche hoch und versuchen Sie dann auf deren Rückseite zu kommen. Dort finden Sie den Stellplatz.
Sonstiges: Wasser 2,00 €, kein Strom

Höhe nur auf dem zweithöchsten Gipfel der VENDÉE, so sind wir jetzt weitere 15 Meter höher. Dazu kommt noch der Kirchturm mit seinen 47 Metern. Künftig werde ich den Aufstieg nur an einem windstillen Tag wagen.

Heute knackt es an allen Ecken, und durch plötzlich auftauchende kleine Fensteröffnungen bläst uns der Wind fast die Treppe hinunter. Die betont lässigen Kommentare unserer Töchter lassen auch merklich nach. Oben angekommen bin ich zu sehr damit beschäftigt aufzupassen, dass niemand hinabgeweht wird, was natürlich Unsinn ist, dass ich die Aussicht überhaupt nicht genießen kann. Beim Abstieg steigt unser Mut von Stufe zu Stufe und unten angekommen, war alles ganz harmlos.

Als nächstes wollen wir aber endlich eine Mühle besichtigen. Die „Moulin des Justices" ist dazu sehr geeignet. Sie

(107) WOMO-Picknickplatz: Moulin des Justices

Position: N 46° 50' 32.7" W 0° 54' 51.8" (kein Straßenname)
max. WOMOs: > 5
Gebührenfrei
Ausstattung / Lage: Mülleimer, Tische und Bänke, Spielplatz / direkt an der Mühle
Zufahrt: Wie im Text beschrieben. Es handelt sich um den Parkplatz der Moulin des Justices. Alle Plätze leicht abschüssig.

Moulin des Justices

müssen allerdings etwas aufpassen, damit Sie die Abfahrt nicht verpassen. Kurz hinter dem Ort L'ÉPAUX (immer noch in Richtung „LES HERBIERS") biegt die Stichstraße unvermittelt nach rechts ab. Dann können Sie schon mal Ihren ersten Gang bereithalten, es geht steil hoch.

Im Sommer kann die Mühle während des Betriebs in Gruppen besichtigt werden. Der Müller ist zu diesem Zweck mit seiner Tracht bekleidet, zu der, zur Belustigung unserer Kinder, auch eine Zipfelmütze gehört. Die Führung ist zwar sehr humorvoll, jedoch was die Details betrifft, nahezu unverständlich. Wenn Sie nicht in technischem Französisch gut ausgebildet sind, sollten Sie besser zu erkennen geben, dass Sie überhaupt nicht Französisch sprechen. Sie dürfen die Mühle dann allein und dazu noch unentgeltlich erforschen. In jedem Stockwerk hängen Erklärungen in Französisch und Englisch. Uns hat das weitergeholfen. Außerhalb der Saison sieht das anders aus. Wenn der Müller überhaupt da ist, lässt er Sie selbstverständlich auch besichtigen. Allerdings wird er zuerst seiner Arbeit nachgehen, ehe er sich Ihnen widmet. Er ist dann ganz normal mit Jeans und ohne Zipfelmütze bekleidet. Dafür haben Sie aber Gelegenheit, ihm unendlich viele Fragen zu stellen. Wenn Sie zum Schluss die Zusammenhänge immer noch nicht ganz verstanden haben, können Sie an einem einfachen Holzmodell, in das Sie hineinblasen können, alle Funktionen noch einmal im Überblick sehen.

Fazit: Wenn Sie technisch interessiert sind, dürfen Sie einen Besuch nicht versäumen, es sind wirklich überraschende Konstruktionen zu bestaunen. Übrigens wird hier nur Getreide aus biologischem Anbau gemahlen.

Unsere Fahrt geht weiter in Richtung LES HERBIERS. Diesen Ort erreichen wir recht schnell und biegen dann nach Norden ab in Richtung „CHOLET". Nach wenigen Kilometern erreichen wir den „MONT DES ALOUETTES", den „Berg der

Mont des Alouettes

(108) WOMO-Stellplatz: Mont des Alouettes

Position: N 46° 53' 39.4" W 1° 00' 30.5" (kein Straßenname)
max. WOMOs: > 5
Gebührenfrei
Ausstattung / Lage: Mülleimer, Wertstoff-Behälter / auf dem Mont des Alouettes
Zufahrt: Wie im Text beschrieben.
Sonstiges: Im Sommer ist das OTSI hier.

Lerchen". So idyllisch der Name auch klingt, so kriegerisch ist jedoch sein wahrer Ursprung und genauso kriegerisch ist die Geschichte des Berges. Römische Legionen, die die Lerchen als Helmzierde trugen waren die Namensvettern. Hier oben standen einst sieben Mühlen, die nicht aus landwirtschaftlicher Erfordernis, sondern aus strategischen Gründen gebaut wurden. Weiter vorn habe ich bereits das Signalisationssystem der Konterrevolutionäre kurz angedeutet. Natürlich kamen auch die Römer drauf, dass die Flügel der Mühlen bei bestimmten militärischen Lagen in einer bestimmten Stellung still standen. Das System wurde durchschaut und die Mühlen darauf hin niedergebrannt. Drei von ihnen konnten jedoch wieder einigermaßen restauriert werden.

Noch ein paar Kilometer fahren wir in Richtung CHOLET weiter. Unübersehbar stehen jetzt schon die Schilder zum Château du Puy du Fou am Wegesrand. Hier findet jeden Sommer ein riesiges Medienspektakel mit erzkonservativem Hintergrund statt. Freitags und samstags wird auf der 16 ha großen Bühne ein 1000-Personen-Stück aufgeführt, das die Vendée-Kriege aus der Sicht eines Bauern darstellen will. Hierfür wird tief in die Trickkiste der Hi-Tech-Unterhaltung gegriffen. Son-et-Lumière wäre untertrieben. Feuerwerk, Laser und Elektronik sind das Mindeste was eingesetzt wird, um den Zuschauer zu beeindrucken. Magisch richtet sich ein riesiges weißes Kreuz aus einem See auf und derlei Hokuspokus mehr. Na ja, wem's gefällt..., der kann dann auch noch gleich das danebenliegende Vendée-Disneyland besuchen: „Le Grand Parc". In allen Bereichen des Parks dürfen Sie Ihre Haustiere nicht mitnehmen.

Öffnungszeiten Grand Parc:
Juni - August: Kernzeit 10 - 19 Uhr täglich
an Wochenenden bis 21 Uhr
CinéScéne-Vorstellungen an Wochenenden ab 22.30 Uhr
Zeiten von Ende April bis Mitte September und Sondervorführungen jährlich unterschiedlich. Genaue Termine auf deutsch unter www.puydufou.com/de/

Dieser Erlebnispark wird von Jahr zu Jahr größer und bietet immer mehr Attraktionen an. 2006 wurde das „Grand Carrousel" eröffnet. Ein Platz für Mantel- und Degenspektakel. Daneben ist ein Ort im Stil des Jahres 1900 aufgebaut. Eine mittelalterliche Stadt mit Falkner-Vorführungen gibt es ebenso wie ein Dorf aus dem 18. Jahrhundert. Ein Wehrdorf, das der Zeit um das Jahr 1000 nachempfunden ist liegt gerade mal ein paar Meter weiter. Noch weiter in die Vergangenheit kommen Sie anschließend in einer über 100 Meter langen Arena im römischen Stil. Dort können Sie den wilden Spielen der Gladiatoren zuschauen. Natürlich dürfen wir die Wikinger nicht vergessen, die täglich das Wehrdorf angreifen. Tapfere Ritter verteidigen mutig den mittelalterlichen Marktflecken. Die Eintrittspreise sind nicht im Niedrigpreisniveau angesiedelt. Ab 25 EUR für eine Tageskarte sind realistisch, dabei ist das anfangs erwähnte Spektakel, CinéScénie genannt, auf der großen Bühne nicht enthalten. Dafür legen Sie etwa den gleichen Betrag nochmal hin. Übersetzungskopfhörer sind in englischer Sprache erhältlich, für CinéScénie auch in Deutsch.

Ich hatte mir eigentlich vorgenommen, von all' den Attraktionen hier am Puy du Fou nur das Écomusée de la Vendée zu erwähnen, da mir dies am seriösesten erschien. Doch selbst da hat die Technik Einzug gehalten. Sind zu Beginn noch recht unverfängliche Exponate ausgestellt, wird es im zweiten Stock zusehends politischer. Der Gipfel ist eine Tonbildschau. Sie erhalten dazu einen Kopfhörer in Ihrer Muttersprache und können sich dann auf einer Leinwand das Gemetzel in den Kriegen anschauen. Gleichzeitig werden auf einer davor-

(109) WOMO-Stellplatz: Puy du Fou

Position: N 46° 53' 27.2" W 0° 56' 10.3" (kein Straßenname)
max. WOMOs: > 20 Gebührenfrei
Ausstattung / Lage: Ver- und Entsorgung / am Erlebnispark
Zufahrt: Wie im Text beschrieben. Der Platz für camping-cars ist gut beschildert. Bei meinem letzten Besuch standen weit mehr als 100 Womos auf 2 Plätzen. Das Bild wurde nachmittags gegen 17 Uhr auf dem zweiten Platz gemacht und zeigt nur einen kleinen Ausschnitt der riesigen Stellfläche.
Sonstiges: Es ist ein kleiner Fußmarsch bis zum Eingang nötig.

liegenden Landkarte die Truppenbewegungen und die ganzen (Ab-)Schlachtorte angezeigt, während Sie sich im Kopfhörer die Namen einer unendlichen Anzahl von Generälen und Marschällen anhören können. Erst später habe ich erfahren, dass der ganze Medienrummel von einem schillernden Politiker der rechten Szene initiiert wurde. Wer trotzdem hin möchte, folgt den Schildern.

Neben mehreren Pkw-, Bus-, und Behindertenparkplätzen gibt es natürlich auch einen Wohnmobilplatz. Das wäre vielleicht der einzige Grund den Rummelplatz anzusteuern.

Wenn Sie sich den Abstecher zum PUY DU FOU sparen wollen, fahren Sie vom MONT DES ALOUETTES direkt in Richtung CHOLET. Vom Womo-Platz am PUY DU FOU aus fahren Sie wieder ein Stück zurück und dann ebenfalls nach CHOLET.

Vorher möchte ich Ihnen allerdings anbieten, nach MORTAGNE abzubiegen. Benutzen Sie dazu die erste Abfahrt zum Ort. Leider ist diese Straße für Fahrzeuge über 3,5 t gesperrt. Anschließend brauchen Sie nur noch den bekannten Womo-Schildern zu folgen.

(133) WOMO-Stellplatz: Mortagne

Position: N 46° 59' 40.3" W 0° 56' 41.3" Avenue de la Gare
max. WOMOs: 5 Gebührenfrei
Ausstattung / Lage: Ver- und Entsorgung, Mülleimer, Touristenzug, WiFi / direkt gegenüber dem Bahnhof bzw. OTSI.
Zufahrt: Von der Abfahrt aus immer der Beschilderung folgen.

Der Platz liegt genau gegenüber dem OTSI. Dort waren mir viele Plakate aufgefallen, die mich neugierig machten. Ein Bild mit einem Nostalgiezug erregte als erstes meine Neugier, dann war da noch ein großes Schild mit der Aufschrift WiFi. Also war ein Besuch des Touristenbüros unumgänglich.

Was die Eisenbahn betrifft, erfahre ich, dass es sich um einen dem „Orient-Express" nachempfundenen Zug für Touristen handelt. Ab 12 Uhr verlässt ein Restaurantzug Mortagne zum 6-gängigen Mittagsmahl und kehrt gegen 15 Uhr wieder zurück. Abendessen auf Rädern können Sie zu sich nehmen, wenn Sie um 19.30 Uhr abfahren und um 22.30 Uhr zurückkommen wollen. So ganz ohne Essen geht's auch: Abfahrt um 15.30, Rückkehr um 18 Uhr. Dafür mit nicht ganz so erlesenem Interieur aber mit Dampflokomotive. Den sehr komplexen Fahrplan finden Sie unter www.vendee-vapeur.fr.

Sehr gefreut hat mich die Nachricht, dass es hier einen Hotspot gibt, um ins Internet zu kommen. Im OTSI habe ich eine Adresse bekommen und hatte auch sofort Verbindung. Zunächst hatte ich nur Zugriff auf eine einzige Seite. Dort konnte ich mich anmelden. Dabei wurde meine Kreditkarte mit der Unsumme von 1,00 € belastet. Kurze Zeit später erhielt

Die Dampflok von Mortagne

ich auf dieser Seite mein Passwort und durfte nun 24 Stunden surfen. Ein fairer Preis!

Am nächsten Morgen fahre ich weiter, wieder mal in Richtung CHOLET. Gern hätte ich Ihnen in dieser Stadt etwas Sehenswertes gezeigt, habe aber trotz heftiger Bemühungen nichts Interessantes gefunden. Einen schön gelegenen Campingplatz könnte ich Ihnen anbieten. Sie können allerdings, wenn Sie nicht nach dem Rummel auf dem PUY DU FOU noch ein bisschen Ruhe suchen, CHOLET auf der Umgehungsstraße umfahren.

(C27) WOMO-Campingplatz-Tipp: Lac de Ribou ****

Position: N 47° 02' 12.7" W 0° 50' 30.4" Avenue Léon Mandin
Öffnungszeiten: 1.4. - 30.9.
Ausstattung / Lage: Ver- und Entsorgung, schattig, Laden, Restaurant, Spielplatz, zwei Pools / in einem Naherholungsgebiet, nächster Ort 4 km
Zufahrt: Von der Ringstraße aus, die um Cholet führt, gut beschildert. Es geht eine ganze Zeit lang durch eine Nebenstraße zu einem Naherholungsgebiet.
E-Mail: info@lacderibou.com
Internet: www.lacderibou.com

Richten Sie sich jetzt nach den Schildern nach SAUMUR. Sie könnten die Strecke eigentlich in einem Stück durchfahren. Aber lassen Sie uns zuerst nach VIHIERS kommen, einen sympathischen Ort mit einem Womo-Stellplatz. Die Plätze in unspektakulären Städtchen sind meist viel schöner und liebevoller angelegt als diejenigen in den Touristenhochburgen. So ist es auch hier.

Sollten Sie früh morgens durch eine Straßenkehrmaschine geweckt werden, brauchen Sie ein dickes Fell - oder Sie beginnen jetzt einfach den Tag. Ich habe mich für das Fell entschieden und weiß daher, dass die Säuberung der Straße

(110) WOMO-Stellplatz: Vihiers

Position: N 47° 08' 35.9" W 0° 32' 09.7" Place Foulques Nerra
max. WOMOs: > 5 Gebührenfrei
Ausstattung / Lage: Ver- und Entsorgung, Toiletten, Mülleimer / zentrumsnah

Zufahrt: Sie müssen von der Umgehungsstraße zum Zentrum von Vihiers abbiegen. Folgen Sie dann einem der Schilder zum Centre Ville, die nach rechts weisen. Sie werden dann die Kathedrale erreichen. Hinter der Kirche finden Sie den Platz rechts der Straße.

und des Womo-Platzes, einschließlich des danebenliegenden PKW-Parkplatzes, etwa 2 Stunden dauert. Die Kehrmaschine ist sehr laut!

SAUMUR, das Ende dieser Tour – und damit das Ende des Reiseteils dieses Buches – ist überall schon ausgeschildert. Kurz bevor wir DOUÉ-LA-FONTAINE erreichen, kommen wir noch nach CONCOURSON. Ein kleiner Ort mit einem ansprechenden Stellplatz.

(134) WOMO-Stellplatz: Concourson

Position: N 47° 10' 25.8" W 0° 20' 34.6" Chemin du Pont Vieux
max. WOMOs: > 5 Gebührenfrei
Ausstattung / Lage: Ver- und Entsorgung, Toiletten, Mülleimer, Wertstoff-Behälter, Tische und Bänke / am Ortsrand

Zufahrt: Gleich, wenn Sie in den Ort hineinkommen, biegen Sie links ab in ein kleines Naherholungsgebiet. Längs des Weges können Sie übernachten. Die Ver- und Entsorgungsstation steht gleich vorn bei der Einfahrt. Auf einer Seite ein kleiner See, gegenüber Möglichkeit zum Picknick. Insgesamt ein schöner Stellplatz.

Wenn wir weiter fahren nach Doué-la-Fontaine, müssen wir gleich zu Beginn des Ortes auf die Schilder nach ROCHEMENIER achten. Dort wollen wir zum Abschluss unserer Tour noch Höhlenwohnungen besichtigen.

(135) WOMO-Stellplatz: Rochemenier

Position: N 47° 13' 56.5" W 0° 17' 36.5" Rue du Musée
max. WOMOs: 3 - 4 Gebührenfrei
Ausstattung / Lage: Mülleimer, Wertstoff-Behälter / in der Nähe des unterirdischen Dorfes
Zufahrt: Am 1. Kreisel im Ort links abbiegen und dann auf dem Parkplatz bei den Höhlen parken.

Nur wenige Meter sind es, von dem Parkplatz bis zum Freilichtmuseum. Als ich mich an der Kasse als Journalist vorstellte, hatte ich das Glück, dass Monsieur le Directeur gerade anwesend war. Nachdem ich ihm erklärt hatte, wer ich bin und was ich mache, antwortete er mir in einwandfreiem Deutsch. Von ihm konnte ich noch viele Einzelheiten erfahren, die nicht in der Dokumentation standen.

Hier in ROCHEMENIER ist ein komplettes unterirdisch erbautes Dorf auf einer Fläche von einem Hektar zu besichtigen. 20 Räume sind hier in den Fels gearbeitet. Darunter zwei komplette Bauernhöfe mit mehreren Räumen. Darin sind sowohl Wohnräume, als auch Stallungen und Weinkeller und Scheunen eingeschlossen. Es gliedert sich ein Hühnerhof

Öffnungszeiten unterirdisches Dorf:
1. 4. - 1. 11.: 9.30 - 19 Uhr täglich
Feb., März, Nov: 14 - 18 Uhr Sa. und So.

mit alten Geflügelrassen an. Zu einer Dorfgemeinschaft gehört natürlich auch eine unterirdische Kapelle. In einer modernisierten Höhlenwohnung wird sogar gezeigt, dass man sie so herrichten kann, dass sie sogar unseren heutigen Ansprüchen genügt. Bis 1984 hatte der Museumsleiter dort seine Dienstwohnung.

Jetzt dürfen Sie mir noch 19 Kilometer nach SAUMUR folgen. Ich verrate Ihnen, warum es sich lohnt hier auf unserer letzten Station der Reise noch etwas zu verweilen. Die Stadt ist bekannt für ihre Champignons und ihren Schaumwein. Die hier gezüchteten Pilze decken ein Zehntel(!) des gesamten Weltbedarfs. Auch die Champignon-Zucht hängt mit den unterirdischen Höhlen zusammen, die wir ja jetzt schon gut kennen. Darin finden die Champignons ideale Wachstumsbedingungen.

Die Kavernen sind auch bestens geeignet um Schaumwein zu lagern. Sie können also eine Kellerei besichtigen und anschließend eines der vielen Restaurants besuchen und sich beispielsweise gefüllte Champignons servieren lassen. Damit haben Sie die beiden wichtigsten Attribute der Stadt abgedeckt. SAUMUR ist zudem für seine Offizierschule bekannt. Vermutlich werden Sie sich allerdings nicht von der Kavallerie anwerben lassen.

Jetzt bleibt mir nur noch zu hoffen, dass Ihnen unser gemeinsamer Urlaub Spaß gemacht hat und dass Sie irgendwann wieder kommen. Natürlich habe ich auch nichts dagegen, wenn Sie den Folgeband „Mit dem Wohnmobil an die französische Atlantikküste, der Süden" kaufen wollen.

Die schöne Müllerin wünscht Ihnen am Ende der Mühlentour eine gute Heimreise.

Allgemeine Tipps

Adressen

Ein paar Anschriften brauchen Sie bereits, bevor Sie Ihre Reise überhaupt angetreten haben. Von den amtlichen Fremdenverkehrsämtern erhalten Sie viel nützliches Informationsmaterial.

Atout France
Zeppelinallee 37
60325 Frankfurt/Main
Tel. 0900 / 157 00 25
Fax 0900 / 159 90 61
info.de@franceguide.com

in Österreich:

Atout France Österreich
Lugeck 1 - 2
1010 Wien
Tel. 0900 25 00 15
Fax 01 / 503 28 71
info.at@franceguide.com

und in der Schweiz:

Atout France Zürich
Rennweg 42
8021 Zürich
Tel. 044 217 46 00
Fax 044 217 46 17
info.ch@franceguide.com

Wenn Sie größere Probleme haben, wie zum Beispiel einen Unfall, Diebstahl oder auch den Verlust der Dokumente, helfen Ihnen die diplomatischen Vertretungen gern und unbürokratisch weiter. Deutsche, österreichische und schweizerische Generalkonsulate gibt es BORDEAUX. Dazu kommt noch ein deutsches Honorarkonsulat in NANTES.

Deutsches Generalkonsulat
377, Boulevard du Président Wilson
33200 Bordeaux-Caudéran
Tel. 05.56.17.12.22
Fax 05.56.42.32.65
info@bordeaux.diplo.de

Deutsches Honorarkonsulat
24, Rue du Marché Commun
44332 Nantes

Tel. 02.40.49.74.91
Fax 02.40.52.18.90
contact@consulallemagnenantes.fr

Honorarkonsulat von Österreich
86, Cours Balguerie-Stuttenberg
33300 Bordeaux
Tel. 05.56.00.00.70
Fax 05.57.87.60.30
consulatautriche.bordeaux@borie-manoux.fr

Generalkonsulat der Schweiz
2, Place de la Bourse
33076 Bordeaux
Tel. 05.56.79.44.44
Fax 05.57.84.54.82
bordeaux@honorarvertretung.ch

Ärztliche Hilfe

Ein Thema, an das man nicht gerne denkt. Trotzdem kann es vorkommen, dass Sie oder ein Familienmitglied im Urlaub erkranken oder wegen eines Unfalles ärztliche Hilfe erforderlich ist.

Wenn Sie Mitglied einer gesetzlichen Krankenversicherung sind, brauchen Sie die Europäische Krankenversicherungskarte (European Health Insurance Card - EHIC), die Sie bei Ihrer Krankenversicherung kostenlos erhalten.

Als Privatversicherter erhalten Sie - ebenso wie in Deutschland - eine ausführliche Arztrechnung, die Sie bei Ihrer Versicherung einreichen.

Tipps:

» *Beim ADAC können Sie, ebenso wie bei den lokalen Fremdenverkehrsämtern (Office de Tourisme oder Syndicat d'Initiative), eine Liste deutschsprechender Ärzte in Ihrem Urlaubsgebiet anfordern. Wenn Sie der Französischen Sprache nicht mächtig sind, können Sie sich mit den Medizinern oft auch in Englisch verständigen.*

» *Den ADAC-Arzt in München erreichen Sie unter der Telefonnummer 0049/89 22 22 22.*

» *Überlegen Sie sich, ob Sie überhaupt einen Arzt brauchen. Auch die Apotheker können Ihnen in vielen Fällen weiterhelfen. Sie sprechen oft auch Englisch. Der Weg in eine „Pharmacie" ist nach einem Arztbesuch sowieso meist nötig.*

Autohilfsdienste

Ich wünsche Ihnen zwar, dass Sie sich in Ihrem Urlaub nicht

über eine Panne ärgern müssen, aber passieren kann ja bekanntlich immer etwas. Sie können das Risiko mindern, wenn Sie vor Ihrer Reise das Auto noch einmal zur Inspektion in die Werkstatt fahren. Nehmen Sie bei dieser Gelegenheit auch gleich die neueste Ausgabe des internationalen Kundendienstverzeichnisses Ihrer Automarke mit.

Und wenn Sie jetzt wirklich irgendwo stehen und das Auto keinen Mucks mehr von sich gibt?

Tipps:

» *Auf den Französischen Autobahnen werden die Pannendienst ebenso gerufen wie bei uns, nämlich über die Notrufsäulen. Ansonsten können Sie sich an die „Police Secours“ wenden, die Sie an jeder Telefonzelle über die Notrufnummer 17 erreichen. Unter der Nummer 04.72.17.12.22 können Sie rund um die Uhr über „AIT-FIPA Assistance“ in Deutsch einen Pannenhilfsdienst herbeirufen.*

» *Holen Sie sich vor der Abreise bei Ihrem Automobilclub oder bei Ihrer Versicherung einen (Auslands-) Schutzbrief. Damit werden nicht nur die Kosten für Pannenhilfe bis zu einer gewissen Grenze übernommen, sondern er bietet auch andere Leistungen, wie zum Beispiel Krankenrücktransport, Verzollung bei Totalschaden, Ersatzteilversand und ähnliches. Vom ADAC weiß ich, dass für Fahrzeuge, die bestimmte Maße überschreiten eine kostenlose Zusatzpolice abgeschlossen werden muss. Dabei werden bestimmte Kosten, die aufgrund einer Sonderbehandlung wegen der übergroßen Maße anfallen können, begrenzt oder ausgeschlossen. Erkundigen Sie sich danach!*

Campingplätze

In fast allen Orten finden Sie Campingplätze in allen Kategorien. Das kann sowohl ein gemeindeeigener “Camping municipal” als auch ein privater Platz sein. Die Adressen und Ausstattungen entnehmen Sie bitte den einschlägigen Campingführern. Freies Camping ist jedoch — bis auf einige Ausnahmen — möglich und, besonders außerhalb der Saison, in den touristisch weniger erschlossenen Gebieten auch nötig. Lesen Sie hierzu auch die Abschnitte “Freies Camping” und “Stellplätze” weiter hinten..

Cognac

Die Geschichte des Cognacs beginnt mit der Geschichte des Weines. Der Wein, der an der *Charente* reifte, konnte sich natürlich nicht mit den Weinen des Bordelais messen. Deshalb wurde er nach Norden verschifft. Für die Holländer oder Engländer war er gut genug. Ende des 17. Jahrhunderts kamen Einwanderer auf die Idee, den Wein zu brennen. Der „Brandy" war geboren. Durch ein geschicktes Marketing der Brennerdynastien darf sich nur der Weinbrand aus Cognac „Cognac" nennen.

Ausschlaggebend für die Qualität eines Cognacs ist die Beschaffenheit des Bodens auf dem der Wein wächst. Aus diesem Grund ist die Gegend um COGNAC in sechs verschiedene Zonen eingeteilt, denen verschiedene Qualitätsstufen entsprechen. Es sind dies, in absteigender Reihenfolge: Grande Champagne, Petite Champagne, Borderies, Fins Bois, Bons Bois, Bois Ordinaires.

Nach der Weinlese und dem Ende des Gärungsprozesses wird in den Wintermonaten der Cognac gebrannt. Das geschieht in zwei Stufen: Im ersten Durchgang wird aus dem Wein ein Destillat mit 25% Alkohol hergestellt. Dies wird wieder in die Brennblase gefüllt und 12 Stunden gebrannt, bis der nun entstehende Branntwein einen Alkoholgehalt von 72% erreicht.

Jetzt wird der Branntwein in Fässer abgefüllt und muss lange lagern. Zwei Jahre sind das Minimum. Normal sind etwa fünf Jahre. Die Eichenfässer kommen extra aus dem Limousin, weil das Holz dort einen geringen Gehalt an Gerbstoff enthält und außerdem leicht porös ist. Die Oxidation des Branntweins wird dadurch gefördert. Leider geht dadurch auch eine große Menge des edlen Getränkes durch Verdunstung verloren. Diese Menge wird in den Fässern immer wieder aufgefüllt. Deshalb darf beim Cognac kein Alter auf dem Etikett angegeben werden, das über fünf Jahre hinausgeht.

Nach dem Ende der Lagerzeit wird der Cognac in Flaschen abgefüllt, wobei er mit destilliertem Wasser auf einen Alkoholgehalt von 40% verdünnt wird. Auf die Flasche kommt schließlich noch das Etikett, das nicht allzuviel über den Cognac aussagt. Sie finden dort zuerst den Namen des Produzenten, was wohl auch am wichtigsten ist, denn jedes Haus hat seine eigene Verschnitttechnik, die über viele Jahre hinweg den gleichbleibenden Geschmack des Cognacs sichern soll. Die Altersangabe erfolgt durch Buchstaben oder Symbole. Drei Sterne stehen dabei für einen Cognac, der die Mindestanforderungen gerade mal überschritten hat. V.S.O.P. ist die gängigste Bezeichnung. Der Branntwein muss mindestens fünf Jahre in Eichenfässern gelagert worden sein. Alle anderen Bezeichnungen, die eine zehn- oder zwanzigjährige Lagerung suggerieren wollen, sind Augenwischerei, da der Cognac in den Fässern, wie bereits weiter oben beschrieben, ja immer wieder aufgefüllt wird.

Fahrzeug

Das Auto spielt bei Ihrem Urlaub eine der Hauptrollen. Schließlich wollen Sie nicht nur, wie viele andere Touristen auch, damit in Ihr Urlaubsgebiet fahren, sondern auch noch darin wohnen. Deshalb ist es doppelt wichtig, dass Sie sich auf Ihr rollendes Heim verlassen können.

Tipps:

» *Bringen Sie Ihr Womo vor der Fahrt noch einmal zur Inspektion.*

» *Die Zweitbatterie fristet irgendwo in einem Stauraum ein einsames Dasein. Vergessen Sie nicht, auch dort den Füllstand zu überprüfen.*

» *Besorgen Sie sich Reservebirnen, Ersatzsicherungen, einen Keilriemen und — wenn Sie keinen Selbstzünder fahren — Zündkerzen. Natürlich können Sie das alles auch in Frankreich und Spanien kaufen. Aber was machen Sie Sonntagmorgens auf einer einsamen Bergstraße mit gerissenem Keilriemen?*

» *Denken Sie auch an einen Reservekanister und ein bis zwei Liter Motorenöl.*

» *Ihr Auto hat nicht nur vier oder sechs Reifen, sondern fünf oder sieben. Ein Ersatzreifen ist völlig nutzlos, wenn er nicht einsatzbereit ist. Deshalb auch dort den Luftdruck kontrollieren.*

Freies Camping

Als Wohnmobilneuling oder -mieter werden sie von verschiedenen Veröffentlichungen in Zeitschriften oder von Tabellen der Automobilclubs mehr oder weniger verunsichert Ihre Reise antreten. In diesem Land ist eine Übernachtung außerhalb eines Campingplatzes gestattet, in jenem Land gerade noch toleriert, dort kommt nur ein Campingplatzaufenthalt in Frage, hier muss man lediglich den Grundstückseigentümer fragen. Der Trend — das muss leider gesagt werden — geht dahin, die Wohnmobile auf die Campingplätze zu verbannen. Die Gründe hierfür sind vielfältiger Art:

- *Die ständig wachsenden Zulassungszahlen der Womos machen die Präsenz der Fahrzeuge mittlerweile unübersehbar. Wo vor Jahren noch einsam ein Wohnmobil am Strand stand, werden mittlerweile Wagenburgen gebaut und rufen - verständlicherweise — den Unmut der Anwohner hervor. (Lesen Sie hierzu auch das Kapitel „Stellplätze“)*
- *Es darf auch nicht verschwiegen werden, dass das Verhalten der Wohnmobilfahrer mit dazu beigetragen hat, dass Verbote erlassen wurden. Eine sich ständig vergrößernde Pfütze unter einem Fahrzeug wird auch von einem wohlwollenden Nachbarn naserümpfend kritisiert werden - und das mit Recht.*

In Frankreich werden eine oder mehrere Übernachtungen im Womo außerhalb von Campingplätzen — nach unserer Erfahrung — fast immer toleriert. Hierbei ist jedoch noch etwas anzumerken: In der Hauptsaison werden Sie mit Sicherheit Schwierigkeiten heraufbeschwören, wenn Sie an einem überfüllten Strandparkplatz Ihr Vorzelt oder Sonnensegel aufbauen und tagelang, am Klapptisch sitzend, Parkplätze blockieren, während Mütter und Väter samt Kindern und mittelschwerem Gepäck mit hängender Zunge von weit her an Ihnen vorbeiziehen. Es gehört also schon etwas Fingerspitzengefühl dazu, einen Standplatz zu suchen und zu finden. Wenn Sie längere Zeit mit aufgebautem Vorzelt und mit Tisch und Stühlen im Freien an einem Ort bleiben wollen (man nennt das amtlich „campingähnliches Leben“) empfiehlt sich auf jeden Fall der Campingplatz.

Fremdenverkehrsbüros

Obwohl diese Einrichtungen ein bisschen nach „Pauschalreisen” klingen, möchte ich ihnen doch ein eigenes Stichwort widmen. Bereits Monate vor Ihrer Tour können Sie sich bei den Französischen Verkehrsbüros in Deutschland Unterlagen zuschicken lassen. Neben einer Menge Werbematerial erhalten Sie auch Hinweise auf aktuelle lokale Veranstaltungen, die Ihnen kein Reiseführer liefern kann. In jedem größeren Ort finden Sie auch ein „Office de Tourisme” oder ein „Syndicat d'Initiative” (OTSI), wo man Sie gern über lokale Ereignisse informiert. Oft sind diese Behörden im Bürgermeisteramt untergebracht. Für nähere Angaben über die nördliche Atlantikküste stehen Ihnen folgende Institutionen zur Verfügung:

Wir halten uns hauptsächlich in drei Regionen auf. Daneben durchqueren wir noch wenige Départements, die zu anderen Regionen gehören. Ich möchte zuerst mit 2 Départements beginnen, die zur Region „Pays de la Loire" gehören:

Comité Départemental du Tourisme Loire-Atlantique
11, rue du Château de l'Eraudière
44306 Nantes
Tel. 02.51.72.95.30
Fax 02.40.20.44.54
info@loire-atlantique-tourisme.com

Comité Départemental du Tourisme Vendée
45, Boulevard des États-Unis
85006 La Roche-sur-Yon
Tel. 02.51.47.88.20
Fax 02.51.05.37.01
info@vendee-tourisme.com
www.vendee-tourisme.com

Die Region Poitou-Charente durchstreifen wir vollständig:

Comité Régional du Tourisme Poitou-Charentes
8, rue Riffault
86002 Poitiers
Tel. 05.49.50.10.50
Fax 05.49.41.37.28
crt@poitou-charentes-vacances.com
www.poitou-charentes-vacances.com

Bevor wir ins Limousin kommen, fahren wir noch durch das Département „Dordogne - Périgord":

Comité Départemental du Tourisme
de la Dordogne - Périgord
25, rue du Président Wilson
24002 Périgueux
Tel. 05.53.35.50.24
Fax 05.53.09.51.41
dordogne.perigord.tourisme@wanadoo.fr
www.dordogne.perigord.tourisme.fr

Comité Régional du Tourisme Limousin
30, Cours Gay-Lussac
87003 Limoges
Tel. 08.10.41.04.20
Fax 05.11.05.07.56

Geschichte

Ich will Sie hier keineswegs mit historischen Details und einer endlosen Reihe von Herrschern langweilen, aber da Sie in Ihrem Urlaub auf Schritt und Tritt mit der Geschichte konfrontiert werden, möchte ich Ihnen wenigstens die wichtigsten Fakten aufschreiben.

Die hier beschriebene Landschaft hat, außer dass sie heute zu Frankreich gehört, wenig historischen Zusammenhang. Während im Norden die Auseinandersetzungen um die Bretagne eine Rolle spielen, ist die Gegend um La Rochelle von den Religionskriegen geprägt, die Saintonge wiederum hat sich ein römisches Erbe bewahrt. Deshalb möchte ich mit Siebenmeilenstiefeln die gemeinsame Geschichte durchwandern und zwischendurch auch noch auf lokale Themen zu sprechen kommen.

Die Steinzeit

In dieser Zeit entstehen die meisten Megalithdenkmäler. Ein Volk, von dem man so gut wie nichts weiß, richtet tonnenschwere Steine auf und baut riesige Grabanlagen.

Bronzezeit und Eisenzeit

Auch jetzt werden noch vereinzelt Menhire gesetzt. Es beginnt allerdings auch eine systematische Besiedlung des Gebietes durch — wahrscheinlich — keltische Stämme. Die Pictonen bleiben im Tal des *Clain*, wonach die Landschaft Poitou (und ihre Hauptstadt Poitiers) ihren Namen hat.

Die Römer

Um 50 v.Chr. unternimmt Cäsar seine Gallien-Feldzüge. Die kriegerische Seite der Eroberung hat er in einem Jahrzehnt geschafft. Kaiser Augustus jedoch ist es, der auch die römische Kultur hierher bringt. Es entstehen die ersten Städte an den Stellen der keltischen Siedlungen, darunter Limonum (Poitiers) und Mediolanum (Saintes).

Das Christentum

Im dritten Jahrhundert kommen die ersten Christen nach Westfrankreich. Sie haben einen sehr schweren Stand und müssen unter zahlreichen Verfolgungen leiden. Erst im Jahr 313 dürfen Sie ihre Religion frei ausüben. Am Ende des vierten Jahrhunderts wird das Christentum gar zur Staatsreligion erhoben. Auf welche Weise sich die Christen untereinander das Leben schwer machen, lesen Sie weiter unten bei dem Stichwort „Religionskriege".

Das Mittelalter

Im Jahre 732 kann Karl Martell, der Großvater Karls des Großen, durch den Sieg über die von Süden immer weiter vordringenden Mauren ein wenig Ruhe in das Durcheinander der verschiedenen Völkerscharen, die mittlerweile eingewandert sind, bringen. Karl der Große drängt schließlich die Mauren bis nach Barcelona zurück. Die Normannen bringen noch ein wenig Ungemach, bis sie sich schließlich in der heutigen Normandie niederlassen.

Eleonore von Aquitanien

Eine schillernde Persönlichkeit bestimmt ab 1137 das Schicksal Westfrankreichs. Sie heiratet, noch jung an Jahren, den späteren König Ludwig VII, wobei sie fast das ganze in diesem Buch beschriebene Gebiet mit in die Ehe bringt. Die lebenslustige Eleonore und der eher zurückhaltende Ludwig passen wohl nicht so ganz zusammen, weshalb sie sich 1152 scheiden lassen. Bei Königs geht das natürlich etwas aufwändiger über die Bühne. Es ist dazu ein Konzil, nämlich das von BEAUGENCY, nötig.

Nur wenige Monate später verheiratet sich Eleonore erneut. Diesmal ist Heinrich Plantagenet der Glückliche. Er ist Herrscher über den nördlichen Teil Westfrankreichs. Zusammen mit Eleonores Einflussgebiet erstreckt sich so ein Reich vom Ärmelkanal bis zu den Pyrenäen. Zwei Jahre später erbt Heinrich noch das Königreich ENGLAND. Dieser so entstandene gewaltige Machtkomplex ist in den folgenden Jahrhunderten immer wieder für kriegerische Auseinandersetzungen zwischen ENGLAND und FRANKREICH gut.

Eleonore und Heinrich haben vier Kinder: Gottfried, Heinrich, Richard Löwenherz und Johann. Bis auf den Jüngsten sterben alle vor ihr. Eleonore hat sich inzwischen auch von ihrem zweiten Mann getrennt und hält in POITIERS Hof. Sie stirbt 1204 und damit beginnt auch der Zerfall des aufgeblühten Westen FRANKREICHS.

Die Jakobspilger

Santiago! Unter diesem Begriff steht im Mittelalter die Pilgerreise zum Grab des Apostels Jakob. Das Ziel der Reise ist die Stadt SANTIAGO DE COMPOSTELA.

Obwohl sicher ist, dass Jakobus nie in SPANIEN war, ist die Kirche gar zu gern bereit, die Knochen, die ein Hirte gefunden hatte, als Gebeine Jakobs anzuerkennen. So ein Wallfahrtsort belebt schließlich den Tourismus und lenkt von weltlichen Problemen ab.

Vier große Routen gab es damals, um, aus dem Norden kommend, die PYRENÄEN zu überqueren. Da waren die Via Tolosana (von TOULOUSE), die Via Podiensis (von LE PUY), die Via Lemovicensis (von LIMOGES) und die Via Turonensis (von TOURS). Sie sehen, der Pilgerstrom war gut organisiert und in rechte Bahnen geleitet. Das war auch nötig, denn zeitweise waren eine halbe Million Pilger pro Jahr unterwegs. In PUENTE LA REINA führten schließlich alle vier Straßen zusammen weiter nach GALICIEN.

Die Pilger waren uniformiert: Breitkrempiger Hut mit Jakobsmuschel war Pflicht, allein schon um sich als Jakobspilger zu legitimieren. Die Muschel hatte zudem den Vorteil, dass sie als Trinkgefäß zu benutzen war. Dazu gehörte ein Wanderstab. Bestimmte Riten galt es auch während der beschwerlichen Wanderung einzuhalten: Waschen, rasieren und Haare schneiden war verboten. Sie können sich vorstellen, wie die Pilgerschar in

SANTIAGO angekommen ist. Auf die Routen der Pilger treffen wir in den Touren 5, 6, 8 und 12

Der Hundertjährige Krieg

Der lange schwelende Konflikt zwischen ENGLAND und FRANKREICH bricht aus, als sowohl der Franzose Philipp VI als auch der Engländer Eduard III Anspruch auf den französischen Thron erheben. Zu Beginn ziehen die Engländer von Sieg zu Sieg und FRANKREICH muss schließlich um seine Existenz bangen. ENGLAND erhält die Souveränität über SÜDWESTFRANKREICH.

Unter Du Guesclin können die Franzosen wieder etwas Land gut machen, nach dessen Tod sind die Engländer wieder auf dem Vormarsch. Erst als das Bauernmädchen Johanna die göttliche Mission in sich spürt, Orléans zu befreien, wächst wieder ein Widerstandswille im Volk. 1453 findet endlich die letzte Schlacht statt, die die Engländer aus Frankreich vertreibt.

Die Religionskriege

Während die Franzosen noch mit dem Wiederaufbau beschäftigt sind, reist ein gewisser Johann Calvin nach ANGOULÊME, wo seine Lehre eine große Anhängerschaft findet. Auch im Poitou findet der Glaube viele Sympathisanten. LA ROCHELLE wird zu einer Hochburg der Protestanten. In der Mitte des 16. Jahrhunderts brechen die Konflikte zwischen den Konfessionen offen aus. Es kommt zum Bürgerkrieg mit blutrünstigen Übergriffen auf beiden Seiten, die 1572 in der Bartholomäusnacht gipfeln, in der 15000 Hugenotten ermordet werden.

Erst das Edikt von Nantes bereitet 1598 dem Spuk ein Ende. Hierin wird den Hugenotten die freie Religionsausübung und neben der Stadt LA ROCHELLE noch hundert weitere sichere Orte zugesichert.

Die Vendée-Kriege

Wir schreiben das Jahr 4 nach der Revolution. Der König Ludwig XVI. wird hingerichtet, was bei den königstreuen Bewohnern der VENDÉE mit Empörung aufgenommen wird. Im gleichen Jahr soll eine Rekrutenerhebung durchgeführt werden. Schließlich kommt es zum Aufstand. Die Bauern sind natürlich den Revolutionstruppen unterlegen, haben jedoch dafür die bessere Ortskenntnis. Bald schon übernehmen Adlige die Führung und der Kampf der Konterrevolutionäre wird zusehends militärisch geprägt.

Obwohl die Royalisten immer wieder entscheidende Niederlagen hinnehmen müssen, beginnen doch genau so oft an irgendeiner Stelle wieder neue Kampfhandlungen. Erst 1800 wird die VENDÉE vollständig unterworfen. Mehr als 150 000 Menschen haben dabei ihr Leben verloren.

Haustiere

Waldi und Muschi dürfen natürlich auch mit an den Atlantik. Ihre Vierbeiner müssen allerdings vorher beim Tierarzt vorstellig werden. Sie brauchen für ihren grenzüberschreitenden Liebling einen internationalen Haustierpass, einen eingepflanzten Chip oder eine Tätowierung.

An vielen Stränden herrscht Hundeverbot, was von den Franzosen jedoch häufig ignoriert wird.

Kinder

Für Kinder ist ein Urlaub mit dem Wohnmobil ideal. Die Umgebung ist vertraut, Mama und Papa sind stets in der Nähe und es ist genügend Platz im Auto, um die Lieblingsspielsachen unterzubringen. Während der Fahrt können die Kleinen malen, puzzeln — oder auch schlafen. Ganz wie es beliebt. Wenn die Kinder mal „müssen" (immer ganz dringend!), brauchen Mami oder Papi nicht erst lange nach einer Toilette zu suchen. Das Klo ist in den meisten Fällen an Bord und kann auch mitten in der Stadt bei einem kurzen Halt am Straßenrand benutzt werden. Natürlich verläuft ein Urlaub mit Kindern anders als ohne. Das fängt schon bei der Anreise an: Nehmen Sie sich keine zu großen Etappen vor. Sowohl Sie als auch Ihre Kinder werden dann viel entspannter den Urlaub beginnen.

Tipps:

» *Sorgen Sie für ausreichendes Beschäftigungsmaterial für die Fahrt. Je nach Alter Ihrer Kinder sind das Schmusetiere, Malutensilien, Kassetten, Spiele, Puzzles oder Bücher.*

» *Vergessen Sie auch nicht die Sandspielsachen!*

» *Denken Sie an die empfindliche Haut Ihrer Lieben. Sonnenhut und T-Shirt dürfen nicht fehlen. Wichtig ist auch, dass die Kleinen nach jedem Aufenthalt im Wasser erneut mit Sonnencreme eingerieben werden.*

» *Suchen Sie vor dem Urlaub noch einmal Ihren Kinderarzt auf und sagen Sie ihm, wohin Sie fahren und wie lange Sie bleiben wollen. Er stellt Ihnen dann gern eine Liste mit Medikamenten für den Notfall zusammen.*

» *Lesen Sie unter dem Stichwort „Packliste", bei dem Abschnitt „Kinder" was Sie sonst noch brauchen.*

Kühlschrank

In den meisten Womos sind Dometic (ex-Electrolux) Absorberkühlschränke eingebaut. Da die Geräte ohne bewegliche Teile auskommen, stellt sich so gut wie kein Verschleiß ein. Die Geräte können wahlweise mit 12 Volt, 230 Volt oder Gas betrieben werden, wobei der Betrieb über die Batterie möglichst nur während der Fahrt gewählt werden sollte und häufig auch nur dann möglich ist.

Tipps:

» *Die sogenannten lageunabhängigen Geräte vertragen eine Neigung von 15 %. Sie werden Ihr Fahrzeug jedoch sicher nicht in dieser Schräglage parken, denn dann wird's für Sie auch ungemütlich.*

» *Bei Gasbetrieb brennt ein kleines Flämmchen auf der Kühlschrankrückseite. Zur Überwachung der Flamme haben sich die Electrolux-Techniker ein kleines Fensterchen in der hintersten Kühlschrankecke einfallen lassen. Abgesehen davon, dass die Flamme nur bei Dunkelheit gut sichtbar ist, muss vorher auch noch das untere Kühlschrankfach umgeräumt werden, damit die Sicht auf das Fenster nicht durch die Butter und den Käse versperrt wird. Nachdem Sie ein paar Mal, auf dem Boden liegend, vergeblich die Flamme gesucht haben, werden Sie, wie wir, auch dazu übergehen, von außen am Kiemenblech zu horchen, ob Sie das Zischen der Flamme noch hören. Glücklicherweise haben die neueren Kühlschränke eine elektrische Zündung, die beim Verlöschen der Flamme sofort automatisch nachzündet. Unverständlicherweise werden von einigen Herstellern in neue Wohnmobile immer noch Kühlschränke mit Piezo-Zündung eingebaut.*

» *Jetzt verrate ich Ihnen noch, was Sie machen können, um die bestmögliche Kühlleistung zu erreichen.*
· Ganz wichtig ist eine gute Belüftung des Aggregates. Haben Sie <u>zwei</u> ausreichend große Kiemenlüfter (für Zu- und Abluft) in der Außenwand montiert?
· Noch besser kühlt das Gerät, wenn zusätzlich ein thermostatgesteuerter Lüfter eingebaut ist.
· Auch der beste Kühlschrank kann nicht gut kühlen, wenn er gleichzeitig der direkten Sonneneinstrahlung ausgesetzt ist. Stellen Sie sich möglichst so, dass die „Kühlschrankseite" Ihres Womos in der Mittagshitze nach Norden zeigt.

Lebensmittel

Für die Anfahrt in den Urlaub nehmen wir normalerweise Brotbelag oder ein Fertiggericht mit. Ich muss gestehen, dass wir auch zu denen gehören, die am Wochenende losfahren. Wir müssen also von zu Hause soviel Verpflegung mitnehmen, dass wir bis Montag nicht verhungern. Natürlich ist das übertrieben, denn es gibt ja noch die Restaurants. Aber das ist ein anderes Kapitel (→ Restaurants).

Tipps:

» *Kommen Sie ja nicht auf die Idee, etwas das mit Fisch zu tun hat, mit nach Frankreich zu nehmen! Die Auslagen in den Fischgeschäften (sogar die Fischtheken in Supermärkten) sind ein Augenschmaus und strotzen vor Frische.*

» *Das Angebot an Fleisch ist in etwa mit unserem zu vergleichen. Lamm- und Hammelfleisch wird allerdings wesentlich häufiger angeboten als in Deutschland. Ich habe auch das Gefühl es schmeckt besser als bei uns. Testen Sie selbst!*

» *Mit den französischen Würsten konnte ich mich bisher nicht anfreunden und unterlasse daher jede Stellungnahme. Lassen Sie sich überraschen!*

» *Beim Käse ist es genau umgekehrt: Ich habe noch keinen gefunden, der mir nicht schmeckt. Schwelgen Sie in der riesigen Auswahl und probieren Sie sich langsam durch. Am Ende Ihres Urlaubs haben Sie bestimmt einige Lieblingssorten. Merken Sie sich die Namen für den nächsten Urlaub. Sie kommen doch wieder!?*

Literatur

Ein Buch, das Sie bei Ihrem WOMO-Urlaub an der Atlantikküste brauchen, haben Sie bereits vor sich liegen. Natürlich kann ich nicht auf alle Interessengebiete eingehen und möchte Ihnen im Folgenden noch zu einigen Büchern raten, die wir auf unseren Reisen immer wieder gern mitnehmen.

Kurz und übersichtlich, aber mit einer großen Informationsfülle kommt folgendes Büchlein daher:

Ralph Braun und Thorsten Droste — Bordeaux, Atlantikküste, Périgord, Gräfe und Unzer Verlag, München

Die grünen Michelin-Reiseführer sind in Frankreich sehr beliebt, und wenn Sie einmal in einem geblättert haben, wissen Sie auch warum. Für mich waren Sie bei der Zusammenstellung dieses Reiseführers eine unersetzliche Hilfe. Folgende Titel sind in deutscher Sprache erhältlich, wobei der zweite nur den südlichen Bereich um PÉRIGUEUX berührt:

Michelin — Atlantikküste, Michelin Reifenwerke, Karlsruhe
Michelin — Auvergne - Périgord, Michelin Reifenwerke, Karlsruhe

Das folgende Buch zeichnet sich hauptsächlich durch schöne Bilder aus. Es ist in Frankreich in vielen Buchhandlungen und Souvenirläden erhältlich:

Louis Desgraves — Bekanntschaft mit der Charente-Maritime, Éditions Sud-Ouest, Bordeaux

Damit Sie auch alles verstehen:

Kauderwelsch: Französich, Reise Know How Verlag, gibt's beim WOMO-Verlag

Medikamente

Arzneimittel, die Sie regelmäßig einnehmen müssen, brauchen Sie natürlich auch im Urlaub. Lassen Sie sich von Ihrem Arzt die nötige Menge verschreiben. Die folgenden Tipps verstehen Sie bitte nur als Anregung, Sie sollen schließlich keine komplette Apotheke mit sich führen.

Tipps:

» *Ihr „Arztkoffer", den sie sowie an Bord haben, ist der Erste-Hilfe-Koffer. Gehen Sie damit zu einer Apotheke und lassen Sie den Inhalt überprüfen. Verschiedene Teile sind nur begrenzt haltbar. Nebenbei wird eventuell verbrauchtes Material wieder aufgefüllt.*

» *Am häufigsten reagieren die Verdauungsorgane auf die geänderten Ess- und Lebensgewohnheiten im Urlaub. Gegen Durchfall helfen, ganz unproblematisch, Kohletabletten. Was Sie bei Verstopfung brauchen, kann Ihnen Ihr Apotheker sagen.*

» *Wenn Sie mit Kindern unterwegs sind lesen Sie im Kapitel „Kinder" nach, was Sie brauchen.*

» *Denken Sie auch daran, dass jemand reisekrank werden könnte. Nicht jedem PKW-Mitfahrer bekommt das Fahrgefühl im Wohnmobil.*

» *Zum Schluss noch 3 Mittel, die Sie immer dabeihaben sollten:*
1. Zedan oder ein ähnliches Mittel auf Zedernöl-Basis gegen Mückenstiche
2. Einen Insektenstift „zur Beseitigung des Juckreizes nach Insektenstichen", wenn 1. versagt hat.
3. Sonnenöl

Packliste

Eine Kopiervorlage der Packliste zum Abhaken finden Sie im Service-Teil.

Radfahren

Die französische Atlantikküste ist ausgesprochen radfahrerfreundlich. Vor allem auf den Inseln NOIRMOUTIER, RÉ und OLÉRON gibt es ein gut ausgebautes Radwegenetz. Man setzt dort auf den Fahrradtourismus. Aber auch auf dem Festland haben Sie in Meeresnähe keine Probleme sich zweirädrig fortzubewegen. Etwas schwieriger ist die Situation weiter im Landesinnern. Hier haben Sie allerdings auch mehr mit Höhenunterschieden zu kämpfen.

Sie können auf jeden Fall unbesorgt Ihre Drahtesel mit auf die Reise nehmen. Bei einer Geschwindigkeit von 20 km/h können sie nämlich viel mehr entdecken, als wenn Sie mit dem Womo durch die Landschaft fahren.

Tipps:

» *Falls Ihr Womo nicht mit einem Fahrradträger ausgerüstet ist, achten Sie bei einem Kauf vor allem auf die Abstandshalter, die dafür sorgen, dass die Räder im oberen Bereich auseinander gehalten werden. Da ich selbst in der Zubehörbranche tätig bin, wurde ich schon mit den aberwitzigsten Konstruktionen konfrontiert. Jedes Rad sollte am Grundträger befestigt sein. Ein Abstandshalter von Fahrrad zu Fahrrad bringt außer einer Menge Scheuerstellen recht wenig.*

» *Wenn Sie bereits einen Heckträger montiert haben und Sie sich ebenfalls über die unzureichenden oberen Befestigungen ärgern, möchte ich Ihnen empfehlen, auf die Abstandshalter der im Handel befindlichen Alu-Träger-Systeme auszuweichen. Da die Alu-Rohre jedoch wesentlich dicker sind als die üblichen kunststoffbeschichteten Stahlrohre, müssen Sie einen kleinen Trick anwenden: Besorgen Sie sich im Baumarkt Isolation für Heizungsrohre. Dazu messen Sie den Durchmesser Ihres Grundträgers und kaufen die Isolation in der entsprechenden Stärke. Auf das so ummantelte Rohr können Sie dann Ihren Abstandshalter anschrauben.*

Reisezeit / Klima

Die beste Reisezeit ist im Sommer, da hat der Atlantik genau die richtige Badetemperatur und die Sonne scheint unablässig vom Himmel. „Nein!", rufen mir jetzt alle Gegner überfüllter Strände zu, „nur die Vor- oder Nachsaison kann für einen Urlaub an der Atlantikküste in Frage kommen." Natürlich hat wieder jeder recht. Der hier beschriebene Abschnitt der französischen Atlantikküste ist ein beliebtes Urlaubsgebiet für die Franzosen und die Engländer. Entsprechend stark sind die Strände frequentiert. Wenn Sie es so einrichten können, dass Sie nicht gerade zur Hauptreisezeit im Juli und August in Urlaub fahren müssen, sind Sie natürlich gut dran. Dann finden Sie nämlich nicht nur ein mildes Klima, sondern auch noch menschenleere Strände vor;

speziell Ende August und im September.

Wenn Sie aufs Baden nicht so viel Wert legen, sondern lieber auf Besichtigungstour gehen, dann kann ich Ihnen das ganze Jahr empfehlen. Es ist in allen Jahreszeiten wesentlich milder als bei uns. Wir konnten uns Ende Oktober noch nachmittags am Strand von der Sonne verwöhnen lassen. Abendliche Spaziergänge mit offener Jacke waren sowohl im Frühjahr als auch im Spätherbst möglich. Außerhalb der Saison müssen sie allerdings damit leben, dass die Öffnungszeiten der Sehenswürdigkeiten eingeschränkt sind.

Restaurants

Frankreich und Restaurants gehören untrennbar zusammen. Wenn Sie schon so lange am Meer entlangfahren, wäre es eine Schande, wenn Sie nicht alle diese Köstlichkeiten, die der Atlantik bereithält, auch probieren würden. Eine Unzahl von frischen Fischen und sonstigem Meeresgetier wartet nur darauf, von Ihnen verspeist zu werden. Die Austern von Marennes genießen Weltruhm. Die Miesmuscheln dürfen Sie ebenfalls nicht auslassen.

Im Poitou werden vor allem aus Hammel und Lamm hervorragende Gerichte gezaubert. Aber auch die Charollais-Rinder geben eine gute Grundlage für allerlei Rezepte ab.

Weiter im Süden werden Sie dann auch mit den Gänsen und den Trüffeln konfrontiert. Während ich, wie bereits erwähnt, der Gänseleberpastete recht skeptisch gegenüberstehe, möchte ich Ihnen die Trüffel auf jeden Fall schmackhaft machen. Sie müssen Sie einfach probieren!

Jetzt möchte ich Ihnen noch ein paar verschiedene französische Gaststätten vorstellen:

Eine **Brasserie** ist am ehesten mit unseren Gasthäusern zu vergleichen. Preiswerte und einfache Gerichte werden schnell und preisgünstig serviert.

Die **Cafés** entsprechen unseren Kneipen. Man trifft sich dort, um etwas zu trinken oder um sich zu unterhalten.

In einer **Crêperie** können Sie eine Vielzahl der französischen Pfannkuchen durchprobieren.

Es bleibt das **Restaurant**, das auch bei uns Restaurant heißt. Der „Michelin" vergibt nach sehr strengen Kriterien einen bis drei Sterne. Wie streng die Maßstäbe angelegt werden, können Sie daraus ersehen, dass nur zwei Restaurants im POITOU mit zwei Sternen ausgezeichnet sind. Drei Sterne wurden hier überhaupt nicht vergeben.

Wenn Sie schließlich ein Restaurant gefunden haben, müssen Sie auch die Speisekarte lesen können. Am einfachsten und preiswertesten ist es immer, wenn Sie eines der Menüs bestellen. Wenn Sie allerdings „à la carte" speisen wollen habe ich hier die wichtigsten Ausdrücke für Sie zusammengestellt:

Fische

Anchois	Sardelle
Anguille	Aal
Cabillaud	Kabeljau
Carpe	Karpfen
Congre	Meeraal
Dorade	Brassen
Équille	Sandaal
Hareng	Hering
Lieu noir	Seelachs
Lotte de mer	Seeteufel
Loup de mer	Seebarsch
Maquereau	Makrele
Merlan	Wittling, Merlan
Merlu	Seehecht
Plie	Scholle
Raie	Rochen
Saumon	Lachs
Sole	Seezunge
Thon	Thunfisch
Truite	Forelle
Turbot	Steinbutt

Sonstige Meerestiere

Araignée	Seespinne
Bouquet	Seekrebs
Coque	Herzmuschel
Coquille St-Jacques	Jakobsmuschel
Crabe	Krabbe
Crevette	Garnelen
Écrevisse	Flusskrebs
Grenouille	Frosch
Homard	Hummer
Huîtres	Austern
Langouste	Languste
Moules	Miesmuscheln
Poulpe	Krake
Praire	Venusmuschel
Seiche	Tintenfisch
Tourteau	Taschenkrebs

Fleisch

Agneau	Lamm
Bifteck	Beefsteak
Boeuf	Rind
Cervelle	Hirn
Côtelette	Kotelett
Escalope	Schnitzel
Foie	Leber
Langue	Zunge

Lapin .... Kaninchen
Lièvre .... Hase
Mouton .... Hammel
Porc .... Schwein
Sanglier .... Wildschwein
Saucisses .... Würstchen
Veau .... Kalb

Geflügel

Canard .... Ente
Dinde .... Pute
Faisan .... Fasan
Oie .... Gans
Poule .... Huhn

Getränke

Cidre .... Apfelwein
Bière .... Bier
Eau minérale .... Mineralwasser
Vin .... Wein
- blanc .... Weißwein
- de table .... Tischwein
- du pays .... Landwein
- rouge .... Rotwein

Sprache

Zuerst die gute Nachricht: Mit ein paar Brocken Französisch werden Sie in Ihrem Urlaub nicht verhungern. Auf englische oder gar deutsche Sprachkenntnisse können Sie jedoch nur in ausgesprochenen Touristenorten hoffen. Wenn Sie Bruchstücke Ihres Schulfranzösisch in Ihren heutigen Alltag hinüberretten konnten, gebrauchen Sie es! Ihr Gesprächspartner wird bemüht sein, sich Ihnen verständlich zu machen. Die angebliche Arroganz, die den Franzosen gegenüber Menschen angedichtet wird, die ihrer Sprache nicht mächtig sind, werden Sie nie erleben, wenn Sie wenigstens ein paar Worte Französisch sprechen. Bemühungen werden immer honoriert. Mein Tipp: Kaufen Sie sich einen kleinen Sprachführer (ein Wörterbuch nützt wenig!) wenn Sie von der Landessprache absolut keine Ahnung haben. Die wichtigsten Wörter habe ich Ihnen hier zusammengestellt:

Ja/Nein .... Oui/Non
Guten Tag .... Bonjour
Guten Abend .... Bonsoir
Auf Wiedersehen .... Au revoir
Bitte .... S'il vous plaît
Danke .... Merci
Verzeihung .... Pardon
Sprechen Sie...

Deutsch? .... Parlez-vous allemand?
Englisch? .... Parlez-vous anglais?
Was kostet das? .... Ça fait combien?
Können Sie das aufschreiben? .... Voudriez-vous l'écrire?

Da die Franzosen sehr höfliche Leute sind, sollten Sie jedem dieser Ausdrücke entweder Monsieur oder Madame folgen lassen.

Verkehrszeichen

Die Verkehrszeichen sind natürlich mit unseren identisch. Die französischsprachigen Zusätze habe ich hier erklärt:

Accès interdit .... Einfahrt verboten
Camping-car .... Womo
Carrefour .... Große Kreuzung
Cédez le passage .... Vorfahrt gewähren
Chantier .... Baustelle
Déviation .... Umleitung
Feux .... Ampel
Hauteur limitée .... Höhenbeschränkung
Passage à niveau .... Bahnübergang
Ralentissez! .... Langsam fahren!
Rappel .... Erinnerungshinweis
Sens unique .... Einbahnstraße
Stationnement interdit .... Halteverbot
Véhicules lents serrez à droite .... Langsame Fahrzeuge rechts fahren!
Vent latéral .... Seitenwind
Vitesse contrôlée .... Geschwindigkeit wird überwacht
Vous n'avez pas la priorité .... Sie haben keine Vorfahrt

Wasserversorgung

In Ihrem Womo verfügen Sie vermutlich über eine Frischwasserreserve von 20 bis 150 Litern. Kleinere Wassermengen werden oft in Kanistern aufbewahrt, was die Befüllung natürlich erleichtert. Ab 50 Litern kommen fest installierte Tanks zum Einsatz. Bei jedem Tankstopp bietet sich grundsätzlich die Möglichkeit das Trinkwasser aufzufüllen. Gegen ein kleines Trinkgeld wird Ihnen jeder Tankwart erlauben Ihren Wassertank aufzufüllen. (Wobei das Trinkgeld der entnommenen Wassermenge entsprechen sollte.) Kanister können an jedem Wasserhahn gefüllt werden, ein Schlauch zum Befüllen der eingebauten Tanks ist jedoch nicht immer vorhanden. Daher empfiehlt sich die Mitnahme einer speziellen „Trinkwassergießkanne", die sich an jedem Wasserhahn füllen lässt und mit der man den eigenen Wassertank problemlos auffüllen kann.

Allerdings brauchen Sie bei der großen Dichte von Ver- und Entsorgungsstationen in dem hier beschriebenen Gebiet keine

Angst zu haben an Wassernotstand leiden zu müssen. Wir haben einen etwa 5 m langen Schlauch und mehrere Gardena-Anschlussstücke dabei, die alle auf eine Kupplung passen, die am Schlauch befestigt ist. Damit hatten wir noch nie Probleme. Die Entsorgungsstationen des Typs „Flot Bleu“ sind mit einem Schlauch ausgestattet, was nicht jedermanns Sache ist, weil man ja nie weiß, was der Vorgänger mit diesem Schlauch gemacht hat. Sie sind mir auch aufgrund ihrer Funktionsweise etwas suspekt. Allerdings sind die „Euro-Relais“ in der Überzahl. Weitere Tipps finden Sie im „Allgemeinen Wohnmobil-Handbuch“, das als Band 5 der Womo-Reihe erhältlich ist.

Wenn Sie Bedenken bezüglich der Wasserqualität haben, oder Ihren Wassertank nicht innerhalb von 2 - 3 Tagen leeren können, empfehle ich Ihnen, das Wasser mit einem Mittel auf Silberionen-Basis zu behandeln. (Z. B. Micropur oder Certisil Argento.) Hierbei wird Ihr Trinkwasser einerseits entkeimt, andererseits haltbar gemacht. Nach 2 bis 3 Stunden Einwirkungszeit ist damit behandeltes Wasser keimfrei und 6 Monate haltbar. Eine Veralgung müssen Sie jetzt nicht mehr befürchten. Die Tatsache, dass ich ausgerechnet ein Mittel auf Silberionen-Basis empfehle, hängt damit zusammen, dass es gegenüber den anderen auf dem Markt befindlichen Mitteln Vorzüge aufzuweisen hat:

- *Es ist geruchs- und geschmacklos.*
- *Es ist 10 Jahre haltbar.*
- *Es wirkt durch Silberionen und ist daher frei von Chlor und Jod.*

Die Entkeimungstabletten erhalten Sie bei Ihrem Fachhändler in der richtigen Dosierung für Ihren Wassertank.

WUPS — der Womo-Urlaubs-Partner-Service

Regelmäßig zur Vorurlaubszeit liest man in Zeitungen und einschlägigen Zeitschriften die Suchannoncen der Wohnmobilfamilien, die sich nicht allein auf weite Tour wagen wollen.

> Poitou-Charente und Limousin, 4 Wo. Jul./Aug. Wir 42/43/12 männl./Hund, mit Wohnmobil suchen Begleitfamilie/n mit Kindern 9-13 J. u. eig. Wohnmobil, Tel.....

Ob sie wohl Erfolg haben? Wir wünschen es Ihnen! Was aber sind die Beweggründe für die „Partnersuche auf (Ferien-) Zeit“?

Sie können sich selbst die Gründe zusammensuchen, denn Sie hatten bestimmt auch schon diese Idee. Da ist die lange Fahrt mit ihren Tücken, bei der man sich bei Problemen helfen kann. Übernachtungen in einsamer Umgebung — mit einem Partner wäre einem da viel wohler.

Gemeinsame Unternehmungen machen viel mehr Spaß; den Grill wirft man abwechselnd an (und nimmt nur einen mit), Einkäufe und Wasserholen, gemeinsam oder im Wechsel, aber nur mit einem Auto; abends, da hat man den passenden Gesprächspartner und ganz wichtig: die Kinder haben Spielgefährten im passenden Alter.

Die Liste der Vorteile gemeinsamen Reisens ließe sich noch erheblich verlängern - und so waren wir auch gar nicht verwundert, dass wir geradezu mit der Nase darauf gestoßen wurden:

„Womo-Verlag, unternehmt da mal etwas!"

Wir haben uns zusammengesetzt, beraten, entwickelt, verworfen und verbessert. Was wir ausgebrütet haben, lässt sich am einfachsten mit folgenden Sätzen umschreiben:

Durch „WUPS" soll jedem Interessent für geringsten finanziellen Aufwand eine passende Urlaubspartnerfamilie vermittelt werden!

Das ideale Medium dafür ist das Internet!

Wie nimmt man teil?

In unserem Internetforum unter: **http://wups.womo.de** können Sie sich kostenlos mit allen wichtigen Daten wie Urlaubsziel, Reisezeit, eigenem Alter (und dem evtl. mitreisender Kinder), Email-Adresse sowie Lieblingsaktivitäten eintragen (oder von Freunden mit Internetanschluss eintragen lassen).

Es liegt nun an jedem einzelnen, den Partner aus den angegebenen Daten, Emails oder Kurznachrichten zu ermitteln.

Jedem Teilnehmer ist es selbst überlassen, wie viele Daten er angeben möchte oder nicht (bei uns ist jeder sein eigener Datenschützer). Selbst ohne Angabe von Telefonnummer oder Email-Adresse ist eine Kontaktaufnahme per Kurznachricht möglich, die kein anderer lesen kann!

Wir wünschen schon jetzt doppelten Spaß im gemeinsamen WOMO-Urlaub.

Zeitungen

Im Sommer sind an vielen Kiosken deutschsprachige Zeitungen zu erhalten. Sie sind meist vom Tag zuvor. „Der Spiegel" und „Stern" sind im Zeitschriftenladen (Maison de la Presse) das ganze Jahr über erhältlich. Dazu gesellen sich, je nach Ortsgröße und Jahreszeit, noch verschiedene Blätter der Regenbogenpresse.

Ab und zu sollten Sie sich eine französische Tageszeitung zulegen. Besonders wenn Sie längere Zeit an einem Ort bleiben. Selbst wenn Ihre Sprachkenntnisse nur mangelhaft sind, können Sie denen nämlich alle Festlichkeiten entnehmen. Ort und Datum verstehen Sie sowieso, und um welches Fest es sich handelt, erkennen Sie mithilfe Ihres Sprachführers.

Service-Teil

Auf den folgenden Seiten habe ich viele Daten und Adressen zusammengetragen, die Ihnen als Wohnmobilfahrer die Planung der Tour erleichtern soll.

Die Feste, Umzüge und sonstigen lokale Veranstaltungen sind hier nur aufgeführt, wenn sie überregionale Bedeutung haben. Wenn Sie sich dem Trubel aussetzen wollen, ist Ihnen die folgende Übersicht sicherlich dienlich. Ansonsten betrachten Sie sie — wie wir — als Warnung vor chaotischen Verkehrsverhältnissen.

Feste entlang der Route

An der gesamten Atlantikküste

Es gibt kein ein Dorf, das nicht sein lokales Fest feiert. Meist wird es zu Ehren des Ortsheiligen ausgerichtet, beginnt mit einer Messe und nimmt im Laufe des Tages zunehmend weltlichere Formen an. Solche Veranstaltungen entnehmen am besten einer Lokalzeitung entnehmen oder achten Sie auf ausgehängte Plakate. Auch die Verkehrsämter können Ihnen da Tips geben.

Tour 1

Le Perrier (in der Nähe von St-Jean-de-Monts): Olympiade von Le Perrier mit verschiedenen sonderbaren Sportarten, die auf den Kanälen ausgetragen werden. Am zweiten Sonntag im August.

Île de Noirmoutier: Wettlauf über die Passage du Gois im Juli.

Tour 2

Les Sables-d'Olonne: Blumenfest im Juli

La Tranche-sur-mer: Blumenfest im April

Tour 3

Coulon: "Sommerabende" (Folklore, Theater usw.) im ganzen Monat Juli

Tour 4

La Rochelle: Festspielwoche für die Kunst der Pantomime im Mai

La Rochelle: Internationale Segelwoche am Wochenende vor Pfingsten

La Rochelle: Chansonfestival am 14. Juli
La Rochelle: Segelregatta Plymouth — La Rochelle alle zwei Jahre in den Jahren mit ungerader Endziffer im August
La Rochelle: Bootsausstellung im September

Tour 5
Cognac: Weinlesefest und Blumenschau im September/Oktober

Tour 6
Saintes: Internationales Folklorefestival am 14. Juli
Saintes: Festival alter Musik in der zweiten und dritten Woche im Juli

Tour 8
Royan: Ausstellungen zeitgenössischer Kunst und Fotografie im April
Royan: Meeresfest im Juli/August

Tour 9
Angoulême: Festival des Zeichentrickfilms Ende Januar
Angoulême: Festival folkloristischer Gesänge und Tänze im April
Angoulême: Jazzfestival in der letzten Maiwoche
Angoulême: Oldtimer-Rennen im September

Tour 11
Poitiers: Musikalischer Frühling im März/April
Poitiers: Opernfestival im Juli
Poitiers: Musikfestspiele im Oktober

Tour 12
Parthenay: Jahrmarkt an Pfingsten
Parthenay: Jazzfestival Anfang Juli
Parthenay: Auf dem Jakobsweg: Wanderungen zu Fuß oder mit dem Fahrrad im August
Bressuire: Jahrmarkt im April
Bressuire: Kultureller Monat im Mai
Bressuire: Aalmarkt im August
Bressuire: Töpferfest im September

Feiertage

Neujahr, Ostermontag, 1. Mai, 8. Mai, Christi Himmelfahrt, Pfingstmontag, 14. Juli, 15. August, 1. November, 11. November, Erster Weihnachtstag

PACKLISTE

Dokumente und Wertsachen

- O Reisepässe
- O Kinderausweise
- O Führerscheine
- O Kfz-Schein
- O Schutzbrief
- O Grüne Versicherungskarte
- O Krankenscheine
- O Impfausweis
- O Impfpass Haustier
- O Bargeld
- O EC-Karten
- O Kreditkarten

Kleidung

- O Unterhemden
- O Unterhosen
- O Strümpfe
- O Strumpfhosen
- O Schlafanzüge
- O Hemden/Blusen
- O T-Shirts
- O Pullis
- O Hosen
- O Röcke
- O Kleider
- O Jacken
- O Mützen
- O Hausschuhe
- O Sandalen
- O Schuhe
- O Wanderschuhe
- O Badesachen
- O Sonnenhüte
- O Regenbekleidung

Bad

- O Handtücher
- O Waschlappen
- O Seife
- O Duschgel
- O Shampoo
- O Haarbürste/Kamm
- O Zahnbürsten
- O Zahnbecher
- O Zahnpasta
- O Rasierzeug
- O Creme
- O Sonnenmilch
- O Maniküretui
- O Schminkutensilien
- O Deodorant
- O Fettstift
- O Papiertaschentücher
- O Tampons

Toilette

- O Spezialpapier
- O Toilettenchemie

Kinder

- O Kindersitze
- O Fahrradsitze
- O Spielsachen
- O Spiele
- O Schmusetiere
- O Kinderbücher
- O Malsachen

Küche

- O Spüllappen
- O Spülmittel
- O Geschirrtücher
- O Küchenrollen
- O Flaschenöffner
- O Korkenzieher
- O Dosenöffner
- O Schere
- O Streichholz
- O Töpfe
- O Pfannen
- O Tassen / Gläser
- O Teller
- O Besteck
- O Sieb
- O Kochlöffel
- O Schneebesen
- O Suppenlöffel

- O Soßenlöffel
- O Tee-/Kaffeefilter
- O Tee-/Kaffeekanne
- O Gewürze
- O Salz
- O Zucker
- O Zwiebeln
- O Knoblauch
- O Tee
- O Kaffee
- O Milch
- O Kakao
- O Getränke
- O Fertiggerichte
- O Nudeln
- O Püree
- O Reis
- O Würstchen
- O Suppen
- O Eier
- O Marmelade
- O Butter, Margarine
- O Joghurt
- O Müsli

Haushalt
- O Nähzeug
- O Sicherheitsnadeln
- O Waschmittel
- O Wäscheleine
- O Wäscheklammern
- O Klebeband
- O Müllbeutel
- O Schmutzwäschetüte

Unterhaltung
- O Spiele
- O Bücher
- O Kassetten
- O Radio
- O CD-Player, CDs

Papiere
- O Straßenkarten
- O Wanderkarten
- O Reiseführer
- O Sprachführer
- O Adressenliste
- O Schreibzeug

Apotheke
- O Persönliche Medikamente
- O Schmerztabletten
- O Durchfalltabletten
- O Mittel gegen Mückenstiche
- O Antiseptisches Puder
- O Wundsalbe
- O Heftpflaster
- O Fieberzäpfchen
- O Fieberthermometer
- O Hustensaft
- O Verhütungsmittel

Sonstiges
- O Handy/Autoladekabel
- O Fotoapparat
- O Videaokamera
- O Filme / Speicherkarten
- O Akkus
- O 12-Volt-Ladegerät
- O Fernglas
- O Taschenlampe
- O Uhr / Wecker
- O GPS-Gerät
- O Sonnenbrille
- O Kompass
- O Regenschirm
- O Rucksäcke
- O Decke zum Draufsetzen
- O Badematte
- O Campingmöbel
- O Schlauchboot
- O Grill
- O Holzkohle
- O Werkzeugkasten
- O Fahrräder
- O WOMO-Knackerschreck
- O Mitbringsel für evtl. Einladungen

Stichworte

ADAC 209
Adressen 207
AIT-FIPA Assistance 209
Allgemeine Tipps 207
An- und Rückreisereiserouten 11
Angers **15**
Angles-sur-l'Anglin **174**
Angoulême **133**, **229**
Arçais **53**
Archiac **128**
Ärztliche Hilfe 208
Aulnay **83**
Austern 117
Autohilfsdienste 208
Avrillé **39**
Aytré **71**

Bartholomäusnacht 216
Baume-les-Dames **13**
Beaugency **14**
Beauvoir-sur-Mer **23**
Beleuchtung 209
Bellac **162**
Benet **51**
Bocage **195**
Bois Ordinaires **210**
Bons Bois **210**
Borderies **210**
Bourgneuf **23**
Bourrine du Bois Juquaud **33**
Brantôme **141**
Brasserie 222
Bressuire **193**, **229**
Brétignolles **37**
Brouage **101**

Café 222
Campingplätze 209
Centre National de la Bande Dessinée et de l'Image **134**
Châlus **149**
Champlain, Samuel de *103*
Champtocé **15**
Champtoceaux **15**
Château du Puy du Fou **200**
Château-d'Oléron **106**
Château-l'Évêque **140**
Châtelaillon-Plage **70**, **71**
Chauvigny **166**
Cherves-Richemont **85**
Cholet **203**
Cieux **161**
Civaux **166**
Cognac **85**, 89, 209, **229**
Colbert *74*
Concourson **205**
Corderie Royale **74**
Corniche Vendéenne **35**
Coulon **51**, **228**
Crêperie 222

Dolmen de la Frébouchère **41**
Dolmen St-Fort **86**
Dolus **109**
Dordogne **213**

Échillais **97**
Écomusée de la Vendée **33**, **201**
Einreiseformalitäten 210
Eleonore von Aquitanien *107*, *149*, *214*

Fahrzeug 210
Feiertage 229
Feste 228
Feuillade **138**
Fins Bois **210**
Fische 223
Fleisch 223
Fondettes **14**
Fontenay **49**
Fort Boyard **108**
Fouras **71**
Frébouchère **41**
Freies Camping 211
Fremdenverkehrsämter 207
Fremdenverkehrsbüros 212

Fromentine **29**
Futuroscope **179**

Geflügel 224
Gémozac **127**
Getränke 224
Grand-Village-Plage **112**
Grande Champagne **210**

Heinrich III. *65*
Hosianna-Kreuz 100
Hugenotten 216

Île de Noirmoutier **22**, **228**
Île de Ré **55**
Île d'Oléron **106**

Jakobspilger
84, 95, 125, 189, 215
Javerlhac **138**

Karl der Große *139*
Kinder 217
Klima 221
Kühlschrank 217

La Barre **29**
La Brée les Bains **108**
La Coquille **148**
La Cotinière **113**
La Faute-sur-mer **43**
La Guérinière **29**
La Palmyre **120**
La Plaine-sur-Mer **19**
La Rochelle **63**, **216**, **228**
La Tranche **43**, **228**
La Tremblade **121**
L'Aiguillon **45**
Landstuhl **12**
Langres **13**
Le Perrier **228**
Lebensmittel 218
L'Épine **29**
Les Mathes **120**
Les Portes-en-Ré **59**
Les Sables-d'Olonne
39, **228**
L'Herbaudière **27**

Ligny-en-Barrois **13**
Limoges **153**
Literatur 219
Loire-Atlantique **213**
Longeville-sur-Mer **43**
Loti, Pierre *75*
Löwenherz, Richard *149*
Luçon **49**
Ludwig XIV. *74*, *102*
Ludwig XVI. *216*
Lusignan **185**
Lussac-les-Châteaux **165**

Marais Poitevin **51**
Marennes **104**, **118**
Marennes-Plage **117**
Marthon **139**
Medikamente 220
Meerestiere 223
Megalith 21
Melusine *84*, *185*
Merowinger 166
Meschers **123**
Meung-sur-Loire **14**
Millery **13**
Mistral, Fréderic *162*
Moëze **100**
Mont des Alouettes **201**
Monts Blond **161**
Mortagne **124**, **203**
Moulin des Justices **196**
Moulismes **165**
Musée des Automates **67**
Musée des Commerces
d'Autrefois **72**
Musée des Modèles Réduits
67

Nailliers **174**
Nekropole 165
Nersac **130**
Noirmoutier **25**
Noirmoutier-en-l'Île **25**
Notre-Dame-de-Monts **31**

Oradour **161**

Packliste 230

Pageas **151**
Paris **11**
Parnay **14**
Parthenay **191**, **193**, **229**
Passage du Gois **23**
Périgueux **144**
Petite Champagne **210**
Phare des Baleines **59**
Pointe de l'Aiguillon **44**
Pointe de St-Gildas **19**
Poitiers **179**, **229**
Poitou-Charentes **213**
Pons **126**
Pont de St-Nazaire **17**
Pont Transbordeur de Martrou **77**
Pont-à-Mousson **12**
Pont-l'Abbé-d'Arnoult **97**
Pornic **21**
Port-Bourgenay **39**
Port-des-Barques **99**
Pouzauges **196**
Puy Crapaud **195**
Puy du Fou **200**
Puy Lambert **197**

Radfahren 220
Reisezeit 221
Rémy Martin 87
Restaurants 222
Richard Löwenherz *149*
Richelieu *48*, *65*, *102*
Rivedoux **55**
Rochefort **71**
Rochemenier **205**
Route du Haut Limousin **161**
Royan **229**

Saintes **91**, **229**
Santiago de Compostela **190**
Sanxay **189**
Sarliac **146**
Saumur **205**
Sens **14**
Service-Teil 228
Sèvre Niortaise **52**
Sorges **149**
Soubise **99**
Sprache 224
St-Agnat **97**
St-Clément **59**
St-Cyr-en-Retz **22**
St-Denis **111**
St-Fort **87**
St-Gilles-Croix-de-Vie **35**
St-Hilaire-de-Riez **35**
St-Jean-d'Angely **79**
St-Jean-de-Monts **33**
St-Martin-de-Ré **55**, **57**
St-Michel-Chef-Chef **19**
St-Michel-Mont-Mercure **197**
St-Pierre-d'Oléron **110**
St-Porchaire **97**
St-Saurin-d'Uzet **125**
St-Savin **175**
St-Trojan-les-Bains **113**, **115**
Ste-Marie-de-Ré **60**

Talmont-St-Hilaire **39**
Tharon-Plage **18**
Thiviers **149**
Totenlaterne 112
Toul **13**
Trüffel 147
Tumulus de Bougon **185**
Tumulus des Mousseaux **19**, **20**
Turquant **14**

Val de Clain **179**
Vauban *56*, *102*, *107*
Vendée **22**, **213**, **216**
Venise Verte **51**
Vicq-sur-Gartempe **177**
Vihiers **205**
Vitry-le-François **13**

WUPS 226

Zeitungen 227
Zweitbatterie 211

Zum Schluss: In eigener Sache, oder der Sache aller!?

Urlaub mit dem Wohnmobil ist etwas ganz besonderes. Man kann die Freiheit genießen, ist ungebunden, dennoch immer zu Hause, lebt mitten in der Natur wo man für sein Verhalten völlig selbst verantwortlich ist!

Seit nunmehr 25 Jahren geben wir Ihnen mit unseren Reiseführern eine Anleitung für diese Art Urlaub mit auf den Weg. Außer den umfangreich recherchierten Touren haben wir viele Tipps allgemeiner Art zusammengestellt, unter ihnen auch solche, die einem WOMO-Urlauber eigentlich selbstverständlich sein sollten. Weil wir als Wohnmobiler die Natur in ihrer ganzen Schönheit und Vielfalt hautnah erleben dürfen, haben wir auch besondere Pflichten ihr gegenüber, die wir nicht auf andere abwälzen können.

Jährlich erhalten wir viele Zuschriften, Grüße von Lesern, die mit unseren Reiseführern einen schönen Urlaub verbracht haben und sich herzlich bei uns bedanken. Wir erhalten Hinweise über Veränderungen an den beschriebenen Touren, die von uns bei der Aktualisierung der Reiseführer Berücksichtigung finden.

Aber: Wir erhalten auch Zuschriften über das Verhalten von Wohnmobilurlaubern, die sich egoistisch, rücksichts- und verantwortungslos der Natur und ihren Mitmenschen, nachfolgenden Urlaubern und Einheimischen, gegenüber verhalten.

In diesen Briefen geht es um die Themen Müllbeseitigung, Abwasser- und Toilettenentsorgung. Es soll immer noch Wohnmobilurlauber geben, die ihre Campingtoilette nicht benutzen, dafür lieber den nächsten Busch mit Häufchen und Toilettenpapier „schmükken", die den Abwassertank nicht als Tank benutzen, sondern das Abwasser unter das WOMO trielen lassen, die ihren Müll neben dem Wohnmobil liegenlassen und davondüsen, alles frei nach dem Motto: „Nach mir die Sintflut!"

Liebe Leser!

Wir möchten Sie im Namen der gesamten WOMO-Familie bitten: Helfen Sie aktiv mit, diese Schweinereien zu unterbinden! Jeder Wohnmobilurlauber trägt eine große Verantwortung, und sein Verhalten muss dieser Verantwortung gerecht werden. Bestimmt hat mancher, dem Sie auf Ihrer Tour begegnen und der sich unwürdig verhält, das gleiche Büchlein in der Hand wie Sie. Er weiß zumindest jetzt, worum es geht. Sprechen Sie ihn an und weisen Sie ihn auf sein Fehlverhalten hin. Der nächste freut sich, wenn er den Stellplatz sauber vorfindet, denn auch er hat sich seinen Urlaub verdient!

Vor allem aber: Wir erhöhen damit die Chance, dass uns unsere über alles geliebte Wohnmobil-Freiheit noch lange erhalten bleibt. Helfen Sie mit, den Ruf der Sippe zu retten! Verhindern Sie, dass einzelne ihn noch weiter in den Schmutz ziehen!

Wir danken Ihnen im Namen aller WOMO-Freunde

Ihr WOMO-Verlag

Der WOMO®-Pfannenknecht

ist die saubere Alternative zum Holzkohlengrill.

* Kein tropfendes Fett,
* Holz statt Holzkohle,
* vielfältige Benutzung –
* vom Kartoffelpuffer bis zur Gemüsepfanne.

Massive Kunstschmiedearbeit, campinggerecht zerlegbar,
Qualitäts-Eisenpfanne von Rösle,
bequeme Handhabung im Freien, einfachste Reinigung.

Nur 49,90 € – und nur bei WOMO!

Der WOMO®-Aufkleber

WOMO® fan
www.womo.de

* passt mit 45 cm Breite auch auf Ihr Wohnmobil.
* ist das weit sichtbare Symbol für alle WOMO-Freunde.

Nur 2,90 € – und nur bei WOMO!

Der WOMO®-Knackerschreck

* ist die universelle und **sofort sichtbare Einbruchssperre**.
* Wird einfach in die beiden Türarmlehnen eingehängt, zusammengeschoben und abgeschlossen. (tagsüber unter Einbeziehung des Lenkrades, nachts direkt, somit ist Notstart möglich).
* Passend für Ducato, Peugeot, MB Sprinter sowie VW (alle Typen).
* Krallen aus 10 mm starkem Edelstahl, d. h. nahezu unverwüstlich.

Nur 44,90 € – und nur bei WOMO!

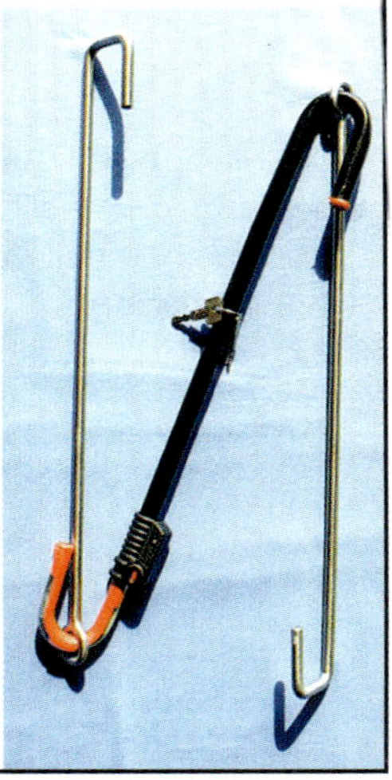

Info-Blatt für das WOMO-Buch: Franz. Atl. (N) '10

(ausgefüllt erhalte ich 10% Info-Honorar auf Buchbestellungen direkt beim Verlag)

Lokalität: Seite: Datum:

(Stellplatz, Campingplatz, Wandertour, Gaststätte, usw.)

unverändert gesperrt/geschlossen folgende Änderungen:

Lokalität: Seite: Datum:

(Stellplatz, Campingplatz, Wandertour, Gaststätte, usw.)

unverändert gesperrt/geschlossen folgende Änderungen:

Lokalität: Seite: Datum:

(Stellplatz, Campingplatz, Wandertour, Gaststätte, usw.)

unverändert gesperrt/geschlossen folgende Änderungen:

Lokalität: Seite: Datum:

(Stellplatz, Campingplatz, Wandertour, Gaststätte, usw.)

unverändert gesperrt/geschlossen folgende Änderungen:

Lokalität: Seite: Datum:

(Stellplatz, Campingplatz, Wandertour, Gaststätte, usw.)

unverändert gesperrt/geschlossen folgende Änderungen:

Lokalität: Seite: Datum:

(Stellplatz, Campingplatz, Wandertour, Gaststätte, usw.)

unverändert gesperrt/geschlossen folgende Änderungen:

Meine Adresse und Tel.-Nummer:

(nur komplett ausgefüllte Infoblätter können berücksichtigt werden)

Info-Blatt für das WOMO-Buch: Franz. Atl. (N) '10

(ausgefüllt erhalte ich 10% Info-Honorar auf Buchbestellungen direkt beim Verlag)

Lokalität: Seite: Datum:

(Stellplatz, Campingplatz, Wandertour, Gaststätte, usw.)

unverändert gesperrt/geschlossen folgende Änderungen:

Lokalität: Seite: Datum:

(Stellplatz, Campingplatz, Wandertour, Gaststätte, usw.)

unverändert gesperrt/geschlossen folgende Änderungen:

Lokalität: Seite: Datum:

(Stellplatz, Campingplatz, Wandertour, Gaststätte, usw.)

unverändert gesperrt/geschlossen folgende Änderungen:

Lokalität: Seite: Datum:

(Stellplatz, Campingplatz, Wandertour, Gaststätte, usw.)

unverändert gesperrt/geschlossen folgende Änderungen:

Lokalität: Seite: Datum:

(Stellplatz, Campingplatz, Wandertour, Gaststätte, usw.)

unverändert gesperrt/geschlossen folgende Änderungen:

Lokalität: Seite: Datum:

(Stellplatz, Campingplatz, Wandertour, Gaststätte, usw.)

unverändert gesperrt/geschlossen folgende Änderungen:

Meine sonstigen Tipps und Verbesserungswünsche:

* WOMO * * WOMO * * WOMO * * WOMO *

Absender:

Datum

Unterschrift

FA(N) '10

WOMO®-VERLAG

Versandabteilung

Wiesenweg 4-6

98634 Mittelsdorf/Rhön

DIE REISE- UND ERLEBNISFÜHRER

* Bequeme Touren durchs ganze Urlaubsland.
* Viele Plätzchen für freie Übernachtungen mit GPS.
* Genaue Hinweise auf viele Trinkwasserstellen.
* Die schönsten Badeplätze, die nicht jeder kennt.
* Bergtouren und Spaziergänge für groß und klein.
* Die besten Anreiserouten, Fähren, usw.
* 300 Tipps und Tricks – für Ausrüstung, Reisevorbereitung und Urlaub.
* Ausgefeilte Profipackliste.
* Spezialkarten mit supergenauen Einträge der freien Stellplätze, Trinkwasserstellen und Entsorgung.

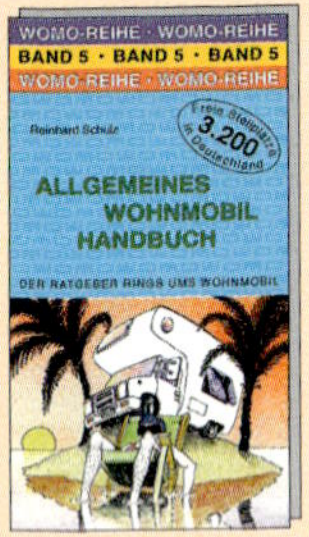

DAS KOCHBUCH

* Einrichtung der WOMO-Küche.
* Lebensmittel-Grundausstattung.
* Konserven selbst gemacht.
* Backen in der Bratpfanne – Kuchen, Pizza, Brote.
* Viele, viele WOMO-Rezepte für zwei Gasflammen – einfach, schnell und lecker!
* Einkochen im Urlaub.
* Spezialrezepte für den Dampftopf.
* Der WOMO-Pfannenknecht.

DAS HANDBUCH

* Beratung bei Kauf und Miete.
* Gas-, Wasser-, Elektroinstallation.
* Einrichten des Wohnmobils.
* Tipps & Tricks fürs Wochenende.
* 3200 freie deutsche Stellplätze.
* 700 deutsche Entsorgungsstationen.
* Urlaubsvorbereitung, Profipackliste.
* .Stellplatz-Infos für ganz Europa.
* Wohnmobil und Wintersport.
* Der WOMO-Urlaubspartner-Service.
* Gastankstellen in ganz Europa.

Unsere Bücher erhalten Sie in jeder Buchhandlung oder auf Rechnung direkt vom Verlag. Hier gibt's auch die aktuellen Infos über unsere ständigen Neuerscheinungen. (Versandkosten 1,20 €, ab 10 € portofrei / Ausland 4 €, Preisänderungen vorbehalten).

24 Std.-Bestell-Telefon: 036946-20691*Fax: 036946-20692
Internet: www.womo.de * eMail: verlag@womo.de**

* WOMO * * WOMO * * WOMO * * WOMO *